原本秘傳 唐四柱要覽大典

金赫濟・韓重洙 共著

明文堂

서 문(序文)

옛날 공자(孔子)께서 말씀하시기를 「사생(死生)은 명(命)에 있고 부귀(富貴)는 하늘(天)에 있다」고 하셨다. 그러므로 우매 둔재(愚昧鈍才)라도 다복(多福)한 사람이 있는가 하면 총명 수재(聰明秀才)하여도 불행의 곤경을 면치 못하고 일생을 고해(苦海) 속에서 허덕이는 사람이 있음은 우리 인간생활 속에서 흔히 실감(實感)할 수 있는 일이다.

인간의 운명은 타고난 사주(四柱)(年柱, 月柱, 日柱, 時柱=연주, 월주, 일주, 시주)에 의하여 흥망성쇠(興亡盛衰)가 정(定)해지고 있다. 그러므로 자기의 타고난 운명을 정확히 판단(判斷)하여 자기의 직분(職分)에 알맞도록 생애(生涯)를 영위(營爲)한다면 별로 실수함이 없이 성공할 수 있고 누구보다도 행복할 수 있을 것이다. 그러나 인간은 거개가 자기의 운명을 모르고 있기 때문에 자기 전정(前程)의 지표(指標)를 정하지 못하고 불행 속에서 방황하게 되며 심할 경우 파탄(破綻)의 함정(陷穽)에서 헤어나지 못하게 되는 것이다. 올바른 운로(運路)를 알고 분수에 알맞도록 행하는 사람은 피흉취길(避凶取吉)하여 안정된 생애를 개척(開拓)해 나갈 수 있고 자기의 운로(運路)를 모르는 자(者)는 매사(每事)에 있어 실패와 곤고(困苦)를 면치 못하게 되는 것이다. 이와 같이 인간의 운명은 숙명(宿命)이 아니요 천명(天命)을 예지(豫知)함으로써 얼마든지 가변조정(可變調整)할 수 있는 것이다.

따라서 약 5천여 년 전부터 동양문화(東洋文化)에는 이 인간의 운명을 음양오행(陰陽五行)의 원리(原理)로써 해부(解剖)해 보려는 학설(學說)이 나오기 시작했는데 이것이 바로 동양철학(東洋哲學)의 정화(精華)인 역리철학(易理哲學)의 시초이다.

이 역리철학(易理哲學)은 중국의 복희씨(伏羲氏)가 팔괘법(八卦法)을 발명한 데서 비롯하여 하·은대(夏殷代)의 하도·낙서(河圖洛書) 등을 거쳐 주문왕대(周文王代)에 주역(周易)을 공포함으로써 역리학(易理學)은 급격한 발전을 보게 되었던 것이다.

이때부터 사람의 생년월일시(生年月日時)를 기점(基點)으로 하여 인간의 운명을 판단하는 사주법(四柱法)이 나왔고 이와 때를 같이하여 운명판단법(運命判斷法)의 여러 가지 방술(方術)이 나오게 되었는데 명리학(命理學), 육임(六壬), 기학(氣學), 오성술(五星術), 구성법(九星法) 등을 들 수 있다.

이 당사주요람(唐四柱要覽)도 고대(古代)로부터 전래해 오는 인간의 운명(運命)을 감정(鑑定)하는 유일한 보서(寶書)로서 그 원리(原理)가 신비미묘(神秘微妙)하여 생전(生前)의 인과(因果)에서부터 사후(死後)의 업보(業報)에 이르기까지 영묘(靈妙)하게 해리(解理)되어 있는 간명학(看命學)의 보전(寶典)이다.

이와 같이 당사주요람(唐四柱要覽)은 인간의 운명을 정확히 판단하여 운로개척(運路開拓)에 지대(至大)한 영향을 주고 있는 보전(寶典)이지만 그 원문(原文)과 보는 법이 어려워 제대로 운용(運用)하는 사람이 적다. 이에 필자는 다년간 심혈(心血)을 기울여 누구나 이해하기 쉽고 정확히 판단할 수 있도록 현대감각(現代感覺)에 맞추어 풀이하였으며 천연색(天然色) 그림을 삽입하여 인간의 운명을 입체적(立體的)으로 판단할 수 있도록 꾸며 보았다. 그리고 사주법(四柱法)의 기초인 오행(五行) 음양(陰陽) 및 남녀궁합법(男女宮合法) 제반택일법(諸般擇日法) 등을 간결(簡潔)하고 알기 쉽게 총망라(總網羅)하여 부록(附錄)으로 수록(收錄)하였으므로 일석이조(一石二鳥)의 역할을 담당할 수 있을 것으로 믿는다.

미비(未備)한 점이 많으나 제현(諸賢)들의 간명학 연구(看命學硏究)에 일조(一助)가 된다면 다시 없는 영광(榮光)이겠다.

끝으로 제현(諸賢)의 아낌없는 교정(校正)을 바란다.

著者 謹識

권 장 사(勸奬辭)

운명철학(運命哲學)은 인류생활상(人類生活上) 가장 귀중(貴重)한 학문(學問)으로서 인생행로(人生行路)의 지침(指針)이 되는 것이다.

무릇 인간의 생멸성쇠(生滅盛衰)는 음양오기(陰陽五氣)의 조화작용(造化作用)이니 만물(萬物)의 생성쇠멸(生成衰滅)은 천리(天理)에 순응(順應)함이요 만상(萬象)의 운정(運程)이 이에 의하지 않음이 없고 인간의 길흉화복(吉凶禍福) 또한 이에 속(屬)하지 않음이 없다.

그러나 인간의 운명(運命)은 절대숙명(絕對宿命)이 아니요 천명(天命)을 예지(豫知)함으로써 가변(可變)할 수 있는 것인즉, 인간의 운명을 개유팔자(皆有八字)로 돌려 운로(運路)를 선도(善導) 개척(開拓)하려 하지 아니함은 가탄지사(可嘆之事)라 아니할 수 없다.

따라서 고래(古來)로 동양 각국(東洋各國)에서는 운명철학(運命哲學)이 지대(至大)하였고 운명을 개척하려는 여러 가지 방술(方術)이 속출(續出)하게 되었다. 그러나 종래(從來)의 사서류(斯書類) 중에는 오착(誤錯) 단견(短見) 졸술(拙

述(許多)이 허다하여 오히려 중인(衆人)을 미혹(迷惑)케 함이 적지 아니하였다.

이제 역리학계(易理學界)의 거성(巨星) 송정(松亭) 김혁제(金赫濟) 선생과 독학(篤學) 열성지사(熱誠之士) 한중수(韓重洙) 씨가 비전보서(秘傳寶書)인 당사주요람(唐四柱要覽)을 다년간(多年間)의 연구(硏究)와 실증체험(實證體驗) 끝에 비법묘해(秘法妙解)로써 인생운로(人生運路)의 길흉(吉凶) 득실(得失) 신명(身命) 수복(壽福) 등을 세부적(細部的)으로 풀이하고 정확하게 판단해술(判斷解述)하여 상재(上梓)함으로써 유서(類書)의 오류(誤謬) 미혹(迷惑) 등을 일소(一掃)케 되었음은 본인(本人)이 흔쾌(欣快)히 여기는 바로서 강호제현(江湖諸賢)의 일독(一讀) 있기를 권(勸)하는 바이다.

鶴舞(학무) 金栢滿(김백만)

목 차(目次)

서문(序文)/三
권장사(勸奬辭)/六
서설(序說)/九

제1부 육갑법(六甲法)

1. 간지상식(干支常識) ……………………二三

(1) 간지(干支)의 기본글자/二三
　① 천간(天干)/二三
　② 지지(地支)/二三
(2) 간지(干支)의 음양(陰陽)/二三
(3) 육십갑자(六十甲子)/二四
(4) 간지(干支)의 합충(合沖) 등/二五
　① 간(干)의 합과 충/二六
　　○ 간합(干合)/二六
　　○ 간충(干沖)/二六
　② 지(支)의 합(合)/二七
　　○ 삼합(三合)/二七
　　○ 육합(六合)/二八
　③ 지지의 충·형·파·해·원진/二八
　　○ 지지의 충(支沖)/二八
　　○ 지지의 형(支刑)/二九
　　○ 지지의 파(支破)/三〇
　　○ 지지의 해(支害)/三一
　　○ 원진(怨嗔)/三二

9

2. 음양상식 ·· 三三
   (1) 음양개요(陰陽槪要)/三三
   (2) 음양소속(陰陽所屬)/三四

3. 오행(五行) ·· 三七
   (1) 오행과 오행생극/三七
   ○상생(相生)/三八
   ○상극(相克)/三八
   ○생극도(生克圖)/三八
   (2) 오행소속/三九
   ① 간지오행(干支五行)/三九
   ○천간오행(天干五行)/四〇
   ○지지오행(地支五行)/四〇
   ② 오행의 수·방위·색·절기/四一
   ○오행일람표/四三
   ③ 화합오행(化合五行)/四三
   ○간합오행(干合五行)/四三
   ○육합오행(六合五行)/四四
   ○삼합오행(三合五行)/四五
   ④ 오행의 왕쇠(旺衰)/四六
   ○오행이 왕해지는 조건/四七
   ○오행이 쇠약해지는 조건 /四九

제 2 부 사주(四柱) 정하는 법 ·· 五二

1. 연주(年柱) 정하는 법 ·· 五三
2. 월주(月柱) 정하는 법 ·· 五五
   ○이십사절(二十四節)/五六
3. 일주(日柱) 정하는 법 ·· 五九
4. 시주(時柱) 정하는 법 ·· 六〇
   ○서머타임 및 시간수정/六一
   ○시두법(時頭法)/六三

제 3 부 당사주(唐四柱)

○ 시(時)의 간지표(干支表)/六四

1. 십이성론(十二星論) ············ 六七
   ○ 십이지(十二支)와 십이성(十二星)/七○
   ○ 간명법(看命法—四柱 푸는 법)/七○
   (1) 초년운(初年運)/七四
   (2) 중년운(中年運)/八一
   ○ 생월조견표(生月早見表)/八二
   (3) 말년운(末年運)/九○
   ○ 생일조견표(生日早見表)/九○
   (4) 총 운(總 運)/九八
   ○ 생시조견표(生時早見表)/九九

2. 인명골격론(人命骨格論) ······ 一○六

3. 유년행운론(流年行運論) ······ 一一三

4. 심성론(心性論) ············ 一二○

5. 십이살론(十二殺論) ······ 一二六

6. 육친론(六親論) ············ 一三四
   (1) 형제궁(兄弟宮)/一三四
   (2) 부부궁(夫婦宮)/一四一
   (3) 난 궁(蘭 宮)/一四八

7. 직업론(職業論) ············ 一五五

8. 길흉론(吉凶論) ············ 一六六
   (1) 흉화궁(凶禍宮)/一六六
   (2) 길복궁(吉福宮)/一七五
   (3) 신살론(神殺論)/一八二

9. 과갑(科甲)과 사환(仕宦) ·· 一九二

10. 가택론(家宅論) ············ 一九六

11. 신상팔궁(身上八宮) ········ 二○五

12. 소아관살론(小兒關殺論) ···· 二○六

(1) 관살(關殺)/三0六
(2) 관살(關殺)/三0六
(3) 관살(關殺)/三0六
(4) 관살(關殺)/三0九

13. 수명론(壽命論) ·············· 三一三
14. 명부전(冥府殿) ·············· 三一九

◇ 부 록 ◇

제4부 사주(四柱) 단식판단 ······ 三二七

1. 합충 및 신살정국과 작용
  (1) 합충(合沖)의 작용/三二七
    ① 간합(干合)의 작용/三二八
    ② 간충(干沖)의 작용/三二九
    ③ 지합(支合)의 작용/三三0
    ○ 육합(六合)/三三0
    ○ 삼합(三合)/三三0
    ④ 충·형·파·해의 작용/三三一
    ○ 지충(支沖)/三三一
    ○ 지형(支刑)/三三二
    ○ 지파(支破)/三三三
    ○ 육해(六害)/三三三
    ○ 원진(怨嗔)/三三四
  (2) 신살정국과 그 작용/三三五
    ① 천을귀인(天乙貴人)/三三五
    ② 건록(建祿)/三三六
    ③ 암록(暗祿)/三三六
    ④ 천월덕귀인(天月德貴人)/三三八
    ⑤ 금여(金輿)/三三九
    ⑥ 문창(文昌)·학당귀인(學堂貴人)/三四0
    ⑦ 삼기(三奇)/三四0

⑧ 육수(六秀)/三四一
⑨ 복덕수기(福德秀氣)/三四一
⑩ 천혁(天赫)/三四二
⑪ 복성귀인(福星貴人)/三四三
⑫ 괴강(魁罡)/三四三
⑬ 양인(羊刃)/三四四
⑭ 고신(孤辰)·과수(寡宿)/三四四
⑮ 도화살(桃花殺)/三四六

⊙ 길흉신 일람표/三四七

(3) 십이살(十二殺)/三五二
　① 日干기준/三四七
　② 生年기준/三四八
　③ 生月기준/三四九
　④ 日支기준/三五〇
(4) 공망(空亡)/三五二
(5) 포태법과 십이운성/三五五
　① 포태법(胞胎法)/三五五
　② 십이운성(十二運星)/三五七
　　○ 장생(長生) 일람표/三五八

2. 육친법(六親法) ·········· 三五九
　　○ 지지암장(地支暗藏)/三六四

3. 육친론(六親論) ·········· 三六五
(1) 비겁(比劫)－비견, 겁재)/三六五
(2) 식상(食傷)－식신, 상관)/三六八
(3) 재성(財星)－편재, 정재)/三七一
(4) 관살(官殺)－편관, 정관)/三七六
(5) 인성(印星)－편인, 정인)/三八三

제 5 부 남녀궁합 ·········· 三八九
○ 납음궁합(納音宮合)/三八九
(1) 육십갑자 병납음(六十甲子 竝納音

○ 궁합 상극중 상생법/289
(2) 남녀 납음궁합 해설/290

2. 가취멸문법(嫁娶滅門法) ········· 292

3. 원진법(怨嗔法) ················ 293

제 6 부 택일문(擇日門)

1. 생기복덕법 ···················· 294

2. 백기일(百忌日) ················· 296

3. 택일신살(擇日神殺) ············· 297

   (1) 월가길신(月家吉神)/297

   ○ 사시길일(四時吉日)/299

   ○ 천은상길일(天恩上吉日)/300

   ○ 대명상길일(大明上吉日)/300

   ○ 모창상길일(母倉上吉日)/300

   (2) 월가흉신(月家凶神)/300

   (3) 기타 길흉신/303

   ○ 십악대패일(十惡大敗日)/303

   ○ 복단일(伏斷日)/304

   ○ 왕망일(往亡日)/304

   ○ 오공일(五空日)/304

   ○ 대공망일(大空亡日)/304

   ○ 천롱(天聾)・지아일(地啞日)/304

   ○ 천지개공일(天地皆空日)/304

4. 각 택일법 ···················· 305

   (1) 혼인택일(婚姻擇日)/305

   ① 합혼개폐법(合婚開閉法)/305

   ② 가취월(嫁娶月)/306

   ○ 살부대기월(殺夫大忌月)/307

③ 혼인에 나쁜 해
  ○ 남혼흉년(男婚凶年)/307
  ○ 여혼흉년(女婚凶年)/307
④ 가취흉일(嫁娶凶日)
  ○ 상부상처살(喪夫喪妻殺)/308
  ○ 고과살(孤寡殺)/308
  ○ 가취대흉일(嫁娶大凶日)/308
⑤ 혼인에 좋은 일진/308
  ○ 음양부장길일(陰陽不將吉日)/308
  ○ 오합일(五合日)/310
  ○ 통용길일(通用吉日)/310
  ○ 납징정친일(納徵定親日)/310
  ○ 송례천복길일(送禮天福吉日)/310
  ○ 관계일(冠笄日)/310
  ○ 생·병·사갑(生病死甲)/311
⑥ 혼인에 적용되는 길흉신/311
  ○ 월염(月厭)·염대일(厭對日)/311
  ○ 세간길신(歲干吉辰)/311
  ○ 세지길신(歲支吉辰)/311
  ○ 황흑도(黃黑道)/312
⑦ 혼인총기일(婚姻總忌日)/312
⑧ 기타/313
  ○ 삼지불수법(三地不受法)/313
  ○ 좌향일(坐向日)/314
  ○ 신부입문법(新婦入門法)/314
  ○ 신행주당도(新行周堂圖)/314
  ○ 혼인주당도(婚姻周堂圖)/314
  ○ 신부입택일(新婦入宅日)/314

(2) 이사문(移徙門)
① 이사택일(移徙擇日)/315
  ○ 이사 및 입택일/315

○ 철소법(鐵掃法)/325
② 인동일(人動日)/325
○ 인격일(人隔日)/325
② 이사방위도(移徙方位圖)/326
○ 이사주당(移徙周堂)/326

(3) 기타 택일/328

① 제사 및 고사일
○ 제사길일(祭祀吉日)/328
○ 기복일(祈福日)/328
○ 불공일(佛供日)/328
○ 산제일(山祭日)/329
○ 산신하강일(山神下降日)/329
○ 칠성하강일(七星下降日)/329
○ 수신제(水神祭) 지내는 날/330
○ 천구하식시(天狗下食時)/330
② 출행일(出行日)/330
○ 행선길일(行船吉日)/331
○ 제갈공명 출행법/331
③ 사람 들이는 날/331
④ 입학일(入學日)/332
⑤ 상장길일(上章吉日)/333
⑥ 취임일(就任日)/333
⑦ 구의요병일(求醫療病日)/334
⑧ 복약일(服藥日)/334
⑨ 개업일(開業日)/335
○ 상고흥판일(商賈興販日)/335
⑩ 입권교역일(立券交易日)/335
⑪ 연회일(宴會日)/336
⑫ 신상(神像) 모시는 날/336

제7부 음양택(陰陽宅) ·········337

1. 양택문(陽宅門) ·········337

(1) 성조운(成造運)
① 사각법(四角法)/三七
　〇금루사각(金樓四角)/三八
② 성조길년(成造吉年)/三八
③ 성조사각(成造四角)/三八
　〇좌향운(坐向運)/三〇
④ 길향법(吉向法)/三一

(2) 집수리(修屋)하는 운
① 수조흥방(修造凶方)/三二
　〇신황(身皇)·정명살(定明殺)
　〇소아살(小兒殺)/三三
　〇삼살(三殺)·대장군(大將軍)/三四
② 수조길일(修造吉日)/三四
③ 투수일방(偸修日方)/三五
④ 동토일(動土日)/三六

④ 기지일(基地日)/三七
⑤ 정초일(定礎日)/三七
⑥ 상량일(上樑日)/三八
⑦ 조문(造門)/三九

(3) 출입문과 주방(廚房)
　〇문로길방(門路吉方)/三四〇

2. 음택(陰宅) ……………… 三四二

(1) 초상(初喪) 때의 상식/三四二
① 장례일(葬禮日)/三四三
　〇중상·복일·중일/三四四
② 입관(入棺) 시간/三四五
③ 하관(下棺) 시간/三四六
④ 정상기방(停喪忌方)/三四七
⑤ 제주불복방(祭主不伏方)/三四七
⑥ 하관 때에 피하는 법/三四八

(2) 이장(移葬)·사초(莎草)·입

비(立碑)/三四八
① 동총운(動塚運)/三四九
② 좌운(坐運)/三四九
　○ 제살법(制殺法)/三六〇
　○ 개총기일(開塚忌日)/三六二
　○ 입지공망일(入地空亡日)/三六二

(3) 이장택일(移葬擇日)/三六二
① 제신상천일(諸神上天日)/三六二
② 주마육임법(走馬六壬法)/三六三
③ 자백법(紫白法)/三六四
　○ 연・일백구성(年・日白九星)/三六四
　○ 월백구성(月白九星)/三六六
　○ 시백구성(時白九星)/三六六

(4) 기타/三六八
　○ 안장길일(安葬吉日)/三六八

제 8부 취길피흉(就吉避凶)하는 부적 .... 三六九

◉ 탱화
삼불제석/三九三
호구씨/三九四
별상님/三九五
불사할머니/三九六
백마신장/三九六
대신할머니/三九八
용왕/三九九
칠성/四〇〇
산신/四〇一
최일장군/四〇三
명도령/四〇三
오방신장/四〇四

서 설(序 說)

무릇 인간이란 무한대(無限大)한 공간과 무궁(無窮)한 시간 속에 태어나 부단(不斷)히 생성사멸(生成死滅)하고 있는 만물(萬物) 중에서 가장 영묘(靈妙)한 존재라 하겠다. 그렇기 때문에 인간은 날 때부터 하늘에 있는 별(天星)의 정기(精氣)를 받아 태어나는 것으로, 따라서 인간의 운정(運程)에 있어서도 좋은 별(吉星)을 만나면 부귀공명(富貴功名)하고 나쁜 별(凶星)을 만나면 곤고빈천(困苦貧賤)하게 되는 것이다.

다시 말하면 우주 안에 있는 모든 만물이 생멸성쇠(生滅盛衰)를 거듭하면서 부단(不斷)히 계속되고 있음과 마찬가지로 인간의 운정(運程) 또한 천(天)의 신공(神功)과 지덕(地德)과 오행(五行)의 기운(氣運)에 따라 무한대한 우주 안에서 연면부단(連綿不斷) 천태만상(千態萬象)의 희로애락(喜怒哀樂)을 겪으면서 흥망성쇠(興亡盛衰)를 거듭하고 있는 것이다.

이와 같이 이 무한대한 우주 안에 태어나 흥망성쇠를 거듭하면서 부단히 유전(流轉)하고 있는 인간의 운명을 그 생년월일시(生年月日時)에 맞추어 길흉(吉凶)을 감정(鑑定)하는 법을 알기 쉽게 풀이한 것이 이 책의 본지(本旨)이다.

그러나 인간의 운명을 감정한다는 것은 신비미묘(神秘微妙)한 것으로서 우주천리(宇宙天理)를 완전히 터득하지 않고는 불가능한 일이다. 그리고 이 우주천리를 터득하려면 우선 역리학(易理學)을 이해(理解)해야 하고 이 역리학은 곧 육갑법(六甲法)에서 비롯하는 것이다. 따라서 육갑법을 모르고서는 역리학을 이해할 수 없고 역리학을 모르면 우주천리의 영묘(靈妙)한 묘법(妙法)을 알 수 없는 것이다. 이 우주천리의 묘법을 모르면서 인간의 운명을 감정 판단한다는 것은 더욱 있을 수 없는 일이다.

따라서 우선 초심자(初心者)를 위하여 육갑법(六甲法)을 해설하고 역리학의 기초(基礎)를 밝혀 둔다.

제 1 부 육 갑 법

1. 간지상식

사주(四柱)와 택일과 점(占)과 음양택(陰陽宅) 등 이러한 분야의 모든 지식을 익히려면 반드시 육갑법(六甲法)이라는 기초학문을 우선적으로 습득해야 한다. 비유하건대 산수공부에 있어 기본글자인 1에서 10까지의 숫자와 이를 부연하여 백·천·만·억의 숫자를 기록할 수 있어야 하고, 가감승제(加減乘除) 정도의 기본지식을 먼저 이해한 뒤에야 고급수학을 공부할 수 있는 것처럼 육갑법은 가장 중요하고도 간명한 역학의 기본 상식이다.

자─그러면 이제부터 육갑법이 무엇인지 모르는 분을 위하여 상세하게 설명해 나간다.

(1) 간지(干支)의 기본글자

간지(干支)란 천간(天干)과 지지(地支)의 아래글자 하나씩을 따서 합칭한 술어다.

땅 위에 있는 높은 곳을 하늘이라 하고, 하늘 아래 우리가 밟고 있는 낮은 곳을 땅이라 한다. 그런데 간(干)은 위에 있는 하늘을 상징하여 천간(天干)이라 하고, 지(支)는 아래에 있는 땅을 상징하여 지지(地支)라 한다. 그러면 무엇이 천간이고 무엇이 지지인가를 알아보자.

① 천간(天干)

천간은 다음과 같은 글자를 칭한다.

甲 乙 丙 丁 戊 己 庚 辛 壬 癸
갑 을 병 정 무 기 경 신 임 계

위 글자를 세어보면 10이다. 그러므로 천간 전체를 합칭 십간(十干)이라고도 한다. 좀더 익숙해지면 천간 십간을 그냥 간(干)이라 칭한다.

② 지지(地支)

지지는 다음과 같은 글자를 칭한다.

子 丑 寅 卯 辰 巳 午 未 申 酉 戌 亥
자 축 인 묘 진 사 오 미 신 유 술 해

지지를 세어보면 12자이다. 그러므로 지지 전체를 합칭 십이지(十二支)라 한다. 이 지지도 육갑법이 익숙해지면 그냥 지(支)라 한다.

(2) 간지(干支)의 음양

음양(陰陽)에 대해 상세한 것은 뒤에 다시 설명하겠다. 단지 이 항목에서는 천간과 지지에 매인 음양만 표시한다. 천간에 무엇이 양(陽)이고 무엇이 음(陰)이며, 지지에 무엇이 양이고 무엇이 음인가를 안 다음 잊지 않도록 기억해 두어야 한다.

甲丙戊庚壬 = 이상은 모두 陽이다.

乙丁己辛癸 = 이상은 모두 陰이다.

子寅辰午申戌 = 이상은 모두 陽이다.

丑卯巳未酉亥 = 이상은 모두 陰이다.

천간에 甲·丙·戊·庚·壬은 양(陽)에 속하므로 양간(陽干)이라 하고 乙·丁·己·辛·癸는 음(陰)에 속하므로 음간(陰干)이라 하며, 또 지지 子·寅·辰·午·申·戌은 양에 속하므로 양지(陽支)라 하고, 丑·卯·巳·未·酉·亥는 음에 속하므로 음지(陰支)라 한다. 이를 이해하기 쉽도록 아래와 같이 표시한다.

○　●　○　●　○　●　○　●　○　●
甲　乙　丙　丁　戊　己　庚　辛　壬　癸
양　음　양　음　양　음　양　음　양　음

○ ● ○ ● ○ ● ○ ● ○ ● ○ ●
子 丑 寅 卯 辰 巳 午 未 申 酉 戌 亥
양 음 양 음 양 음 양 음 양 음 양 음

○는 양(陽)의 표시이고 ●는 음(陰)의 표시이다. 위 천간지지의 음양을 보면 천간지지를 써 놓은 순서가 양(○)부터 시작하여 양음양음양음으로 되었다. 그러므로 천간지지를 막론하고 양이 먼저이고 한 칸 건너 양이고 한 칸 건너 음이라 알아두면 기억이 편리하다.

(3) 육십갑자

육십갑자(六十甲子)를 약칭하면 육갑(六甲)이다. 하늘과 땅이 천지(天地)로 배합되고, 남자와 여자가 부부(夫婦)로 배합되고, 음과 양이 음양으로 배합된 것처럼 천간과 지지는 간지(干支)로 배합된다. 천간 甲과 지지 子가 상하로 배합 甲子가 되는 예다. 그리하여 십간(十干)과 십이지(十二支)가 첫번째부터 차례로 짝을 지으면 육십개의 배합이 이루어지므로 육십갑자라 한다.

24

(4) 간지(干支)의 합충(合沖) 등

甲子(갑자) 乙丑(을축) 丙寅(병인) 丁卯(정묘) 戊辰(무진) 己巳(기사) 庚午(경오) 辛未(신미) 壬申(임신) 癸酉(계유) 甲戌(갑술) 乙亥(을해)
丙子(병자) 丁丑(정축) 戊寅(무인) 己卯(기묘) 庚辰(경진) 辛巳(신사) 壬午(임오) 癸未(계미) 甲申(갑신) 乙酉(을유) 丙戌(병술) 丁亥(정해)
戊子(무자) 己丑(기축) 庚寅(경인) 辛卯(신묘) 壬辰(임진) 癸巳(계사) 甲午(갑오) 乙未(을미) 丙申(병신) 丁酉(정유) 戊戌(무술) 己亥(기해)
庚子(경자) 辛丑(신축) 壬寅(임인) 癸卯(계묘) 甲辰(갑진) 乙巳(을사) 丙午(병오) 丁未(정미) 戊申(무신) 己酉(기유) 庚戌(경술) 辛亥(신해)
壬子(임자) 癸丑(계축) 甲寅(갑인) 乙卯(을묘) 丙辰(병진) 丁巳(정사) 戊午(무오) 己未(기미) 庚申(경신) 辛酉(신유) 壬戌(임술) 癸亥(계해)

천간은 천간끼리 서로 유정하게 화합되는 것이 있고 서로 충돌하는 것이 있으며, 지지도 지지끼리 서로 화합하는 관계가 있고 서로 충돌하고 부딪치고 깨뜨리고, 해치고 미워하는 관계가 있다.

천간은 오직 합(合)과 충(沖)만 있으나 지지는 두 가지 화합관계(삼합·육합)과 충(沖)하고 형(刑)하고, 파(破)하고 해(害)하고 미워하는 관계가 있어 천간보다 복잡하다.

① 간(干)의 합과 충

○ 간합(干合)

천간끼리 서로 좋아하여 화합되는 것을 간합(干合) 또는 천간합(天干合)이라 한다. 이 합은 양과 양, 음과 음끼리는 이루어지지 않고 반드시 음간(陰干)과 양간(陽干)이라야만 합이 이루어지는바 비유하건대 남녀 부부의 합과 같다.

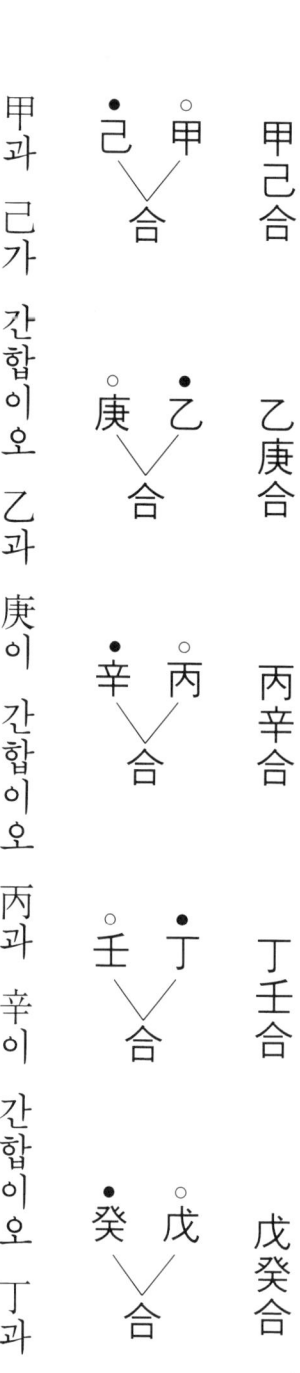

甲己合   乙庚合   丙辛合   丁壬合   戊癸合

甲과 己가 간합이오 乙과 庚이 간합이오 丙과 辛이 간합이오 丁과 壬이 간합이오 戊와 癸가 간합이다.

○ 간충(干沖)

천간끼리 서로 적대관계가 되어 충돌하는 것을 간충(干沖)이라 한다. 이 간충은 상극되는 오행관계로 양과 양, 음과 음끼리 이루어지고 오직 戊己의 충은 음과 양이 같은 오행끼리 이루어진다.

甲庚沖　乙辛沖　丙壬沖　丁癸沖　戊己沖

甲 ↕ 庚　乙 ↕ 辛　丙 ↕ 壬　丁 ↕ 癸　戊 ↕ 己

甲庚상충 乙辛상충 丙壬상충 丁癸상충 戊己상충이라고도 한다.

② 지(支)의 합

○ 삼합(三合)

십이지 가운데 세 개의 지지가 화합관계를 이루는 것을 삼합이라 한다. 다음과 같다.

申子辰合　巳酉丑合　寅午戌合　亥卯未合

申과 子와 辰이 삼합이오 巳와 酉와 丑이 삼합이오 寅과 午와 戌이 삼합이오 亥와 卯와 未가 삼합이다. 그런데 삼합에 예를 들어 申子辰이 삼합인데 申子辰 세 개의 지지가 모두 구비되어야만 합이 이루어지는 게 아니고 삼합되는 지지가 둘만 있어도 합을 이룬다. 이 둘만의 합을 반합(半合)이라고도 한다.

申子辰 三合에 申子, 子辰, 申辰만으로도 합을 이룬다.
巳酉丑 三合에 巳酉, 酉丑, 巳丑만으로도 합을 이룬다.

寅午戌 三合에 寅午、午戌、寅戌만으로도 합을 이룬다.
亥卯未 三合에 亥卯、卯未、亥未만으로도 합을 이룬다.

○ 육합(六合)

십이지가 각각 좋아하는 지지끼리 짝을 지으면 여섯 쌍이 된다. 그래서 이 합을 육합(六合)이라 한다.

子丑合　寅亥合　卯戌合　辰酉合　巳申合　午未合

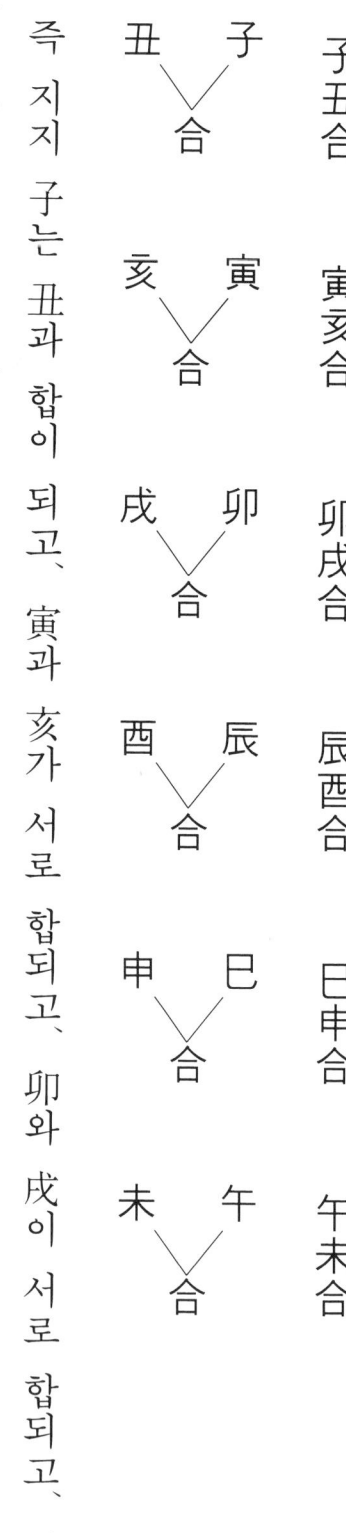

즉 지지 子는 丑과 합이 되고, 寅과 亥가 서로 합되고, 卯와 戌이 서로 합되고, 辰과 酉가 서로 합되고, 巳와 申이 서로 합되고, 午와 未가 서로 합된다.

③ 지지의 충·형·파·해·원진

○ 지지의 충(支沖)

지지끼리 서로 충돌관계가 되는 것을 말하는데 이를 지지상충(地支相沖) 또는 지충

(支沖), 혹은 육충(六沖)이라고 한다.

子午沖　丑未沖　寅申沖　辰戌沖　巳亥沖

子 ↔ 午
丑 ↔ 未
寅 ↔ 申
卯 ↔ 酉
辰 ↔ 戌
巳 ↔ 亥

子는 午를 충하고 午는 子를 충하니 이를 子午相沖이라 한다.
丑은 未를 충하고 未는 丑을 충하니 이를 丑未相沖이라 한다.
寅은 申을 충하고 申은 寅을 충하니 이를 寅申相沖이라 한다.
卯는 酉를 충하고 酉는 卯를 충하니 이를 卯酉相沖이라 한다.
辰은 戌을 충하고 戌은 辰을 충하니 이를 辰戌相沖이라 한다.

○ 지지의 형(支刑)

형(刑)이란 상대에게 압박을 준다는 뜻이다. 십이지 가운데 어떤 지(支)가 어떤 지(支)에 압박을 가하는가 하면 어떤 지(支)에게 압박을 받도록 되었다. 다음과 같다.

丑·戌·未
寅·巳·申 } 가 삼형(三刑)이다.

子·卯가 상형(相刑)이다.

辰·午·酉·亥가 자형(自刑)이다.

丑 ↓ 戌 未 (三刑)
寅 ↓ 巳 ↓ 申 (三刑)
子 ↓ 卯 ↓ 子 (相刑)
辰 ↓ 辰 午 ↓ 午 酉 ↓ 酉 亥 ↓ 亥 (自刑)

丑·戌·未 삼형이란 丑은 戌을 형하고, 戌은 未를 형하고, 未는 丑을 형한다는 뜻이다.

寅·巳·申 삼형이란 寅은 巳를 형하고, 巳는 申을 형하고, 申은 寅을 형한다는 뜻이다.

子·卯가 상형(相刑)이란 子와 卯가 서로 형(刑－압박)한다는 뜻이다.

辰·午·酉·亥가 자형(自刑)이란 辰은 辰끼리, 午는 午끼리, 酉는 酉끼리, 亥는 亥끼리 서로 압박한다는 뜻이다.

○ 지지의 파(支破)

파(破)란 상대를 파괴한다(깨뜨린다)는 뜻인데 십이지 가운데 서로 만나면 상대를 깨뜨리는 관계가 있다. 이를 지지상파(地支相破) 또는 지파(支破), 또는 육파(六破) 또는 그냥 파(破)라고도 칭한다. 다음과 같다.

子酉破　丑辰破　寅亥破　卯午破　巳申破　戌未破

子 ↔ 酉　丑 ↔ 辰　寅 ↔ 亥　卯 ↔ 午　巳 ↔ 申　戌 ↔ 未

즉 子는 酉를 파하고 酉는 子를 파한다. 또 丑과 辰이 서로 파하고, 寅과 亥가 서로 파하고, 卯와 午가 서로 파하고, 巳와 申이 서로 파하고, 戌과 未가 서로 파한다.

○ 지지의 해(支害)

해(害)란 상대에게 손해를 가한다는 뜻인데 이를 지지상해(地支相害) 지지육해(地支六害) 또는 육해(六害) 혹은 지해(支害) 또는 그냥 해(害)라고도 칭한다. 다음과 같다.

子未害　丑午害　寅巳害　卯辰害　申亥害　酉戌害

子 ↔ 未　丑 ↔ 午　寅 ↔ 巳　卯 ↔ 辰　申 ↔ 亥　酉 ↔ 戌

즉 子와 未가 서로 해하고, 丑과 午가 서로 해하고, 寅과 巳가 서로 해하고, 卯와

辰이 서로 해하고, 申과 亥가 서로 해한다.

○ 원진(怨嗔)

원진(怨嗔)이란 상대를 몹시 미워하거나 싫어한다는 뜻이다. 어떠한 원인이건 한쪽에서 상대를 미워하면 상대방에서도 반사적으로 이쪽을 미워하게 마련이다. 지지끼리도 이러한 관계가 있는바 이를 원진(怨嗔)이라 한다. 이 원진은 남녀궁합에서 띠와 띠끼리 많이 참고하는데 원진 관계와 형성되는 근거는 다음과 같다.

子未원진 丑午원진 寅酉원진 卯申원진 辰亥원진 巳戌원진

子-未 丑-午 寅-酉 卯-申 辰-亥 巳-戌

서기양두각(鼠忌羊頭角) = 쥐(子)는 양(未)의 뿔을 싫어한다.
우증마불경(牛憎馬不耕) = 소(丑)는 말(午)이 농사짓지 않고 노는 것을 미워한다.
호증계취단(虎憎鷄嘴短) = 범(寅)은 닭(酉)의 부리가 짧은 것을 미워한다.
토원후불평(兎怨猴不平) = 토끼(卯)는 원숭이(申) 몸이 굽은 것을 원망한다.
용혐저면흑(龍嫌猪面黑) = 용(辰)은 돼지(亥)의 낯짝이 검다고 싫어한다.
사경견폐성(蛇驚犬吠聲) = 뱀(巳)은 개(戌) 짖는 소리에 놀란다.

2. 음양상식

(1) 음양개요

음양의 한문글자는 그늘 음(陰)자와 볕 양(陽)자로 그늘과 볕이다. 그러므로 그늘져 어두운 곳은 음에 속하고, 볕이 들어 밝은 곳은 양에 속한다. 그러나 이는 단 한 가지 예를 든 것이고 무엇을 음이라 하고 무엇을 양이라 하느냐 보다 만물만사를 어

즉 쥐(子)와 양(未)이 원진관계요, 소(丑)와 말(午)이 원진관계요, 범(寅)과 닭(酉)이 원진관계요 토끼(卯)와 원숭이(申)가 원진관계요 용(辰)과 돼지(亥)가 원진관계요, 뱀(巳)과 개가 원진관계다.

이쪽에서 먼저 상대를 미워하거나 싫어하면 상대도 이쪽을 미워하고 원망하는 것은 당연한 일이라 예를 들어 쥐(子)가 양(未)을 싫어하니 양도 쥐를 싫어하여 子(쥐)와 未(양)가 원진관계를 이루는 것이다.

[참고] 이상 합과 충과 형·파·해·원진이 사주에서 어떤 작용을 하는가에 대해서는 3항 「단식판단과 신살론」에서 간단히 설명키로 한다.

떻게 음과 양으로 구분하느냐가 중요하다. 즉 이 세상 모든 것이 음양으로 나누어지지 않은 것은 단 하나도 없다. 우선 우주창시(宇宙創始)의 근본인 태극(太極)부터 양의(兩儀) 즉 음양으로 분류되어 이 음양의 화합작용으로 우주 만물이 형성되었다. 방대한 이론은 생략하고 이해를 돕기 위해 몇 가지 예로 분류해본다. 그런데 천지의 만물만사에는 반드시 선후(先後)의 차례와 위, 아래(上下) 높낮이(尊卑) 지위가 있는바 먼저를 양(陽)으로 뒤를 음(陰)으로, 높은 것을 양으로 낮은 것을 음으로 정하는 게 음양분류의 기본 원칙이다. 그러므로 음양은 다음과 같이 분류된다.

(2) 음양소속

천지(天地) = 하늘과 땅, 높고 위에 있는 것은 하늘이니 양이고, 낮고 아래에 있는 것은 땅이니 음이 된다.

상하(上下) = 위와 아래, 즉 높고 위에 있는 것은 양이고, 낮고 아래에 있는 것은 음이다.

명암(明暗) = 별은 밝으니 양이고 그늘은 어두우니 음이다. 즉 밝은 곳과 밝은 빛은 양에 속하고 어두운 곳과 어두운 빛은 음에 속한다.

일월(日月) = 해는 밝은 낮에 보이므로 양이고, 달은 어두운 밤에 보이므로 음이다.

그리고 해는 아버지의 상징이라 아버지는 양이고, 달은 어머니의 상징이라 어머니는 음이다.

부모(父母) = 아버지는 양, 어머니는 음이다.

남녀(男女) = 아버지는 남자이니 사내는 양이고, 어머니는 여자이니 계집은 음이다.

주야(晝夜) = 해가 떠서 밝은 낮은 양이고 어두운 밤은 음이다.

자웅(雌雄) = 자(雌)는 암컷, 웅(雄)은 수컷이다. 모든 물건과 모든 동물 곤충을 포함하여 수컷(雄)은 양이고 암컷(雌)은 음이다.

철요(凸凹) = 때문에 수컷은 모양이 凸하거나 특수처가 凸하므로 양이고 암컷은 모양이 凹하거나 특수처가 凹하니 음이 된다.

모양뿐 아니라 질(質)과 성(性)으로도 음양이 분류된다. 양의 질은 강(强)하고 (억셈) 거칠고 껄끄러우며 음의 질은 약하고 매끄럽고, 부드럽다. 또 양의 성(性)은 강(剛)하고 급하고 동적(動的)이고 적극적이고 외향적인 반면에 음의 특성은 유(柔)하고, 느리고, 정적(靜的)이고 소극적이고, 내향적이다.

표리(表裏) = 모든 것의 겉은 양이고 속은 음이다.

내외(內外) = 표리나 마찬가지로 안은 음이고 밝은 양이다. 그러므로 남녀부부간을 합쳐 내외간(內外間)이라 한다.

기우(奇偶) = 모든 수(數)에 있어 끝자리가 1 3 5 7 9 등 홀수(이를 奇數라 한다)가 되면 양수(陽數)라 하고 2 4 6 8 10 등 짝수(이를 偶數라 한다)가 되면 음수(陰數)라 한다.

이 밖에도 음양의 구분이 많다. 모든 만사만물에 상대적인 것(예 : 크고 작고, 길고 짧고, 살찌고 마르고 등)은 다 음양으로 구분한다.

간지(干支) = 천간과 지지를 총체적으로 분류하면 천간은 육십갑자 구성에 위에 위치하여 천간(天干)이라 칭하므로 甲乙丙丁戊己庚辛壬癸를 모두 양으로 보고, 지지는 육십갑자 구성에 아래에 위치하여 지지(地支)라 칭하므로 子丑寅卯辰巳午未申酉戌亥의 십이지를 음으로 본다.

또 천간 甲丙戊庚壬과 지지 子寅辰午申戌은 양간 양지이고, 천간 乙丁己辛癸와 지지 丑卯巳未酉亥는 음간 음지이다.

36

3. 오행(五行)

(1) 오행과 오행생극

만물만상(萬物萬象)에 있어 형(形)과 질(質)과 기(氣)와 성(性)을 각각 다섯 가지로 크게 분류한 것을 오행(五行)이라 한다. 우선 오행의 명칭부터 알아보자.

木 火 土 金 水

木은 나무, 火는 불, 土는 흙, 金은 쇠, 水는 물이다. 그러나 이 나무니 불이니 하는 것은 실지의 명칭이라기보다 상징적 명칭이므로 반드시 木이 나무만을 뜻하고 火가 불만을 뜻하고 土가 흙만을 뜻하고 金이 쇠만을 뜻하고 水가 물만을 뜻하는 게 아니라 그 형과 질과 성(性)과 기(氣)의 특성을 이상 다섯 가지(木火土金水)에 비유 상징적 의미를 취한 것이다.

그런데 이 오행은 오행명칭이 중요한 게 아니라 오행의 생극(生克) 관계와 왕쇠(旺衰)의 형태다. 그러므로 오행의 생극관계를 익숙하게 알아두어야 이 분야의 모든 학문을 쉽게 터득할 수 있는 것이다.

오행은 어떤 오행이 어떤 오행을 만나면 반드시 어떤 작용을 하게 된다. 즉 어떤 주체(主體)가 있으면 반드시 그 주체를 도와주는(生) 것이 있기 마련이고, 그 주체가 타(他)를 도와주게 되는 관계가 있으며, 또 어떤 것이 주체를 억압하거나 없애버리는 관계도 있고, 주체가 어떤 것을 억압하거나 없애버리는 관계도 있으므로 이것은 생극(生克) 두 가지 작용만으로 이루어질 뿐이다.

○ 상생(相生)

木生火　火生土　土生金　金生水　水生木

木 (生) 火 (生) 土 (生) 金 (生) 水 (生) 木

木은 火를 생하고, 火는 土를 생하고, 土는 金을 생하고, 金은 水를 생하고, 水는 木을 생한다.

○ 상극(相克)

木克土　土克水　水克火　火克金　金克木

木은 土를 극하고, 土는 水를 극하고, 水는 火를 극하고, 火는 金을 극하고, 金은 木을 극한다.

○ 생극도(生克圖)

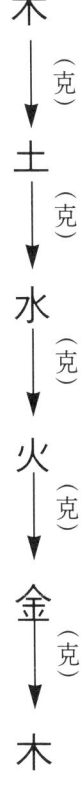

오행의 생극관계를 기억하는 요령은 간단하다. 즉 木·火·土·金·水의 순서만 외워두면 된다. 木火土金水木의 차례로 생(生)이 되고 木·土·水·火·金식으로 한 칸 건너면 극(克)이 된다.

(2) 오행소속

오행도 음양과 마찬가지로 만물만상에 소속되지 않은 것이 없다. 그러나 여기에서는 역학연구와 상식에 필요한 것만을 나타내기로 한다.

① 간지오행

우선 가장 기본이 되는 천간과 지지에 매인 오행부터 알아보자. 천간 즉 십간(十干)에 각각 오행이 매어 있고 지지 즉 십이지(十二支)에도 각각 오행이 매어 있다. 다음과 같다.

○ 천간오행

甲乙木 丙丁火 戊己土 庚辛金 壬癸水

천간 甲과 乙은 오행이 木이고, 丙과 丁은 오행이 火이고, 戊와 己는 오행이 土이고, 庚과 辛은 오행이 金이고, 壬과 癸는 오행이 水다. 이를 쉽게 기억하는 요령이 있다. 甲乙丙丁戊己庚辛壬癸의 십간 순서와 木火土金水의 순서만 외우면 된다. 천간 첫째인 甲부터 두 개씩 묶어 木火土金水로 따지면 된다.

$$\begin{matrix} 甲 \\ 乙 \end{matrix} \Big] 木 \quad \begin{matrix} 丙 \\ 丁 \end{matrix} \Big] 火 \quad \begin{matrix} 戊 \\ 己 \end{matrix} \Big] 土 \quad \begin{matrix} 庚 \\ 辛 \end{matrix} \Big] 金 \quad \begin{matrix} 壬 \\ 癸 \end{matrix} \Big] 水$$

○ 지지오행

寅卯木 巳午火 辰戌丑未土 申酉金 亥子水

지지는 子부터 시작되지만 오행은 木을 우선하므로 木이 되는 寅卯부터 시작해야 외우기가 편리하여 위와 같이 기록한다. 즉 寅과 卯는 木이요, 巳와 午는 火요, 辰과 戌과 丑과 未는 모두 土요, 申과 酉는 金이요, 亥와 子는 水가 된다.

子 — 水
丑 — 土
寅 — 木
卯 — 木
辰 — 土
巳 — 火
午 — 火
未 — 土
申 — 金
酉 — 金
戌 — 土
亥 — 水

寅부터 시작하여 십이지 순서와 오행 순서로 木木土 火火土 金金土 水水土 식으로 외우면 십이지 오행도 기억하기 쉽다.

이상 천간과 지지의 오행을 아래와 같이 함께 외우는 요령도 있다.

甲乙寅卯木 丙丁巳午火 戊己辰戌丑未土 庚辛申酉金 壬癸亥子水

예를 들어 천간 甲乙과 지지 寅卯는 오행이 모두 木이고 천간 丙丁과 지지 巳午는 오행이 모두 火에 속한다는 뜻이다.

② **오행의 수·방위·색·절기**

木의 수(數)는 三·八이고, 방위는 동(東)이고, 색(色)은 청(靑)이고, 절기는 봄(春—正二月)에 속한다.

火의 수(數)는 二·七이고, 방위는 남(南)이고, 색은 적(赤)이고, 절기는 여름

(夏—四五月)에 속한다.

土의 수(數)는 五·十이고, 방위는 중앙(中央)이고, 색은 황(黃)이고, 절기는 사계월(四季月—三·六·九·十二月)에 속한다.

金의 수(數)는 四·九이고, 방위는 서(西)이고, 색은 백(白)이고, 절기는 가을(秋—七·八月)에 속한다.

水의 수(數)는 一·六이고, 방위는 북(北)이고, 색은 흑(黑)이고, 절기는 겨울(冬—十·十一月)에 속한다.

이상을 아래와 같이 모두 함께 묶어 외우는 요령도 있다.

甲乙寅卯 三八 東方 青色 春 — 木
丙丁巳午 二七 南方 赤色 夏 — 火
戊己辰戌丑未 五十 中央 黃色 四季 — 土
庚辛申酉 四九 西方 白色 秋 — 金
壬癸亥子 一六 北方 黑色 冬 — 水

하나만 예를 들어 천간 甲乙과 지지 寅卯는 그 수(數)가 三·八이요 방위는 동쪽이요 색은 청색이요 절기는 正二月에 해당하는 봄이요 오행은 木이다.

42

○ 오행일람표

五行	天干	地支	數	方位	色	節氣	五常	五音
木	甲乙	寅卯	三·八	東方	靑色	春 正月 二月	仁(인)	角音
火	丙丁	巳午	二·七	南方	赤色	夏 四月 五月	禮(예)	徵音
土	戊乙	丑辰未戌	五·十	中央	黃色	四季 三六九十二月	信(신)	宮音
金	庚甲	申酉	四·九	西方	白色	秋 七月 八月	義(의)	商音
水	壬癸	亥子	一·六	北方	黑色	冬 十一月	智(지)	羽音

③ 화합오행

또 오행은 천간과 지지가 합(合)을 만나면 다른 오행으로 화(化)하게 된다. 비유하건대 어떤 두 가지 물질을 혼합시키면 다른 물질로 변화되는 것과 같다. 화합오행은 간합(干合)과 지지의 삼합(三合) 육합 등 세 가지가 있다.

○ 간합오행

간합오행(干合五行)은 다음과 같다.

甲己合化土　乙庚合化金　丙辛合化水　丁壬合化木　戊癸合化火

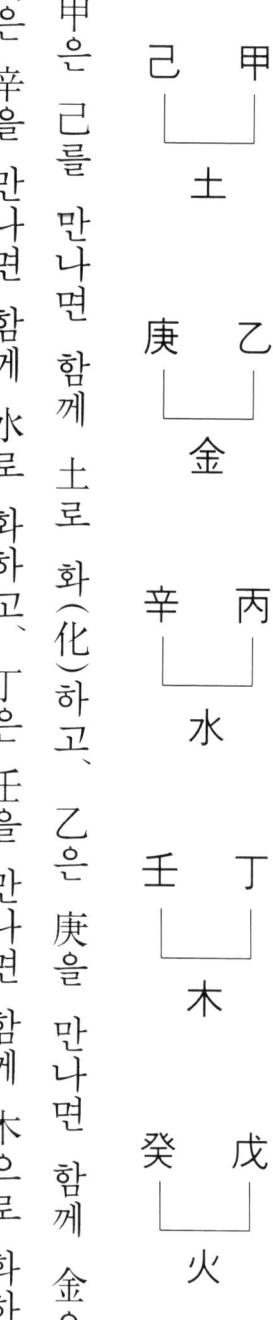

甲은 己를 만나면 함께 土로 화(化)하고, 乙은 庚을 만나면 함께 金으로 화하고, 丙은 辛을 만나면 함께 水로 화하고, 丁은 壬을 만나면 함께 木으로 화하고, 戊가 癸를 만나면 함께 火로 화한다. 己가 甲을 만나거나(化土) 庚이 乙을 만나거나(化金) 壬이 丁을 만나거나(化木) 癸가 戊를 만나면 戊(化火) 마찬가지의 이치다.

○ 육합 오행

지지가 둘씩 화합되는 것을 육합(六合)이라 하는데 역시 둘이 합쳐 다른 오행이 이루어진다. 아래와 같다.

子丑合化土　寅亥合化木　卯戌合化火　辰酉合化金　巳申合化水 (단 午未合은 오행이 형성되지 않는다)

子와 丑이 합하면 土가 되고, 寅과 亥가 합하면 木이 되고, 卯와 戌이 합하면 火가 되고, 辰과 酉가 합하면 金이 되고 巳와 申이 합하면 水가 된다. 단 午와 未는 合만 이룰 뿐 오행은 변화되지 않는다.

○ 삼합오행

십이지가 셋씩 합을 이루면 삼합(三合)이요 삼합되면 함께 다른 오행으로 변화된다 (단 子午卯酉는 三合되어도 본연의 오행은 변하지 않고 훨씬 氣가 강해진다).

申子辰合化水　　巳酉丑合化金　　寅午戌合化火　　亥卯未合化木

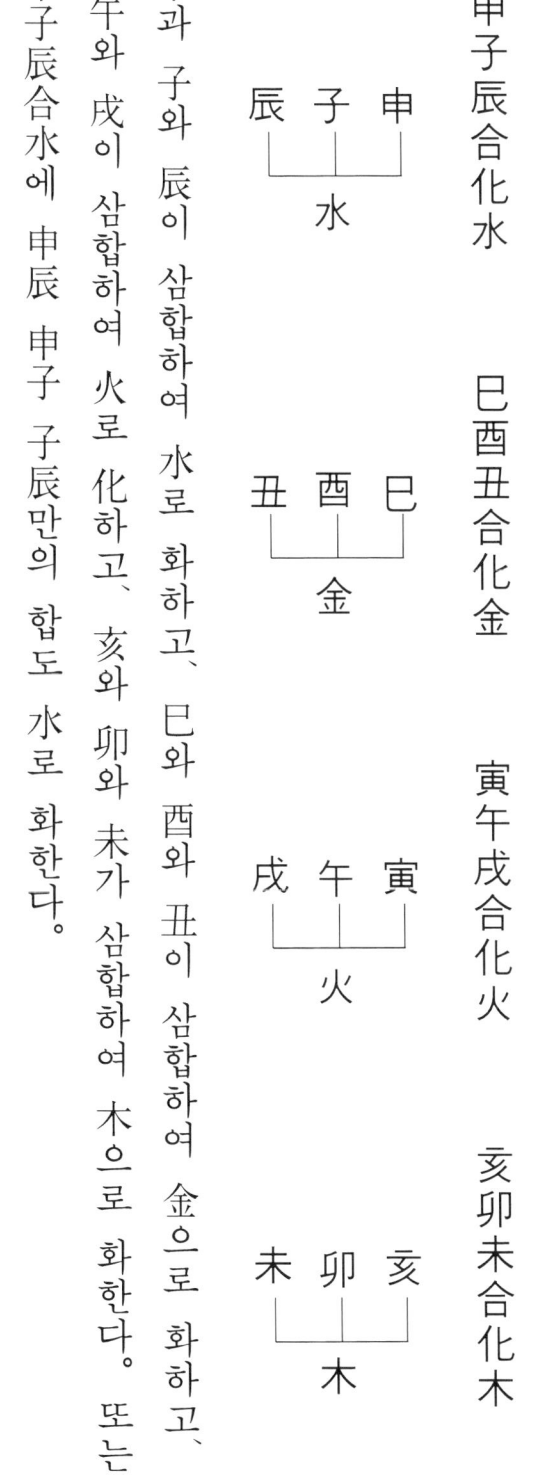

申과 子와 辰이 삼합하여 水로 화하고, 巳와 酉와 丑이 삼합하여 金으로 화하고, 寅과 午와 戌이 삼합하여 火로 化하고, 亥와 卯와 未가 삼합하여 木으로 화한다. 또는 申子辰合水에 申辰 申子 子辰만의 합도 水로 화한다.
巳酉丑合金에 巳酉 巳丑 酉丑만의 합도 金으로 화한다.

寅午戌合火에 寅午 寅戌 午戌만의 합도 火로 화한다.
亥卯未合木에 亥卯 亥未 卯未만의 합도 木으로 化한다.

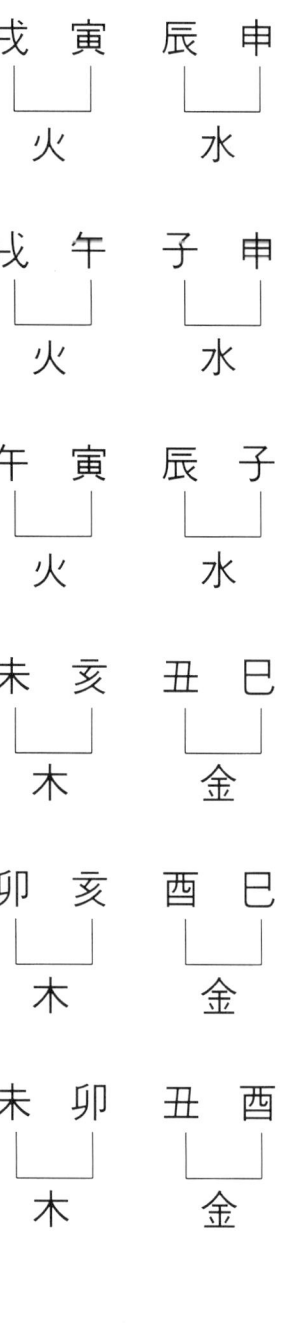

④ 오행의 왕쇠

이상에서 천간과 지지 그리고 방위·색·절기 등에 소속된 오행을 알았으면 다음에는 오행의 왕(旺)과 쇠(衰)를 알아야 한다. 왕을 강(强)이라고도 하고 쇠를 약(弱)이라고도 하는바 오행의 왕강(旺强)이란 오행의 기(氣)가 넉넉하게 충족된 것이고, 쇠약(衰弱)이란 오행의 기(氣)가 모자란 것을 말한다. 오행의 기는 왕한 것을 요하고 쇠약한 것을 꺼리지만 이는 대체론이고 왕성하되 그 정도가 지나치면 도리어 약하거나 모자란 것만도 못하다. 그리고 어느 경우이건 막론하고 오행의 기가 태강(太强)하

먼저 억제하거나 빼내야 좋고, 기가 미약하면 기를 보충함이 좋은 것이다. 이러한 것을 알기 위해서는 먼저 오행이 왕성해지는 조건과 쇠약해지는 조건을 알아야 한다.

○ 오행이 왕해지는 조건

• 첫째 오행이 절후(節候)를 만나야 한다(이를 得令이라 한다).

木이 寅卯辰月(辰月은 寅卯月보다 약간 못함)
火가 巳午未月(未月은 巳午月보다 약간 못함)
土가 辰戌丑未月
金이 申酉戌月
水가 亥子丑月(단 丑月은 亥子月보다 훨씬 못함)

즉 木이 木月, 火가 火月, 土가 土月, 金이 金月, 水가 水月을 만나면 득령(得令)으로서 그 기(氣)가 고강해진다.

• 다음은 오행이 생(生)을 받는 달을 만난 것이다.

木이 亥子月(亥月이 더 왕하다)
火가 寅卯月(寅月이 더 왕하다)
土가 巳午月(巳月이 더 왕하다)

47

金이 辰戌丑未月(단 辰戌月만 못하다
水가 申酉月(申月이 더 왕하다)

木이 亥月、火가 寅月、土가 巳月、水가 申月은 장생궁(長生宮-아래 신살론의 십이운성 참고)인 때문이다.

• 오행이 방국(方局)을 만나면 그 기가 강해진다. 전방(全方)이나 전국(全局)을 만나면 태강해지고, 반방(半方)이나 반국(半局)을 만나면 비교적 왕성해지는 데 가깝다.

木이 寅卯辰(方) 및 亥卯未(局)를 모두 만난 것
火가 巳午未(方) 및 寅午戌(局)을 모두 만난 것
土가 辰戌丑未를 세개 이상 만난 것
金이 申酉戌(方) 및 巳酉丑(局)을 모두 만난 것
水가 亥子丑(方) 및 申子辰(局)을 모두 만난 것

이상은 오행이 전방(全方) 및 전국(全局)을 만난 것으로 태왕될 가능성이 있다.

木이 寅卯 寅辰 卯辰 및 亥卯 亥未 卯未 등을 만난 것

48

火가 巳午 午未 및 寅午 寅戌 午戌을 만난 것
土가 辰戌丑未 가운데 두 개 만난 것
金이 申酉 申戌 酉戌 및 巳酉 巳丑 酉丑을 만난 것
水가 亥子 亥丑 子丑 및 申子 申辰 子辰을 만난 것

이상은 오행이 반방(半方) 및 반국(半局)을 만난 것으로 왕해질 가능성이 높다.

• 오행이 방국(方局)의 생을 받으면 기(氣)가 유력(有力)해진다.

〔참고〕 오행의 왕쇠를 가늠하기 위해 방합(方合)이란 것을 참작해야 한다.

寅卯辰木方 巳午未火方 申酉戌金方 亥子丑水方

三合이 당(黨)에 비유된다면 方合은 동향인(同鄕人)의 단체와 같아 方合의 힘은 三合五行의 힘과 같다.

○ 오행이 쇠약해지는 조건

• 첫째 오행이 실령(失令―오행과 같은 절기와 오행을 생해주는 달이 아닌 것)하면 일단 쇠약으로 본다. 즉

木이 申酉戌巳午未丑月을 만난 것
火가 亥子丑申酉戌辰月을 만난 것
土가 寅卯申酉亥子月을 만난 것
金이 巳午未寅卯亥子月을 만난 것
水가 辰戌未寅卯巳午月을 만난 것

이상에 해당하면 모두 오행이 실령(失令)된 것으로 쇠약해진다.

둘째 오행이 극을 많이 받거나 기(氣)가 많이 누설(漏泄)되면 쇠약해진다. 즉

木이 金・火・水를 많이 만나거나 金火水의 방국(方局)을 만난 것
火가 水・土・金을 많이 만나거나 水土金의 방국을 만난 것
土가 木・金・水를 많이 만나거나 木金水의 방국을 만난 것
金이 火・水・木을 많이 만나거나 火水木의 방국을 만난 것
水가 土・木・火를 많이 만나거나 土木火의 방국을 많이 만난 것

○는 旺, △는 약간 旺, 표시가 없으면 보통

		木	火	土	金	水
旺盛해지는 조건	得令	寅月 ○ 卯月 ○ 辰月 △	巳月 ○ 午月 ○ 未月 △	辰月 ○ 戌月 ○ 丑月 △ 未月 △	申月 ○ 酉月 ○ 戌月 △	亥月 ○ 子月 ○ 丑月 △
	生을 받는 달	亥月 △ 子月 △	寅月 △ 卯月 △	巳月 △ 午月 △	辰月 △ 戌月 △ 丑月 △ 未月 △	申月 △ 酉月 △
	기타	寅卯辰全 亥卯未全 寅卯亥子가 많음 등이	巳午未全 寅午戌全 巳午寅卯가 많음	辰戌丑未 등 巳午가 土가 많음	申酉戌全 巳酉丑全 申酉戌丑이 많음	亥子丑全 申子辰全 亥子申酉가 많음
衰弱해지는 조건	失令	申酉戌月 巳午未月 丑月	亥子丑月 辰戌丑未月 申酉月	寅卯月 亥子月 申酉月	巳午未月 亥子月 寅卯月	辰戌未月 寅卯月 巳午月
	克을 받는 달	申酉戌月 巳午 丑戌 月	亥子丑月	寅卯月	巳午月	辰戌丑未 月
	氣를 빼내는 달	巳午 丑戌 月	辰丑戌月 申酉月	申酉月	亥子月 寅卯月	寅卯月 巳午月
	기타	金土火가 많음 金土火로 方局	水土金이 많음 水土金으로 方局	木金水가 많음 木金水로 方局	火水木이 많음 火水木으로 方局	土木火가 많음 土木火로 方局

제 2 부 四柱 定하는 법

본 책자인 당사주는 四柱를 내지 않고도 그냥 무슨 띠에 무슨 달 무슨 날 무슨 시 정도만 알면 그렁저렁 볼 수 있도록 되어 있다. 그러나 흉화(凶禍)와 길복궁(吉福宮) 과 소아살(小兒殺)이며, 당사주 본문 앞에 수록되는 합(合)과 형·파·해·원진 등의 대략적인 작용이며, 천을귀인 공망, 천월덕귀인 고신 과수 도화 육수 등 모든 길흉신 살을 참작하려면 四柱 정하는 법(요령)을 바르게 알지 못하면 불가능하다. 뿐만 아니라 장차 명리학(命理學)에 대해서 지식을 얻으려면 우선적으로 四柱 정하는 법부터 알아 야 하겠기로 송전의 내용을 대폭 수정 보충하여 상세히 설명하는 바다. 사주 세우는 데 착오 없기 바란다.

사주(四柱)란 주인공이 태어난 연월일시의 간지(干支)다. 즉 연주(年柱)·월주(月 柱)·일주(日柱)·시주(時柱)의 네 가지이므로 四柱라 하고 연월일시 간지가 여덟 글 자이므로 팔자(八字)라 한다.

1. 연주(年柱) 정하는 법

먼저 「만세력」이란 책자를 준비해야 한다.

주인공이 태어난 해가 예를 들어 甲子年이면 甲子가 연주이고 乙丑年이면 乙丑이 연주다. 서기 1996년생은 연의 간지가 丙子이므로 1996년에 태어났다면 丙子로 연주를 정하면 된다. 하지만 1996년생이라 해서 무조건 丙子로 연주를 정해서는 안된다. 왜냐하면 연의 간지가 교체되려면 태양도수(太陽度數)에 의한 입춘절(立春節)을 기준해야 한다.

입춘은 양력으로 매년 2월 3·4일에 들지만(혹 2월 5일에 드는 수도 있다) 음력은 태양도수가 일정치 않아(365일 244가 1년도수인데 음력은 평년인 경우 354·5일이고 윤년이면 383·45일이다) 음력 12월 중에 드는 수도 있고 새해 정월에 드는 수도 있어 날짜상 음력 새해가 지났거나 지나지 않았거나를 막론하고 반드시 입춘일을 찾아 출생한 날이 입춘 전이면 해가 바뀌지 않은 연도의 태세(太歲—병자년 정축년 등)로 기록해야 되고 입춘일이 지난 뒤에야 비로소 새해의 태세로 기록해야 한다. 그러므로 비록 날짜상 음력 새해를 맞이한 정월생이라도 입춘일 전이면 전년도 태세를 기록하고, 비록 새해가 바뀌지 않은 음력 12월생이라도

53

입춘이 지났으면 다음해(신년) 태세로 기록해야 한다. 주인공이 출생한 날이 입춘일과 같은 날이면 출생시간과 입춘이 드는 시각을 대조하여 입춘시각 전의 출생이면 전년(구년) 태세로, 입춘시각 뒤의 출생이면 신년(새해) 태세로 정해야 한다. 또는 입춘 전 출생이면 월주(月柱)도 전년(구년) 12의 월건을 쓰고 입춘 뒤면 신년 정월의 월건을 써야 한다.

생일이 입춘 〈 전이면―전년 태세와 12월 월건
        뒤 면―신년 태세와 정월 월건

이러한 까닭에 주인공의 출생월일이 음력 12월 15일 이후이거나 정월 15일 이전에 해당하면 반드시 입춘이 어느 날에 들었는가를 참작하고 그 외의 생일에 해당하면 무조건 당년의 태세를 기록해도 좋다.

1995년 음력 正月 三日 生

입춘이 正月 五日에 들었으므로 신년 태세인 乙亥로 연주를 정하지 못하고 전년 태세인 甲戌이 연주이며 따라서 月柱도 전년 12월인 丁丑月이 된다.

1995년 음 십이월 二十一일 生

신년으로 교체되는 기준인 입춘이 乙亥년 12월 16일에 이미 들었으므로 날짜상으로는 음력 乙亥년 12월생이지만 새해인 丙子년 正月(戊寅月)生인 것이다.

간단히 말해서 음력 12월 및 1월생은 전년도 12월이나 신년 1월에서 입춘일을 찾아 출생이 입춘 전인가 뒤인가로 태세와 월건을 정해야 한다.

2. 월주(月柱) 정하는 법

월주(月柱)는 주인공의 출생월에 해당하는 간지(干支 즉 月建)다.

월주도 연주의 입춘 예와 마찬가지로 교체되는 기준이 있다. 즉 그달 그달에 매인 절기(節氣)를 기준해야 되므로 우선 다음과 같은 상식부터 익혀야 한다.

正月(寅月)의 월건은 입춘(立春)이 기준이다(입춘 전은 전년 丑月, 뒤라야 신년 寅月)

二月(卯月)의 월건은 경칩(驚蟄)이 기준이다(경칩 전은 寅月, 뒤라야 卯月)

三月(辰月)의 월건은 청명(淸明)이 기준이다 (청명 전은 卯月, 뒤라야 辰月)
四月(巳月)의 월건은 입하(立夏)가 기준이다 (입하 전은 辰月, 뒤라야 巳月)
五月(午月)의 월건은 망종(芒種)이 기준이다 (망종 전은 巳月, 뒤라야 午月)
六月(未月)의 월건은 소서(小暑)가 기준이다 (소서 전은 午月, 뒤라야 未月)
七月(申月)의 월건은 입추(立秋)가 기준이다 (입추 전은 未月, 뒤라야 申月)
八月(酉月)의 월건은 백로(白露)가 기준이다 (백로 전은 申月, 뒤라야 酉月)
九月(戌月)의 월건은 한로(寒露)가 기준이다 (한로 전은 酉月, 뒤라야 戌月)
十月(亥月)의 월건은 입동(立冬)이 기준이다 (입동 전은 戌月, 뒤라야 亥月)
十一月(子月)의 월건은 대설(大雪)이 기준이다 (대설 전은 亥月, 뒤라야 子月)
十二月(丑月)의 월건은 소한(小寒)이 기준이다 (소한 전은 子月, 뒤라야 丑月)

○ 이십사절(二十四節)

입춘(立春) · 우수(雨水) · 경칩(驚蟄) · 춘분(春分) · 청명(淸明) · 곡우(穀雨) · 입하(立夏)
소만(小滿) · 망종(芒種) · 하지(夏至) · 소서(小暑) · 대서(大暑) · 입추(立秋) · 처서(處暑)
백로(白露) · 추분(秋分) · 한로(寒露) · 상강(霜降) · 입동(立冬) · 소설(小雪) · 대설(大雪)
동지(冬至) · 소한(小寒) · 대한(大寒)

56

이상 이십사절 명칭 가운데 ● 부호표시의 절(節)만 월건이 교체되는 기준이다.

음력 生月	正月	二月	三月	四月	五月	六月
적용하는 月柱	경칩 후 寅月의 干支 입춘 후 신년 寅月의 干支 입춘 전 전년 丑月의 干支	청명 후 卯月의 干支 경칩 후 卯月의 干支 경칩 전 寅月의 干支	입하 후 巳月의 干支 청명 후 辰月의 干支 청명 전 卯月의 干支	망종 후 午月의 干支 입하 후 巳月의 干支 입하 전 辰月의 干支	소서 후 未月의 干支 망종 후 午月의 干支 망종 전 巳月의 干支	입추 후 申月의 干支 소서 후 未月의 干支 소서 전 午月의 干支

음력 生月	七月	八月	九月	十月	十一月	十二月
적용하는 月柱	입추 후 申月의 干支 입추 후 申月의 干支 백로 전 未月의 干支	백로 후 酉月의 干支 백로 후 酉月의 干支 한로 전 申月의 干支	한로 후 戌月의 干支 한로 후 戌月의 干支 입동 전 酉月의 干支	입동 후 亥月의 干支 입동 후 亥月의 干支 대설 전 戌月의 干支	대설 후 子月의 干支 대설 후 子月의 干支 소한 전 亥月의 干支	소한 후 丑月의 干支 소한 후 丑月의 干支 입춘 후 신년 寅月의 干支

3. 일주(日柱) 정하는 법

일주(日柱)란 주인공이 출생한 날의 干支다. 그러므로 만세력으로 출생연도를 찾고 출생연도에서 출생한 月日을 찾으면 日의 干支가 기록되었다. 甲子日이니 乙丑日이니 하는 것이 日柱다.

요즈음 출간되는 만세력은 모두가 음양력대조로 되어 음력날짜만 알면 생일날짜 난을 찾아 출생일에 해당하는 날의 干支가 무엇인지 쉽게 알 수 있다. 그런데 혹 오래 전에 발행하였거나 재래식 만세력을 가진 분도 있겠기에 이 만세력으로 日柱 알아내는 요령을 간단히 설명키로 한다.

월건
乙未   六月 小   壬午…음력 初一日의 干支
         壬午…음력 十一日의 干支
         壬辰…음력 二十一日의 간지

우선 출생한 달을 찾되 출생일이 十日 이전이면 맨 오른쪽(예의 壬申)의 干支로 六十甲子 순서로 생일까지 따져나가고, 十一日 이후 二十日 사이에 해당하면 중앙(壬午)에서, 二十一日 이후 三十日 사이에 해당하면 왼쪽(壬辰) 干支를 기준 따져나가면 된다.

[참고]

밤 十一時 0分부터 子時가 시작된다(서기 1961년 8월 10일 이전까지가 그러하고 1961년 8월 10일 이후부터는 11시 30분에 子時가 시작된다). 子時는 十二支 시간의 첫번째라 해서 子時에 오늘에서 내일의 干支로 바뀐다고 생각하는 사람들이 많고 그렇게 적용하는 역학자들도 적지 않다. 오늘에서 내일로 바뀌는 기준은 밤 0시 0분 즉 子正이라야 한다(현재는 0시 30분이라야 子正이다). 子正이라야 하는 밤 11시 三十분에 日의 干支가 바뀐다고 생각하는 것은 잘못이다. 그러나 밤 子時初, 즉 밤 十一시 三十분에 日의 干支가 바뀐다고 생각하는 것은 잘못이다. 태양이 수직선 아래에서 단 1미터라도 서쪽방향으로 옮기면 실지상 오늘과 내일이 교체된다. 반대로 正午란 낮 12시 0분인데 12시 0분에 태양이 동서 사이 한복판에 위치한다. 태양이 동서 한복판에 1미터만 못미쳐도 오전이고 1미터만 지나도 오후다. 날짜 바뀌는 기준은 오전 오후로 바뀌는 기준과 정확한 상대(相對 — 오전 오후 시간의 길이가 똑같아야 한다)를 이루어야 한다. 十二支의 첫번째인 子月에 해가 바뀌지 않고 正月에 바뀌는 것처럼 子時初가 아닌 子正(0시 0분)이라야 오늘에서 내일이 되고, 오늘의 干支에서 내일의 干支로 바뀐다는 점을 알아야 한다.

4. 시주(時柱) 정하는 법

시주(時柱)란 주인공이 출생한 시에 해당하는 時의 干支다. 그냥 시간만 알려면 子時 丑時 등으로 칭하지만 四柱는 반드시 干支로 갖추어야 하므로 예를 들어 같은 子時라도 甲子時 丙子時 戊子時 등으로 支 위에 干이 붙어야 한다.

우선 현재시간으로 十二支時에 매인 것부터 알아보자. (아래 표를 참고하라)

	1961년 8월 10일 이전	1961년 8월 10일 ~ 현재까지
子時	오후 11시 ~ 12시 말까지 오전 0시 ~ 1시까지	오후 11시 30분 ~ 오전 0시 30분까지 오전 0시 30분 ~ 1시 30분까지
丑時	오전 1시 ~ 2시 말까지	오전 1시 30분 ~ 3시 30분까지
寅時	오전 3시 ~ 4시 말까지	오전 3시 30분 ~ 5시 30분까지
卯時	오전 5시 ~ 6시 말까지	오전 5시 30분 ~ 7시 30분까지
辰時	오전 7시 ~ 8시 말까지	오전 7시 30분 ~ 9시 30분까지
巳時	오전 9시 ~ 10시 말까지	오전 9시 30분 ~ 11시 30분까지
午時	오전 11시 ~ 12시 말까지	오전 11시 30분 ~ 오후 1시 30분까지

未時	오후 1시 ~ 2시 말까지	오후 1시 30분 ~ 3시 30분까지
申時	오후 3시 ~ 4시 말까지	오후 3시 30분 ~ 5시 30분까지
酉時	오후 5시 ~ 6시 말까지	오후 5시 30분 ~ 7시 30분까지
戌時	오후 7시 ~ 8시 말까지	오후 7시 30분 ~ 9시 30분까지
亥時	오후 9시 ~ 10시 말까지	오후 9시 30분 ~ 11시 30분까지

※ 서기 1961년 8월 10일 이후부터 현재 및 미래까지는 사실상의 시간보다 시침(時針)을 30분 빠르게 앞당겨 사용하고 있으므로 이를 참작 조절해야 한다. 예를 들어 오늘 새벽 0시 20분이라면 사실상의 시간은 어젯밤 11시 50분(30분 빼고)이므로 오늘이 아닌 어제다. 따라서 서머타임 적용한 해(연도)와 기간에도 참작 조절해야 한다.

○ 서머타임 및 時間修正

서머타임이 실시된 기간중에는 모두 서머타임에 의한 시침을 맞추어 사용했으므로 이 사이에 자녀가 출생(出生)한 경우 거의가 서머타임으로 맞춘 시간(時間)에 의해서 기억하거나 기록해 두었을 것이다. 때문에 반드시 이것도 계산해야 올바른 사주(四

서머타임이 실시된 연도와 기간 내용은 다음과 같다.

- 一九四八(戊子) 五月 一日~九月 十日까지 낮 十一時를 十二時로 一時間 앞당겨 사용

서머타임
- 一九四九(己丑) 陽四月 一日~九月 二十三日까지　右同
- 一九五〇(庚寅) 陽四月 一日~九月 二十三日까지　右同
- 一九五一(辛卯) 陽五月 六日~九月 八日까지　右同
- 一九五四(甲午) 陽三月 二十一日부터 十二時 三十分을 十二時로 고쳐 사용

시간조절
- 一九五五(乙未) 陽四月 六日~九月 二十九日까지 一時間 앞당겨(十二時 를 十三時로) 사용
- 一九五六(丙申) 陽五月 二十日~九月 二十九日까지　右同
- 一九五七(丁酉) 陽五月 五日~九月 二十一日까지　右同
- 一九五八(戊戌) 陽五月 四日~九月 二十一日까지　右同
- 一九五九(己亥) 陽五月 四日~九月 十九日까지　右同

서머타임
- 一九六〇(庚子) 陽五月 一日~九月 十七日까지　右同
- 一九六一(辛丑) 八月 十日부터 十二時를 十二時 三十分으로 三十分 앞당겨 현재까지 계속 사용중

서머타임
- 一九八七(丁卯) 五月 十日에 오전 一時까지 一時間 앞당겨 사용

서머타임 • 一九八八(戊辰) 五月 八日에 오전 一時를 二時로 돌려 十月 九日 오전 一時까지 一時間 당겨 사용

이상과 같은 시간에 대한 상식을 알았으면 다음에는 時가 육십갑자(六十甲子)로 무슨 시인가를 알아 시주(時柱)를 세워야 한다.

○ 時頭法(시간 돌려짚는 법)

甲己日 甲子時(日干이 甲이나 己로 된 날은 子時를 甲子부터 시작하여 丑時는 乙丑으로)

乙庚日 丙子時(日干이 乙이나 庚으로 된 날은 子時를 丙子부터 시작하여 丑時는 丁丑으로)

丙辛日 戊子時(日干이 丙이나 辛으로 된 날은 子時를 戊子時부터 시작하여 丑時는 己丑으로)

丁壬日 庚子時(日干이 丁이나 壬으로 된 날은 子時를 庚子부터 시작하여 丑時는 辛丑으로)

戊癸日 壬子時(日干이 戊나 癸로 된 날은 子時를 壬子부터 시작하여 丑時는 癸丑으로)

가령 生日의 日干이 甲子 甲戌 甲申 甲午 甲辰 甲庚 등 甲으로 되었거나 己巳 己卯 己丑 己亥 己酉 己未 등 己로 된 날이라면 右 원칙에 의하여 子를 甲子부터 시작하여 丑時면 乙丑, 寅時면 丙寅, 卯時면 丁卯, 辰時면 戊辰, 巳時면 己巳, 午時면 庚午, 未時면 辛未, 申時면 壬申, 酉時면 癸酉, 戌時면 甲戌, 亥時면 乙亥, 밤 子時면 丙子 時 이렇게 六十甲子 순서로 따져나간다。 이하 乙庚日 丙辛日 등도 甲己日의 예에 준한다。

○ 時의 干支表

時 \ 日干	甲己日	乙庚日	丙辛日	丁壬日	戊癸日
一時 二時 丑時	甲子	丙子	戊子	庚子	壬子
	乙丑	丁丑	己丑	辛丑	癸丑
三時 四時 寅時	丙寅	戊寅	庚寅	壬寅	甲寅
五時 六時 卯時	丁卯	己卯	辛卯	癸卯	乙卯
七時 八時 辰時	戊辰	庚辰	壬辰	甲辰	丙辰
九時 十時 巳時	己巳	辛巳	癸巳	乙巳	丁巳
十一時 十二時 오후一時 二時 午時	庚午	壬午	甲午	丙午	戊午
	辛未	癸未	乙未	丁未	己未
三時 四時 申時	壬申	甲申	丙申	戊申	庚申
五時 六時 酉時	癸酉	乙酉	丁酉	己酉	辛酉
七時 八時 戌時	甲戌	丙戌	戊戌	庚戌	壬戌
九時 十時 亥時	乙亥	丁亥	己亥	辛亥	癸亥
十一時 夜子	丙子	戊子	庚子	壬子	甲子

〔유의할 점〕 어떤 이는 時頭法(遁時法)의 원칙이 가령 甲己日에 甲子時라 해서 맨

처음 시작되는 子時건, 한바퀴 돌아 다시 돌아오는 子時건 무조건 甲子時로 定하는 이는 큰 잘못이다. 六十甲子가 時로 돌 때는 맨 처음에 甲子日 子正(새날이 시작되는 때)에 甲子時가 하루 十二時間씩 날을 따라 돌면 반드시 甲己日에 甲子時로 돌아온다. 이렇게 六十甲子가 하루 十二時間씩 날을 따라 돌면 반드시 甲己日에 甲子時, 乙庚日에 丙子時, 丙辛日에 戊子時, 丁壬日에 庚子時, 戊癸日에 壬子時에 닿게 된다. 따라서 甲己日의 夜子時(後子時—十一時에서 十二時 前에 드는 子時)는 丙子時, 乙庚日의 夜子時는 戊子時, 丙辛日의 夜子時는 庚子時, 丁壬日의 夜子時는 壬子時, 戊癸日의 夜子時는 甲子時라야 맞는다.

- 甲己日의 子正은 甲子時 밤 十一~十二時 前의 子時는 丙子時
- 乙庚日의 子正은 丙子時 밤 十一~十二時 前의 子時는 戊子時
- 丙辛日의 子正은 戊子時 밤 十一~十二時 前의 子時는 庚子時
- 丁壬日의 子正은 庚子時 밤 十一~十二時 前의 子時는 壬子時
- 戊癸日의 子正은 壬子時 밤 十一~十二時 前의 子時는 甲子時

제 3 부 당사주(唐四柱)

1. 십이성론 (十二星論)

○ 십이지(十二支)와 십이성(十二星)

十二支(십이지)는 子(자) 丑(축) 寅(인) 卯(묘) 辰(진) 巳(사) 午(오) 未(미) 申(신) 酉(유) 戌(술) 亥(해)의 열두 地支(지지)를 말하는 것으로 이 十二地支(십이지지)에 十二天星(십이천성)을 붙여 보면 子(자)에 天貴星(천귀성), 丑(축)에 天厄星(천액성), 寅(인)에 天權星(천권성), 卯(묘)에 天破星(천파성), 辰(진)에 天奸星(천간성), 巳(사)에 天文星(천문성), 午(오)에 天福星(천복성), 未(미)에 天驛星(천역성), 申(신)에 天孤星(천고성), 酉(유)에 天刃星(천인성), 戌(술)에 天藝星(천예성), 亥(해)에 天壽星(천수성)이 각각 붙게 되나나 예를 들면 子年生(자년생) 즉 쥐띠는 天貴星(천귀성)을 얻어 태어난 것이 되고 卯年生(묘년생)인 토끼띠는 天破星(천파성)을 얻어 출생한 것이며 辰年生(진년생)인 용띠는 天奸星(천간성), 巳年生(사년생) 범띠는 天文星(천문성), 午年生(오년생) 말띠는 天福星(천복성)을 얻은 年(생년)에 타고 난 섬이되다,

十二支(십이지)와 十二天星表(천성표)

(자)子	天貴星	(천귀성)	쥐 띠
(축)丑	天厄星	(천액성)	소 띠
(인)寅	天權星	(천권성)	범 띠
(묘)卯	天破星	(천파성)	도끼띠
(진)辰	天奸星	(천간성)	용 띠
(사)巳	天文星	(천문성)	뱀 띠
(오)午	天福星	(천복성)	말 띠
(미)未	天驛星	(천역성)	양 띠
(신)申	天孤星	(천고성)	잔나비띠
(유)酉	天刃星	(천인성)	닭 띠
(술)戌	天藝星	(천예성)	개 띠
(해)亥	天壽星	(천수성)	돼지띠

○ 간명법(看命法-四柱푸는법)

위에서 論(논)한 바와같이 人間(인간)이란 하늘의 열두개 天星(천성)의 正氣(정기)를 타고 人間界(인간계)에 태어 났기 때문에 天地萬物(천지만물)가운데서 가장 靈妙(영묘)한 存在(존재)라 할 수 있다. 그렇기 때문에 人間(인간)의 運命(운명)은 天星(천성)의 正氣(정기)에 따라 左右(좌우)되는 것인 즉 天生(천생)에 좋은 별(吉星)을 만나면, 富貴功名(부귀공명)하게 되고 나쁜 별(凶星)을 만나면 困苦貧賤(곤고빈천)하게 되는 것이다. 따라서

各自(각자) 自己(자기)의 生年月日時(생년월일시)를 該当(해당) 되는 天星(천성)에 맞추어 自己(자기) 運命(운명)의 吉凶(길흉)을 鑑定(감정)하는 것인데 이것을 푸는 법은 다음과 같다.

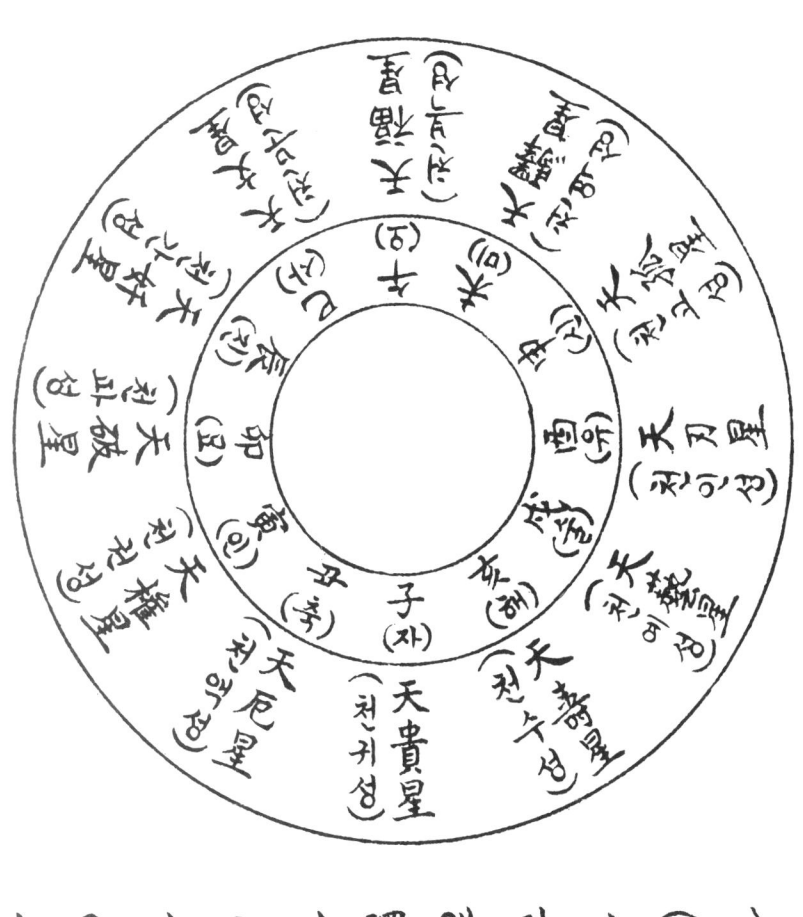

예를 들면 丁未年(정미년=양띠) 八月(팔월) 二十三日(이십삼일) 卯時(묘시)에 出生(출생)한 사람일 경우 이 사람의 生年(생년)은 丁未年(정미년=양띠)인 고로 위의 圖表(도표)에서 「未」를 찾아 보면 「未」는 곧 天驛星(천역성)에 該当(해당) 하므로 이 사람의 生年(생년=太歲)은 곧 天驛星(천역성)이다. 다음으로 이 사람의 生月(생월)이 八月(팔월)인 고로 이 사람의 生年(생년)인 未(丁未=天驛星)를 基点(기점)으로 하

여 左(좌)로 生月(생월)인 八月(팔월)일이 卯時(묘시)이므로 이 사람의 生日(생일)까지 세어나가면 寅(인)에 당게된다. 일이 子(자)를 基点(기점)으로하따라서 이 사람의 生月(생월)은 寅 여 左(좌)로 子(자)를 丑(축) 寅(인)(인)이요 寅(인)에 該當(해당)하므로 이 사람의 生 卯(묘)의 順(순)으로 세어나가면 곧성)에 該當(해당)하므로 이 사람의 生月(생월)은 곧 天權星(천권성)이 된 卯(묘)에 당는다, 그러므로 이 사람의月(생월)은 곧 天權星(천권성)이 된 生時(생시)는 곧 卯時生(묘시생)이요다, 또 이 사람의 生日(생일)은 二十三 (해당) 하므로 生時(생시)는 곧 天破日(이십삼일)인 곧 이 사람의 生 星(천파성)이 된다, 여기에서 注意로하여 左(좌)로 生日(생일)인 二十三 (주의)해야 할 일은 萬若(만약)日(이십삼일)까지 세어나가면 子(자) 사람의 生日(생일)이나 子日(자일)이에 당게된다, 따라서 이 사람의 生日 아니고 丑日(축일)이나 또는 辰日(진(생일)은 곧 子日(자일)이요 子(자) 일)일 경우 生時(생시)가 역시 卯는 곧 天貴星(천귀성)에 該當(해 時(묘시)라면 이 사람의 生日(생일)당)한다, 또 이 사람의 生時(생시)는 인 丑(축) 또는 辰(진)을 基点

(기점)으로 하여 子丑寅卯(자축인묘)의 順(순)으로 하여 子丑寅卯(자축인묘)의 順(순)으로 세어 나가게 되다, 즉 辰日卯時生(진일묘시생)이면 辰(진)을 基点(기점)으로 하여 子丑寅卯(자축인묘)의 順(순)으로 세어 나가게 되는데 이 경우 卯(묘)는 「未」에 닿게되므로 이 사람의 生時(생시)는 「未」 곧 天驛星(천역성)이 된다, 위에서 論(논)한 바와같이 人間(인간)의 運命(운명)은 모두 各自(각자)의 生年月日時(생년월일시)를 기준하여 鑑定(감정)하는 것으로 天星(천성)에 따라 一生(일생)동안에 미치는 運命(운명)의 時期(시기)는 다음과 같다、

一生年(생년)＝太歲 ─ 初年運(초년운)
一生月(생월)＝月建 ─ 中年運(중년운)
一生日(생일)＝日辰 ─ 末年運(말년운)
一生時(생시)＝時間 ─ 總 運(총 운)

(1) 초년 운 (初年運)

초년운은 生年(생년)으로 보나니, 곧 子年生(자년생)이면 子에 天貴星(천귀성)이요, 丑年生(축년생)이면 표에 天厄星(천액성)이요, 寅年生(인년생)이면 寅에 天權星(천권성)이니, 위의 그림표와 같이 十二支年(십이지년)에 각각 위의 도표의 순서대로 찾아 十二星(십이성)의 명칭을 정하였으니 되는 것이다.

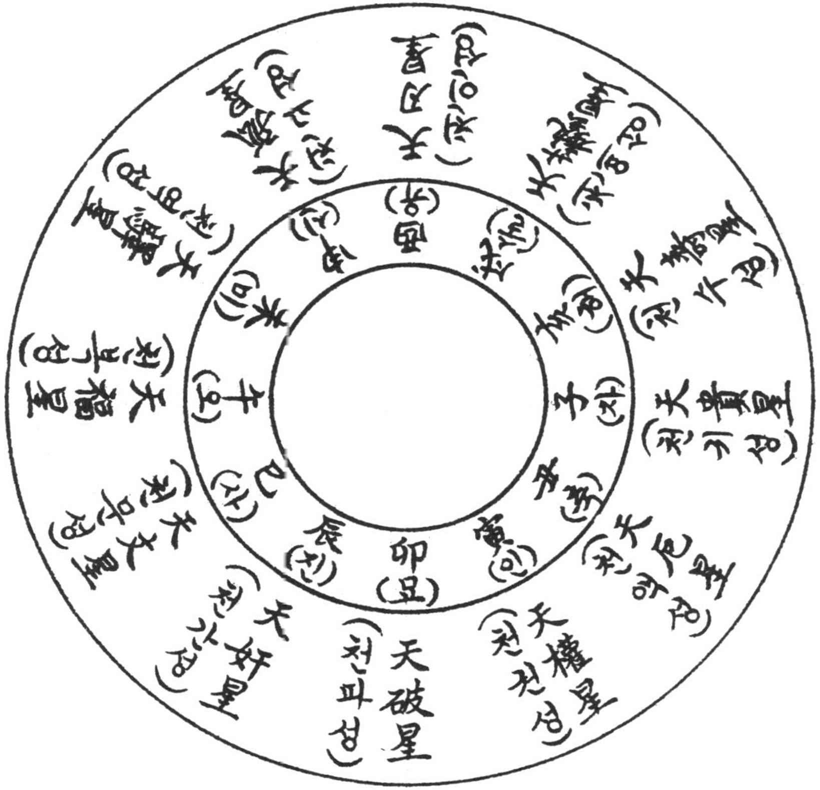

◎ 보는 법

이 十二星(십이성)의 年月日時(년월일시)로 찾아 보는 법을 하나만 예를 들면

丁未年(정미년)
八月(팔월)
二十三日(이십삼일)
卯時(묘시)

初年運(초년운)은 生後(생후) 二十歲前(이십세전)까지의 運을 말한다.

이 사주는 생년이 丁未生(정미생)이므로 우선 年支(년지)에는 未에 天驛星(천역성)이니 年天驛(년천역)으로 초년운을 보나니라.

(귀쳔년) 貴天年

心性柔順 년에 천귀성이 드니 심셩이 유순 하리라、
言語忠直 언어가 충직하고
少有固執 고집이 조금 있도다、
修學文章 글 공부를 가까이 하면
少年登科 소년등과 하리라、
若非官位 만일 벼슬을 못하면
農事大吉 농사가 대길 하도다、
冠前親患 이십전에 부모의 근심이요
不然身病 그렇지 않으면 신병을 알으리라、

(액쳔년) 厄天年

年初有厄 년초에 천액성이 드니 초년의 액이 있도다、
間有疾病 간간 질병이 있으며
凡事阻碍 범사에 장애가 있으리라、
祖業難守 조업은 지키기 어려울 것이요
損財頻頻 도처에서 손재하리라、
莫近是非 시비를 가까이 말라
官災口舌 관재와 구설이 있도다、
若無此厄 만일 이같은 액이 없으면
早別天地 일찍 부모와 이별 하리라、

(파천년) 破天年	(권천년) 權天年

權天年
少年入天權
爲人俊秀
聰明多才
若勤學問
官祿之人
廣交千人
權在四方
貴格雖好
一見困厄

소년에 천권성이 드니
위인이 준수하고
총명하고 재주가 많도다,
만일 학문을 부지런히 배우면
관록을 먹으리라,
널리 천사람을 사귈것이요
권세가 사방에 있도다,
귀격은 비록 좋다하나
한때 곤액을 당하리라,

破天年
年入天破
百事不成
桃花侵命
酒色見敗
雖有世業
損財失敗
莫信人言
有害無益
爲東西奔走
人虛妄

년에 천파성이 드니
백사가 불성이로다,
도화살이 명에 침입하니
주색으로 패를 보리라,
비록 세업은 있으나
손재와 실패를 당하리라
남의 말을 믿지말라
해가 올뿐 이익은 없도다
동서로 분주하니
위인이 허망하도다,

(간천년) 奸天年

年入天奸
智謀過人
能柔能剛
變化無窮
以才成功
名振四方
信才莫濫
反有失敗
琴宮論之
妻妾可知

년에 천간성이 드니
지모가 뛰어나도다,
능히 유하고 능히 강하니
변화무궁 하리라,
재주로 성공하여
이름을 사방에 떨치도다,
믿는 재주를 함부로 쓰지말라
오히려 실패 수가 있으리라,
금슬궁을 논지하면
처첩을 가히 알지니라,

(문천년) 文天年

年入天文
容貌端正
若勤學問
早年出世
若不學問
勞力生涯
琴瑟和樂
一有難別
早婚不利
晚娶偕老

년에 천문성이 드니
용모가 단정하도다,
만일 부지런히 글을 배우면
일찍 출세하리라,
만일 학문을 못하였으면
노력으로 생애를 마치리라,
금슬은 비록 화목하나
한번 이별 수가 있도다,
조혼은 불리하니
늦게 얻으면 해로하리라,

77

(역천년) 驛天年　　(복천년) 福天年

福天年

年入天福 早年富貴
聰明多才 人人稱讚
貴人來助 每事如意
有德有信 出入公門
莫貪過財 反有損害

년에 천복성이 드니
일찍 부귀 하리라,
총명하고 재주가 많으니
사람마다 칭찬 하도다,
귀인이 와서 도우니
매사 여의 하리라,
덕이 있고 신의가 있으니
공문에 출입하도다
지나치게 재물을 탐하지 말라
오히려 손해를 입으리라,

驛天年

年入天驛 食少事煩
在家有憂 出則生財
心中有苦 世事浮雲
月落琴床 未免叩盆
周遊天下 以商得財

년에 천역성이 드니
먹을것은 적고 일만 많도다,
집에 있으면 근심이 있고
출타 하면 재물이 생기도다,
심중의 고고가 있으니
세상 일이 뜬 구름이로다,
달이 금상에 떨어졌으니
상처를 면치 못하리라,
천하를 두루 다니며
장사로 재물을 모으도다,

(고천년) 孤天年

年入天孤
心性閑逸
塞北歸雁
秋月孤飛
若非風霜
累經疾病
雁宮論之
東西各飛
身雖孤獨
財帛隨身

년에 천고성이 드니
심성이 하일 한가히 노는도다,
북녁길이 막힌 기러기
가을 달밤에 외로히 날도다,
만일 풍상이 아니면
자주 질병을 겪으리라,
형제궁을 의논하면
동서로 각각 날도다,
몸은 비록 고독하나
재물은 몸에 따르리라,

(인천년) 刃天年

年入天刃
性堅固執
若無身厄
道觀僧堂
生少用大
損財之數
平生隱愁
傍人何知
幼無疾病
手足有欠

년에 천이성이 드니
성품이 곧고 고집이 많으리라,
만일 신액이 없으면
중이 될 운명이로다,
적게 벌어서 많이 쓰니
손재수가 있으리라,
평생의 수심을 구성을
곁의 사람이 어찌 알리요,
어려서 잔병이 없으면
수족에 험이 있으리라,

(예쳔년) 藝天年　　(수쳔년) 壽天年

年入天藝 녑혜 쳔예셩이 드니
智謀過人 지모가 뛰여 나도다
目巧手技 눈이 졍교학고 손재주가 잇스니
日日興財 날로 흥재 하리라、
衣食有足 의식이 풍족하니
安過歲月 편히 셰월을 보내리라,
百年琴宮 백년의 금슬중이
不調之嘆 고로지 못하니 한슌럽다.
若不然也 그럿치 아니하면
早子難養 이들아들을 기르기 어려우리라、

一年入天壽 녑혜 쳣수셩이 고단하도다
一身孤單 일신이 고단하도다
許多風霜 만일 독신이 아니면
若非獨身 풍상이 허다 하리라、
性雖無僞 성품은 거짓이 업스나
口舌損財 구설과 손재수가 잇스리라、
莫恨初苦 초년의 곤고를 한탄말라
立後榮華 삼십후는 영화도다.
十人耕之 열사람이 가리하여
一人食之 한 사람이 먹으리라、

(2) 중년운 (中年運)

中年運(중년운)은 初年運(초년운)에서 生月(생월)을 加(가)하여 보나니, 二十후 四十이전의 運(운)을 說明(설명)한 것이니라.

◎ 보는 법

丁未年
八月
二十三日
卯時

中年運(중년운)은 生月(생월)

初年運(초년운)에 丁未年(정미년)이니 즉 年天驛(년천역)이요, 년천역에서 生月(생월)인 八月(팔월)을 加(가)하여 집으면 寅(인)자리가 되니 즉 寅(인)은 天權(천권)이며 月(월)로 집으니 月天權(월천권)이 되나니라.

생월조견표 (生月早見表)

生年	月天貴星(월천귀성)	月天厄星(월천키성)	月天權星(월천케성)	月天破星(월천파성)	月天奸星(월천간성)	月天文星(월천가성)	月天무성(월천무성)
子(자)	正月	十二月	十一月	十月	九月	八月	七月
丑(축)	二月	正月	十二月	十一月	十月	九月	八月
寅(인)	三月	二月	正月	十二月	十一月	十月	九月
卯(묘)	四月	三月	二月	正月	十二月	十一月	十月
辰(진)	五月	四月	三月	二月	正月	十二月	十一月
巳(사)	六月	五月	四月	三月	二月	正月	十二月
午(오)	七月	六月	五月	四月	三月	二月	正月
未(미)	八月	七月	六月	五月	四月	三月	二月
申(신)	九月	八月	七月	六月	五月	四月	三月
酉(유)	十月	九月	八月	七月	六月	五月	四月
戌(술)	十一月	十月	九月	八月	七月	六月	五月
亥(해)	十二月	十一月	十月	九月	八月	七月	六月

生年	月天福星(월천복성)	月天驛星(월천욕성)	月天孤星(월천고성)	月天刃星(월천이성)	月天藝星(월천예성)	月天壽星(월천수성)	月天주성(월천주성)
子(자)	七月	八月	九月	十月	十一月	十二月	正月
丑(축)	六月	七月	八月	九月	十月	十一月	十二月
寅(인)	五月	六月	七月	八月	九月	十月	十一月
卯(묘)	四月	五月	六月	七月	八月	九月	十月
辰(진)	三月	四月	五月	六月	七月	八月	九月
巳(사)	二月	三月	四月	五月	六月	七月	八月
午(오)	正月	二月	三月	四月	五月	六月	七月
未(미)	十二月	正月	二月	三月	四月	五月	六月
申(신)	十一月	十二月	正月	二月	三月	四月	五月
酉(유)	十月	十一月	十二月	正月	二月	三月	四月
戌(술)	九月	十月	十一月	十二月	正月	二月	三月
亥(해)	八月	九月	十月	十一月	十二月	正月	二月

月天貴 (월천귀)

月入天貴 달에 천귀성이 드니
中年榮華 중년에 영화가 있도다、
口辨出來 구변이 출중하니
到處生財 도처에 생재 하리라、
高賈爲業 장사로 업을 삼으면
陽翟不羨 양적이 부럽지 않이 하도다、
井之二三 사십 이삼세에는
必見大利 반드시 큰 이득이 있으리라、
莫入花街 꽃자리에 들어가지 말라
損財可畏 손재 하까 두려웁도다、

月天厄 (월천액)

月入天厄 달에 천액성이 드늬
凶多吉小 흉함이 많고 길함이 적으리라、
性多固執 성품이 고집이 많으며
親人自踈 친한 사람이 자연 떨어지도다、
自力生涯 서업은 구름 같으니
世業如雲 자력으로 생애 하게 되리라、
若無身厄 마일 신액이 없으면
琴宮不和 배우궁이 화목치 못하리라、
或相或醫 혹 상쑤나 의술로 생애하면
可免凶厄 가히 흉액을 면 하리라、

(권천월) 權天月

衣食豊足
可稱君子
修身養德
立身揚名
名播遠近
千金家産
榮華無窮
貴格如此
一身非命

달에 천권성이 드니 의식이 풍족 하리라、
몸을 닦고 덕을 쌓으니 가히 군자라 칭하리라、
입신 양명하여 이름을 원근에 떨치리라、
천금의 가산이 영화가 무궁하도다、
귀격은 이 같으나 일신에 비명의 액이 있으리라、

(파천월) 破天月

月入天破
一身車煩
身藏大腫
方病當隨
官厄常隨
勿事輕率
中年之數
家産大敗
踰山渡水
重重風霜

달에 천파성이 드니 일신이 번사롭다、
신병과 종기가 방으며 몸에 곧 험을 지니리라、
관액이 항시 따르니 경솔한 일을 하지 말라、
중년의 운수는 가산을 크게 패 하리라、
산을 넘고 물을 건느니 풍상이 중중 하도다、

(문천월) 文天月

月入天文
文筆有餘
爲人俊秀
以一當百
雖無世業
赤手致富
官位一品
萬人仰視
若非官祿
醫術生涯

달에 천문성이 드니
문필이 출중하리라,
위인이 준수하니
하나로서 백을 당하리라,
비록 선업이 없다 하나
빈손으로 치부하리라,
관위가 일품에 오르니
만인이 우러러 보도다,
만일 관록을 얻지 못하면
의술로 생애 하리라,

(간천월) 奸天月

月入天奸
中年有厄
智謀過人
不信人言
雖無敗殺
千金自散
若無官厄
堂上有憂
早不學問
身勢困苦

달에 천간성이 드니
중년에 액수가 있도다,
지모가 과인 하나
남의 말을 믿지 아니 하리라,
비록 패살은 없으나
천금이 스스로 흩어 지도다,
만일 관액이 아니면
부모의 근심이 있으리라,
일찍 글 공부를 못하였으면
신세가 곤고 하리라,

月天福 (복천월)

鼠入秋庫 달에 천보성이 드니
財源如泉 중년의 신수는 재물이 샘과 같으리라,
福祿有餘 복록이 넘치나 빈궁한 사람을 구제하도다
以濟貪窮
莫嘆配宮 배우궁을 한탄마라
不然多病 불연이면 병이 많으리라,
猛虎出林 맹호가 수풀에서 나오니
到處有權 권세가 도처에 있도다、

月天驛 (역천월)

月入天驛 달에 천역성이 드니
虛度世事 만사를 헛되게 보내리라、
居家不安 집에 거하면 불안하며
出他心閑 출타하면 마음이 한가롭다、
有始無終 시작은 있으나 끝이 없으니
行如浮雲 뜬 구름같이 다니라다、
樂極生悲 즐거움이 극극에 이르면 비운이 오나니
一成一敗 하면 일로 하면 패 하놋다、
幾年困窮 몇년을 곤구하게 지냈으니
始得安身 비로서 몸이 편안하게 지내리라、

(고천월) 孤天月　　(인천월) 刃天月

月入天孤
一身孤單
梧桐秋夜
孤立五月下
身如浮萍
四海爲家
守分上策
妄動不利
無主香火
奉祀爲好

달에 천고성이 드니
일신이 고단하리라、
오동주야에
달아래 외로히 섰도다、
몸이 부평과 같으니
사해로 집을 삼으리라、
분수를 지킴이 상책이니
망동하면 불리 하도다、
주인없는 제사를
봉사하면 좋으리라

月入天刃
身有疾病
若無腫患
落傷難免
木工生涯
可免此厄
平生之事
有頭無尾
守舊安靜
有人來助

달에 천이성이 드니
몸에 질병이 있으리라、
만일 종기가 없으면
낙상수를 면치 못하리라、
목공으로 생애 하라
가히 이 액을 면하리라、
평생의 일은
머리는 있으되 꼬리가 없도다、
옛것을 지키고 안정하면
도와주는이가 있으리라、

(예천월) 藝天月

才藝入天藝超衆
手巧過人
以此得名
雖無世業
自手成家
若非功名
東西流離
藝術生涯
安安過平生

달에 쳐여성이 드니 재예가 출중 하리라、
소재주가 과인 하니 이로써 이름을 얻으다、
빌록 세업이 업다 하나 자수성가 하게 되리라、
만일 공명을 얻지 못하면 동서 유리 하도다、
예술로 생애 하라 안과 평생 하리라、

(수천월) 壽天月

月入天壽
東西奔走
一身孤單
数也奈何
一喜一悲
吉凶相反
冠后多困
立后開運
親人爲敵
一被其害

달에 쳔수성이 드니 동서에 분주 하도다、
일신이 고단함은 운이라 어찌 하리요、
한번 기쁘고 한번 슬프니 길과 흉이 반반 이로다、
이십후는 고고가 많으나 삼십후는 운이 열리리라、
친한 사람이 적이되니 한번 그 해를 입는다、

88

(3) 말년운 (末年運)

末年運(말년운)은 中年運(중년운)에서 生日(생일)을 加(가)하여 집어 보는 것이니 四十 이후의 吉凶(길흉)을 說明(설명)함이니라.

보는 법

丁未年
八月
二十三日
卯時

설명 = 初年運(초년운)에 年天驛(년천역)이요 中年運(중년운)인 月天權(월천권)이니 월천권에서 生日(생일) 月天權(월천권)인 二十三일을 집어 나가면 子(자)의 天貴星(천귀성) 자리에 닿는다. 이 天貴星(천귀성)이 生日(생일)을 加(가)한 고로 日天貴(일천귀)가 되니라.

末年運(말년운)에 生日(생일)을 加(가)한 고로 日天貴(일천귀)가 된다.

생일조견표 (生日早見表)

生星\生月	天貴星(日)	天厄星(日)	天權星(日)	天破星(日)	天奸星(日)	天文星(日)
(子) 자	25日 13,1	26日 14,2	27日 15,3	28日 16,4	29日 17,5	30日 18,6
(丑) 축	24,12日	25日 13,1	26日 14,2	27日 15,3	28日 16,4	29日 17,5
(寅) 인	23,11日	24,12日	25日 13,1	26日 14,2	27日 15,3	28日 16,4
(卯) 묘	22,10日	23,11日	24,12日	25日 13,1	26日 14,2	27日 15,3
(辰) 진	21,9日	22,10日	23,11日	24,12日	25日 13,1	26日 14,2
(巳) 사	20,8日	21,9日	22,10日	23,11日	24,12日	25日 13,1
(午) 오	19,7日	20,8日	21,9日	22,10日	23,11日	24,12日
(未) 미	30日 18,6	19,7日	20,8日	21,9日	22,10日	23,11日
(申) 신	29日 17,5	30日 18,6	19,7日	20,8日	21,9日	22,10日
(酉) 유	28日 16,4	29日 17,5	30日 18,6	19,7日	20,8日	21,9日
(戌) 술	27日 15,3	28日 16,4	29日 17,5	30日 18,6	19,7日	20,8日
(亥) 해	26日 14,2	27日 15,3	28日 16,4	29日 17,5	30日 18,6	19,7日

일천복성(日天福星)	일천역성(日天驛星)	일천고성(日天孤星)	일천인성(日天刃星)	일천예성(日天藝星)	일천수성(日天壽星)	성일천성(日天星) 생월
日 19,7	日 20,8	日 21,9	日 22,10	日 23,11	日 24,12	(子) 자
日 30 18,6	日 19,7	日 20,8	日 21,9	日 22,10	日 23,11	(丑) 축
日 29 17,5	日 30 18,6	日 19,7	日 20,8	日 21,9	日 22,10	(寅) 인
日 28 16,4	日 29 17,5	日 30 18,6	日 19,7	日 20,8	日 21,9	(卯) 묘
日 27 15,3	日 28 16,4	日 29 17,5	日 30 18,6	日 19,7	日 20,8	(辰) 진
日 26 14,2	日 27 15,3	日 28 16,4	日 29 17,5	日 30 18,6	日 19,7	(巳) 사
日 25 13,1	日 26 14,2	日 27 15,3	日 28 16,4	日 29 17,5	日 30 18,6	(午) 오
日 24,12	日 25 13,1	日 26 14,2	日 27 15,3	日 28 16,4	日 29 17,5	(未) 미
日 23,11	日 24,12	日 25 13,1	日 26 14,2	日 27 15,3	日 28 16,4	(申) 신
日 22,10	日 23,11	日 24,12	日 25 13,1	日 26 14,2	日 27 15,3	(酉) 유
日 21,9	日 22,10	日 23,11	日 24,12	日 25 13,1	日 26 14,2	(戌) 술
日 20,8	日 21,9	日 22,10	日 23,11	日 24 24,12	日 25 13,1	(亥) 해

(귀천일) 貴天日

日入天貴
守舊安常
每當危處
變化無窮
性急如火
又有固執
至於末年
可得功名
若非功名
商業大吉

날에 천귀성이 드니
옛것을 지킴이 좋으리라、
매양 위태로움에 처하나
변화가 무궁하도다、
성품이 불같이 급하며
또한 고집이 있으리라、
말년에 이르면
가히 공명을 얻는다、
만일 벼슬을 못하면
상업이 대길하리라、

(액천일) 厄天日

日入天厄
身厄常隨
難免水厄
登舟必慎
致誠龍王
可免此數
明珠沉海
失意之嘆
若非喪妻
克子可畏

일에 천액성이 드니
몸에 액이 항상 따르리라、
수액을 면키 어렵도다、
배에 오름을 조심하라
용왕에 지성하면
가히 이액을 면하리라、
밝은 구슬이 바다에 잠겼으니
뜻을 잃은 탄식이 있도다、
만일 상처 수가 아니면
자식궁에 액이 있으리라、

(파천일) 破天日

日入天破
家勢貧困
事不如意
心思不閑
活人救濟
養虎爲患
多有疾病
不然官厄
平生之事
善無功德

날에 천파성이 드니
가세가 빈곤 하리라、
일이 뜻같지 아니되니
심사가 한가 하지 못하도다、
활인을 구제한 범을 기른 근심이 되리라、
질병이 많이 있을 것이요
그렇지 아니하면 관액이 있도다、
평생의 일이
잘한일에 공덕이 없으리라、

(권천일) 權天日

日入天權
官祿之人
君前受命
文武之才
早苗逢雨
其色更新
平生之事
權道用之
如干財物
或成或敗

날에 천권성이 드니
관록을 머물 사람이로다
임금앞에서 명을 받으니
문무를 겸전한 재주로다、
가물은 물이 새로와 지리라
평생의 일은
권도로만 생애 하도다、
약간의 재물을
혹 일우고 혹 패 하리라、

日天奸 (일천간)

日入天奸 날에 천간성이 드니
坐謀平生 앉아서 평생일을 도모 하두다
蛟龍得雲 교룡이 구름을 얻었으니
變化無窮 변화가 무궁 하리라,
天思厚重 천은이 후중하니
必及高官 반드시 고관에 미치리라
或有災厄 혹간의 재앙이 있다하나
自然消滅 자연히 소멸 하리라,
莫近酒色 주색을 가까이 말라
恐或成病 병을 얻을까 두렵읍도다.

日天文 (일천문)

日入天文 날에 천문성이 드니
末年榮華 말년에 영화를 얻으리라,
用心正直 마음을 정직하게 쓰니
世稱君子 군자라 칭 하도다.
若勤學問 만일 학문을 닦았으면
名掛龍門 용문에 이름을 걸리라.
若不然也 그렇지 아니 하면
配宮不吉 처궁이 불길 하도다
衣食豐足 의식이 풍족하니
安過平生 안과 평생 하리라.

(복천일) 福天日

福祿昌盛
日入天福
才藝非常
必爲大人
商賈爲業
手弄千金
門戶榮華
必得富名
五十年光
非命注意

날에 천복성이 드니 복록이 창성하리라、
재예가 비상하니 반드시 대인에 미치리라、
장사로 업을 삼으면 손으로 천금을 희롱 하리라、
문호에 영화 있으니 반드시 부명을 얻는다、
오십지년에는 비명의 액을 조심하라、

(역천일) 驛天日

日入天驛
出入頻々
驛馬到門
商業有利
在家不利
出則快樂
莫貪過慾
反爲損財
夫婦相別
后必相逢

날에 천역성이 드니 출입이 빈번 하리라、
역마가 문에 이르니 상업이 유리 하도다、
집에 있으면 불리하고 출타하면 쾌락 하리라、
지나친 욕심을 탐내지 말라 오히려 손재 하리라、
부부간에 이별이 있으나 뒤에 반드시 상봉 하리라、

(고천일) 孤天日

日入系之天孤
出誰之相 數
有林獨鳥
春智聰明
才嘆失數
每蘭秋菊
春自有其時
莫恨初困
末年逢貴

날에 천고성이 드니
출계할 운수로다、
누구와 더불어 외로움을 말할고
봄수풀의 외로운 새로다、
지혜가 총명하나
매양 실수함을 탄식하리라、
춘난추국은
제각기 때가 있나니라、
초년의 곤고를 탄식마라
말년에 귀함을 만나리라、

(인천일) 刃天日

日入天刃
飛鳥傷翼
蒙人之害
累年風波
出入酒肆
損財不少
祖基不利
難鄕爲吉
若無身攵
手足有欠

날에 천인성이 드니
나르는 새가 날개를 상했도다、
남의 몸덕을 입어
여러해 풍파로다、
술거리를 출입하니
손재가 적지 않으리라、
옛터는 불리하나
이사하면 길하도다、
만일 몸에 흠이 없으면
수족에 흠이 있으리라、

日天藝 (예천일)

日入天藝 날에 천예성이 드니
性巧才多 성품이 천재성이 드니고 재주가 많으리라
文武兼全 문무를 겸전하였으니
必得功名 반드시 공명을 얻으리라
神通之才 신통한 재주로
經國濟世 나라와 사회를 건지도다
東西出入 동서에 출입하니
孰不願見 누가 보기를 원치 않으리오
晚得富貴 늦게 부귀를 얻으나
家內多厄 가내의 액운 많으리라

日天壽 (수천일)

日入天壽 날에 천수성이 드니
閑寂之人 한적한 사람이로다
天上得罪 천상에 죄를 얻었으니
人間讁下 인간에 적강 하였도다
正直之心 마음이 정직하니
每事公平 매사에 공평하리라
性急如火 성품이 불같이 급하니
非官則舌 관액이 아니면 구설이로다
兄弟耶爭 형이냐 아우냐 다투면
則必損 반드시 손해를 보리라

(4) 총 운 (總運)

總運(총운)은 초년에서 말년까지를 一括(일괄)하여 보는 것이바 末年運(말년운)에다 生時(생시)를 加(가)하여 부나니라.

[원형 도표: 十二支와 天貴星, 天厄星, 天權星, 天破星, 天奸星, 天文星, 天福星, 天驛星, 天孤星, 天刃星, 天藝星, 天壽星 등이 배치됨]

보는법

丁未年
八月
二十三日 總運(총운)에 生時(생시)
卯 時 二十三日 (시)로 時天破(시천파)
卯 時 가 된다.

설명 = 초년운에 생년으로 年天驛(년천역)이요, 중년운을 加(가)하여 月天權(월천권)이요 말년운에 생일을 加하여 日天貴(일천귀)니 이 日天貴 자리에서 生時인 卯時(묘시)를 짚으면, 卯(묘)에 天破星(천파성)이 당는다. 이 天破星(천파성)으로 生時(생시)를 加한고로 時天破(시천파)가 되느니라.

생시조견표 (生時早見表)

時天文星 (시천문성)	時天奸星 (시천간성)	時天破星 (시천파성)	時天權星 (시천권성)	時天厄星 (시천액성)	時天貴星 (시천귀성)	生時星
(사) 巳	(진) 辰	(묘) 卯	(인) 寅	(축) 丑	(자) 子	(자) 子
(진) 辰	(묘) 卯	(인) 寅	(축) 丑	(자) 子	(해) 亥	(축) 丑
(묘) 卯	(인) 寅	(축) 丑	(자) 子	(해) 亥	(술) 戌	(인) 寅
(인) 寅	(축) 丑	(자) 子	(해) 亥	(술) 戌	(유) 酉	(묘) 卯
(축) 丑	(자) 子	(해) 亥	(술) 戌	(유) 酉	(신) 申	(진) 辰
(자) 子	(해) 亥	(술) 戌	(유) 酉	(신) 申	(미) 未	(사) 巳
(해) 亥	(술) 戌	(유) 酉	(신) 申	(미) 未	(오) 午	(오) 午
(술) 戌	(유) 酉	(신) 申	(미) 未	(오) 午	(사) 巳	(미) 未
(유) 酉	(신) 申	(미) 未	(오) 午	(사) 巳	(진) 辰	(신) 申
(신) 申	(미) 未	(오) 午	(사) 巳	(진) 辰	(묘) 卯	(유) 酉
(미) 未	(오) 午	(사) 巳	(진) 辰	(묘) 卯	(인) 寅	(술) 戌
(오) 午	(사) 巳	(진) 辰	(묘) 卯	(인) 寅	(축) 丑	(해) 亥

時天壽星 (시천수성)	時天藝星 (시천예성)	時天刃星 (시천인성)	時天孤星 (시천고성)	時天驛星 (시천역성)	時天福星 (시천복성)	生時星
(해) 亥	(술) 戌	(유) 酉	(신) 申	(미) 未	(오) 午	(자) 子
(술) 戌	(유) 酉	(신) 申	(미) 未	(오) 午	(사) 巳	(축) 丑
(유) 酉	(신) 申	(미) 未	(오) 午	(사) 巳	(진) 辰	(인) 寅
(신) 申	(미) 未	(오) 午	(사) 巳	(진) 辰	(묘) 卯	(묘) 卯
(미) 未	(오) 午	(사) 巳	(진) 辰	(묘) 卯	(인) 寅	(진) 辰
(오) 午	(사) 巳	(진) 辰	(묘) 卯	(인) 寅	(축) 丑	(사) 巳
(사) 巳	(진) 辰	(묘) 卯	(인) 寅	(축) 丑	(자) 子	(오) 午
(진) 辰	(묘) 卯	(인) 寅	(축) 丑	(자) 子	(해) 亥	(미) 未
(묘) 卯	(인) 寅	(축) 丑	(자) 子	(해) 亥	(술) 戌	(신) 申
(인) 寅	(축) 丑	(자) 子	(해) 亥	(술) 戌	(유) 酉	(유) 酉
(축) 丑	(자) 子	(해) 亥	(술) 戌	(유) 酉	(신) 申	(술) 戌
(자) 子	(해) 亥	(술) 戌	(유) 酉	(신) 申	(미) 未	(해) 亥

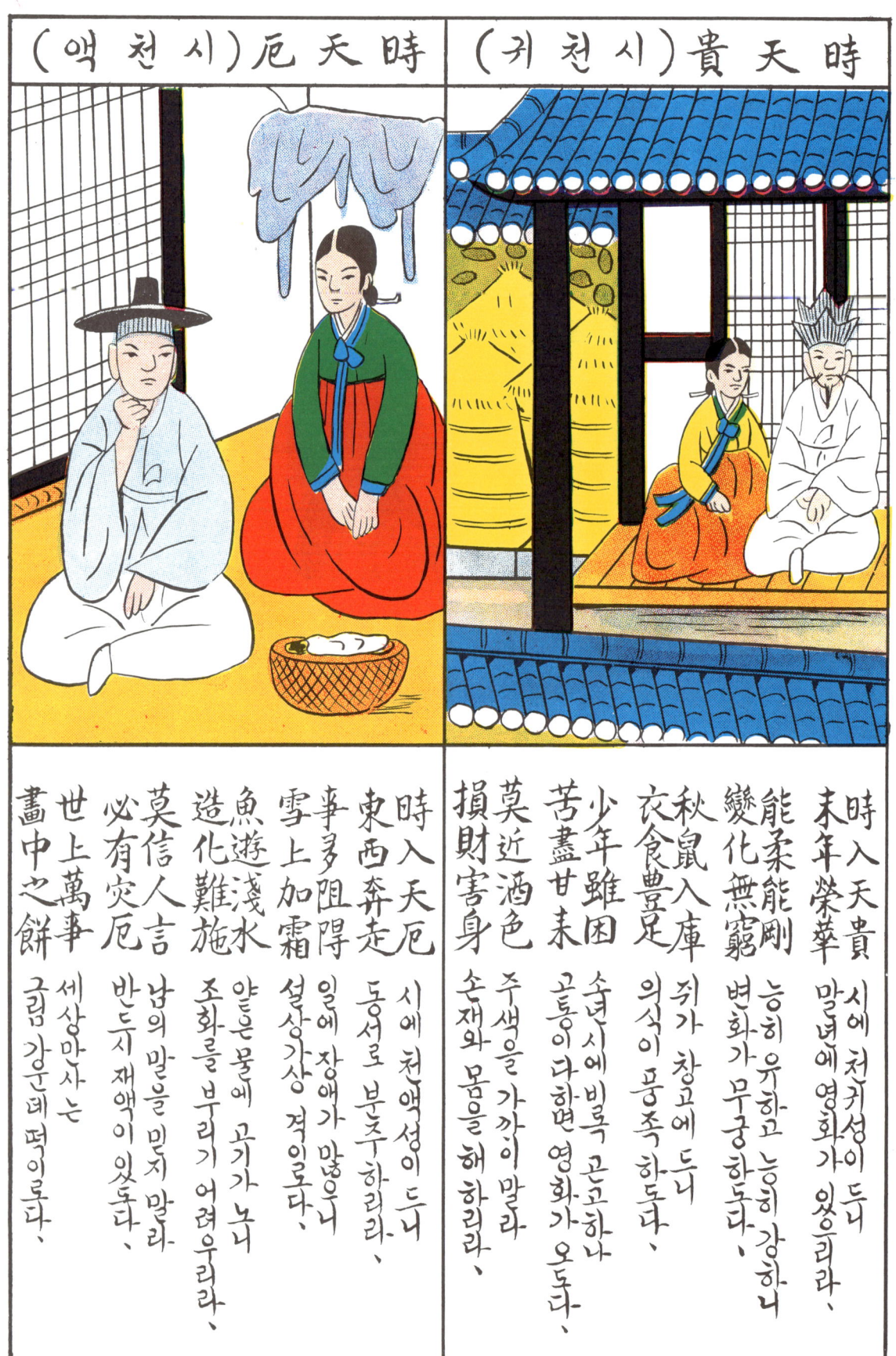

(귀천시) 貴天時

時入天貴 末年榮華
能柔能剛 變化無窮
秋鼠入庫 衣食豐足
少年雖困 苦盡甘來
莫近酒色 損財害身

시에 천귀성이 드니 말년에 영화가 있으리라,
능히 유하고 능히 강하니 변화가 무궁하도다,
가을 쥐가 창고에 드니 의식이 풍족하도다,
소년시에 비록 고고하나 고통이 다하면 영화가 오도다,
주색을 가까이 말라 손재와 몸을 해하리라、

(액천시) 厄天時

時入天厄 東西奔走
事多阻隔 雪上加霜
魚遊淺水 造化難施
莫信人言 必有災厄
畵中之餠

시에 천액성이 드니 동서로 분주하리라、
일에 장애가 많으니 설상가상 격이로다、
얕은 물에 고기가 노니 조화를 부리기 어려우리라、
남의 말을 믿지 말라 반드시 재액이 있도다、
그림 강운데 떡이로다、

100

（권천시）權天時 ／ （파천시）破天時

權天時

時入天權 爲人俊秀
少用其才 救濟萬人
身出馹路
權在四方
若非官祿 以商爲業
莫入是非 口舌難免

시에 천권성이 드니 위인이 준수하도다、
그 재주를 적게 쓰지라도 마음을 구제하리라、
몸이 말 위에 나오매
권세가 사방에 있도다、
만일 관록이 아니면 상업으로 업을 삼으리라、
시비 가운데 들지 말라 구설을 면키 어려우리라、

破天時

時入天破 聰明不足
以沙防川 虛費心力
井后命運 餓虎逢肉
膝下老來富豪之榮
閱盡白首 風霜如夢

시에 천파성이 드니 총명함이 부족하리라、
모래로 냇물을 막으니 심력만 허비할 뿐이로다、
사십후 오십의 운이 주린 범이 고기를 만남이라、
슬하에 부하가 될 것이요
노래에 부호가 되어 영화가 오리라、
백수가 다 하도록 영화하니 풍상이 꿈과 같도다、

奸天時 (간천시)

時入天奸

一成一敗 하면 일으고 한번패 하리라,

智慧出衆 지혜가 출중하고

口辯有餘 구변이 유여 하도다,

在家有利 집에 있으면 유리 하고

出則損財 출타 하면 손재 하리라,

出入官門 관문에 출입하면

難免長沙 관액을 면치 못하리라,

商業從事 상업에 종사하라

衣食豊足 의식이 풍족하리라,

文天時 (문천시)

時入天文 시에 천문성이 드니

豪傑之人 호걸지인 이로다,

出入聚財 출입하며 재물을 모으니

衣食足々 의식이 넉넉 하도다,

博學多識 많이 배워서 학식이 많으니

孰不願見 누가 부르기를 원치 않으리오,

平生所忌 평생거릴 바는

一見火厄 화재수를 조심하라,

若非官祿 만일 벼슬을 못하면

妻憂子患 아내의 근심과 자식의 액 이로다,

(역천시) 驛天時　　(복천시) 福天時

福天時

時入天福 부호의 명이로다、
富豪之命 시에 천복성이 드니
高樓巨閣 고루거각에 앉아
錦衣玉食 금의옥식으로 지내리라、
立身揚名 입신양명 하고
一身榮貴 일신이 영귀 하도다、
雖有譽辯 비록 명예는 있다 하나
一有疾厄 한때 병액이 왔으리라、
末年之運 말년의 운은
子孫榮華 자손의 영화로다、

驛天時

時入驛馬 시에 천역성이 드니
奔走南北 남북에 분주 하리라、
異域風霜 이역의 풍상으로
一時困苦 한때 고고 하도다、
心厄不絕 마음의 액이 끊이지 않으니
世事浮雲 세상일이 뜬 구름이로다、
六親無德 육친이 무덕할 것이요
不然叩盆 불연이면 상처 하리라、
以商得財 장사로 재물을 모으니
周遊天下 천하를 두루 다니니

103

(고천시) 孤天時

時入天孤
末年孤單
形影相依
何人來助
手段頻好
成敗頻頻
恩人爲仇
勞而無功
難免孤獨
富名可期

時에 천고성이 드니
말년에 고단하리라、
형상과 그림자가 의지할 뿐이니
누가와서 도와 주리요、
수단은 좋으나
성패가 빈번하리라、
은인이 원수가 되니
수고를 하되 공이 없도다、
비록 고독함을 면하기 어려우나
가히 부명을 기약 하리라,

(인천시) 刃天時

時入天刃
一時困厄
爲人俊秀
不遇時機
遍踏江山
天地爲家
行善積德
以待天命
厄運自消
后必榮華

時에 천인성이 드니
한때 곤액이 있으리라、
위인은 준수하나
좋은때를 마나지 못하였도다、
강산을 편답하며
천지로 집을 삼으리라、
선을 행하고 덕을 쌓은뒤
하늘의 명을 기다리라、
액운이 스스로 사라지고
뒤에 반드시 영화가 있으리라、

104

(예천시) 藝天時

時入天藝 시에 천예성이 드니
弱馬駄重 약한 말에 짐이 무겁도다、
鵲巢鳩居 까치가 비둘기 집에 거하니
累次移宅 여러 번 이사 하리라、
托身公門 공문에 출입하면
以才成功 재주로써 성공하리라、
六親無德 육친의 덕이 없으니
赤手成家 적수성가 하리라、
指東作西 동쪽을 가리키고 서쪽을 짓느니
機計變化 기계변화가 있도다、

(수천시) 壽天時

時入天壽 시에 천수성이 드니
白首閑暇 백수에 한가 하리라、
衣食豊足 의식이 풍족하니
萬事如意 만사여의 하도다、
無事無愁 몸이 편하고 근심이 없으니
壽到八十 수가 팔십에 이르리라、
琴瑟不調 금슬이 고르지 못하니
或有妻妾 혹 처첩을 두리라、
莫恨初困 초년의 고함을 한탄하지마라
后分太平 후에 태평 하리라

2. 인명골격론 (人命骨格論)

人命骨格(인명골격)은 鼠牛虎兎龍蛇馬羊猴鷄狗猪(서,우,호,토,용,사,마,양,후,계,구,저) 등의 十二獸(십이수)에 비교하여 骨格(골격) 및 性品(성품)을 説明(설명)한 것이다.

◎ 보는 법

보는법은 生年(생년)과 生月(생월)로 보느니라. 子年,丑年,寅年(자년,축년,이년)은 生年(자년)이요, 正,二,三,四,五,七 生月이니 가령 子年(자년) 正月생이면 鼠骨(서골)이요, 二月生은 牛骨(우골)이며 丑年(축년) 正月生은 猪骨(저골)이요, 寅年(이년) 正月生은 狗骨(구골)이 되느니라.

生年\生月	鼠(서)骨	牛(우)骨	虎(호)骨	兎(토)骨	龍(용)骨	蛇(사)骨	馬(마)骨	羊(양)骨	猴(후)骨	鷄(계)骨	狗(구)骨	猪(저)骨
子年	正	二	三	四	五	六	七	八	九	十	十一	十二
丑年	二	三	四	五	六	七	八	九	十	十一	十二	正
寅年	三	四	五	六	七	八	九	十	十一	十二	正	二
卯年	四	五	六	七	八	九	十	十一	十二	正	二	三
辰年	五	六	七	八	九	十	十一	十二	正	二	三	四
巳年	六	七	八	九	十	十一	十二	正	二	三	四	五
午年	七	八	九	十	十一	十二	正	二	三	四	五	六
未年	八	九	十	十一	十二	正	二	三	四	五	六	七
申年	九	十	十一	十二	正	二	三	四	五	六	七	八
酉年	十	十一	十二	正	二	三	四	五	六	七	八	九
戌年	十一	十二	正	二	三	四	五	六	七	八	九	十
亥年	十二	正	二	三	四	五	六	七	八	九	十	十一

(골서) 骨鼠　　(골우) 骨牛

骨鼠 (골서)

作事伶俐
性輕燥急
用計非常
巧妙誘人
平生之事
有頭無尾
處世自重
勿事輕事
鼠入秋園
衣食豊足

하는일의 명리 성질이 가볍고 조급하리라,
꾀를 씀이 비상하고 교묘하게 사람을 달래둔다,
평생지사는 머리는 있으나 꼬리가 없다,
처세를 자중하고 경솔한 일을 하지 말라,
쥐가 가을동산에 든 격이니 의식이 풍족하리라,

骨牛 (골우)

性似愚鈍
心志厚重
牛耕百畝
治農致富
勤儉節用
自手成家
救助他人
善無功德
若不水火
一驚蛇狗

성품이 우둔하게 보이나 마음이 후중하리라,
소는 능히 백이랑을 갈아 농사를 지으면 치부하리라,
근검절약 자수성가 하리라,
타인을 구제한 공이 선무공덕이 되었도다,
만일 물이나 불이 아니면 뱀이나 개로 놀라리라,

骨虎 (골호)

天性剛強 천성은 강강 하고
容貌嚴肅 용모는 엄숙 하리라
威壓群衆 위엄이 군중을 누르니
不屈他人 남에게 굴함이 없도다
骨肉無情 골육의 정 없으니
累次移居 여러번 이사 하리라
職近三品 직위가 삼품에 가까우니
官祿之數 관록을 얻음을 웃으리라
平生之運 평생의 운수중에
必逢女亂 반드시 여난을 만나리라

骨兎 (골토)

爲人聰明 위인이 총명하나
未免輕薄 경박함을 면치 못하도다
靑氈無德 세업을 받지 못하였으니
恒時奔走 항시 분주 하도다
初年多厄 초년에 액이 많으매
爲僧八字 중이 될 팔자로다
無主孤魂 주인없는 외로운 혼을
奉祀爲吉 제사하면 길 하리라
三十以后 삼십이후에
枯木逢春 고목이 봄을 만나리라

龍骨 (용골)

魚變成竜
造化無窮
聰明英才
金榜壯元
雖無世業
自力成家
酒肆青楼
風流之人
若不學門
魚物得利

고기가 변하여 용이 되니
조화가 무궁하도다、
총명하고 영특하여 재주가 있으니
과거에 장원하리라、
비록 세업은 없으나
자수성가 하리라、
주사청루에 출입하니
풍류의 남아 로다、
만일 글공부를 못 하였으면
어물로 이를 보리라、

蛇骨 (사골)

性有陰詐
外寬內深
多管人事
口舌紛紛
財在路上
商業有利
塵土成山
自手成富
水邊生涯
可得千金

성품이 음하고 간사하며
걸으로 너그러우나 안은 깊도다、
남의 일에 간섭을 많이 하니
구설이 분분하도다、
재물이 노상에 있으니
상업이 유리 하리라、
티끌모아 산을 이루니
자수로 부자가 되도다、
물가에 살면
가히 천금을 얻으리라、

(골 마) 骨馬

性急如火 성품은 불같이 급하나
解如春雪 풀리기는 봄눈 같으리라
每多人情 매양 인정이 많으므로
少見失敗 조그만 실패를 보게 되도다
銀鞍金馬 은안장의 금말을 타고
遍踏長安 장안을 편답 하리라
若非官祿 만일 벼슬을 못하면,
營商聚財 장사로 재물을 모으리라
奔走東西 동서에 분주하니
橫財之運 횡재할 운이로다

(골 양) 骨羊

外貌平凡 걸모양은 평범하나
爲人輕薄 위인이 경박 하리라
岩上走馬 바위위를 닫는 말이니
奔走不暇 분주하고 한가한 때가 없도다
無益之事 이익이 없는일에
虛送歲月 헛송 세월 하리라,
若非雄他鄕 만일 조실부모 아니면
流雄他鄕 타향에 유리 하도다,
才幹得財 재간이 있어 재물을 모으나
散如浮雲 뜬구름같이 흩어 지리라,

(골 계) 骨鷄

性厚忠直
且有德望
志高心小
交人有禮
若不文章
風流放浪
初運不吉
每事不成
勿求他事
農業大利

성품이 후하고 충직하며
또한 덕망이 있으리라、
뜻은 높으나 욕심이 적으며
남과 사귐에 예가 있도다、
만일 문장이 아니면
풍류로 방랑 하리라、
초년운이 불길 하니
매사가 이루어지지 않는다、
남업을 크게 경영하지 말라
농업이 크게 유익 하리라、

(골 후) 骨猴

猿猴攀木
爲人多疑
與人同事
持疑不快
性情巧妙
隨時變通
六親無德
公門得財
后分運通
每事如意

원숭이가 나무에 깃들으니
위인이 의심이 많도다、
남과 더불어 동사 하면
의심이 많아 불쾌 하리라、
성정이 교묘하고
수시변동에 능하도다、
육친의 덕이 없으나
공문에서 재물을 얻으리라、
후분은 운이 대통하니
매사 여의 하리라、

(글 구) 骨狗　　(글 저) 骨猪

性直心平　성품이 곧고 마음이 평평하니
外見愚鈍　겉으로 우둔한듯 보이도다、
初年致敗　초년의 실패는
自聚之禍　스스로 취한 화근이로다、
久居古土　옛터에 오래살면
世業蕩盡　세업을 탕진 하리라、
身上無欠　몸에 험이 없으면
一驚已成　한번 놀람이 있어 크게 놀라리라、
修心行德　마음을 닦고 덕을 행하라
幽谷回春　찬골짜기에 봄이 돌아 오리라、

意見有餘　뜻이 넓어 생각이 넘치니
人多願見　사람마다 보기를 원하리라、
豪俠有義　호협하고 의기가 있어
廣交上下　널리 상하와 더불어 사귀도다、
困以得財　어렵게 재물을 모아
利於他人　타인의 이익만 주리라、
初年之運　초년의 운은
一成一敗　한번 이루고 한번 패 하도다、
公門出入　공문에 출입하면
每事如意　매사가 여의 하리라、

3. 유년행운론 (流年行運論)

流年行運(유년행운)에서는 流年(유년)에 따라 어느때 吉(길)하고 어느때 不吉(불길)하것을 알고자 一生中(일생중) 重要(중요)한 部分(부분)만을 설명한 것이다

◎ 보는 법

生年(생년)과 生月(생월)로 보나니 生年(생년)이요, 寅年(인년)은 生中(자년,축년,인년)은 生年(생년)이요, 正,二,三,四는 生月이니 가령 子年 正月(자년정월) 이면 子(자)요, 二月(이월)이면 丑(축)이요, 丑年 五月(축년오월)이면 卯(묘)요, 寅年 八月(인년팔월)이면 巳(사)가 되나니라.

生年\生月	子	丑	寅	卯	辰	巳	午	未	申	酉	戌	亥
子年	正	二	三	四	五	六	七	八	九	十	十一	十二
丑年	二	三	四	五	六	七	八	九	十	十一	十二	正
寅年	三	四	五	六	七	八	九	十	十一	十二	正	二
卯年	四	五	六	七	八	九	十	十一	十二	正	二	三
辰年	五	六	七	八	九	十	十一	十二	正	二	三	四
巳年	六	七	八	九	十	十一	十二	正	二	三	四	五
午年	七	八	九	十	十一	十二	正	二	三	四	五	六
未年	八	九	十	十一	十二	正	二	三	四	五	六	七
申年	九	十	十一	十二	正	二	三	四	五	六	七	八
酉年	十	十一	十二	正	二	三	四	五	六	七	八	九
戌年	十一	十二	正	二	三	四	五	六	七	八	九	十
亥年	十二	正	二	三	四	五	六	七	八	九	十	十一

(자) 子	(축) 丑
鶯出幽谷 旬之四五	華蓋到門 旬之七八
官厄愼之 冠八九運	若無榮華 身數不吉
井之七八 北方移舍	命之一二 吉事到門
春風得意 旬之七八	花園蜂蝶 冠之五六
所願成就 官厄愼之 立之一二	井之一二 非榮則厄
命之七八 必見大利	冠之八九 榮華可得
吉事到門 冠之七八	慎之北人 井之八九
財數大通 立之七八	一生之事 善無功德
命之九運 萬事如意	莫恨初困 中后太平

십사오세에는 피피라가 찬골짜기에서 나오는우이요, 설칠 팔세는 봄바람에 뜻을 얻으리라, 이십칠팔세에 좋으 리요 무안도 이늘 것이요, 이십삼이서는 섬취이 성취할 것이며 삼십칠 팔에는 전구가 뜻듯하리라, 사십칠팔에 부방으로 이사할수요, 오십에 오십칠팔에는 반드시 큰 이익을 볼것 이며 오십구세 후에는 만사가 여의 하게 되리라,

신관택팔에 화개가 해주가 문에 이를 것이요, 이십오세는 화원에 봉접을 맞이리라, 이십팔구세에는 영화가 있으며, 그렇지 아니하면 신수불길을 하리라, 사십일 이세는 영화가 부창사람을 조심하라 반드시 허가 있도다, 오십일 이세는 기쁨이 무안히 일리라, 일정지사는 처부에 공더이라라, 추년의 곤고를 한탄마라, 후부우때 평하리라,

寅 (인)	卯 (묘)
旬九冠運　羊變爲馬　琴宮春色　冠之三四	旬之七八　桃梨滿發
膝下之榮　樂在家中　立之二三　非榮則厄	冠之七八　大通之數
井之八九　名振四方　立之七八　古木逢春	井之二三　財數大通
命之二三　必見大利　命之八九　失敗之數	財榮可期　冠之二三
	若不其然　天地有憂
	立之以后　古木逢春
	命年以后　衣食豐足
	立之三四　必見榮華
	六十之年　鳥飛梨落

십일세와 이십사운은 양에 뜨하여 말이 되는 운이요, 이십삼세에는 배우에 경사가 있으리라, 이십칠팔세에는 슬하에 경화가 있으며, 삼십일이세에는 사방에 명화가 있어리라, 삼십팔구세에는 만나지 아니라면, 사십이삼에는 반드시 큰이익을 볼것이며 오십팔구세에는 실패수가 있으리라,

신십칠팔에 복숭아와 앵돗꽃이 만발할 것이니 기쁜일이 있을것이요, 이십일이는 재물의 영화를 기약 하리라, 그리하여 이십삼에는 부모의 궁성 있느니라, 이십칠팔을 만난후에는 우연이 아니하면, 삼십이후에 화목할 것이며 이삼십에는 부모의 영시 영화를 볼이후에는 삼십이후 하리라, 이삼십이후에 삼심사에는 반드 시 영화를 당할것이며 육십 되는 해에는 배와수를 조심하라,

115

(진) 辰	(사) 巳
旬之三四 一身有慶	旬之一二 天地有憂
以小易大 身數不平	立之二三 可期榮華
立之六七 大吉之運	冠之三四 財數大通
井之三四 服制之數	幽谷回春 井之六七
井之八九 大通之数	井之二三 榮華之数
命之二三 魚入大海	若無榮華 逢賊損財
	金玉滿堂 立之七八
	命之八九 末年之運
	一身榮貴 衣食豊足

삼삼사오는 일신의 경사가 왔으며 이삼일이십에는 꽃나무에 봄이 돌아오도다. 이십삼이십에는 귀인이 도와줄 것이요 삼십육칠은 긴한 운이며, 그렇지 아니하면 복제수가 있도다. 사십삼사십에는 우수가 대동할 것이묘, 오십이삼십에는 고기가 큰 바다에 들게 되리라.

신십이십에는 부모의 근심이 있으며 이십일이십에는 영화를 기약 하리라. 이십육칠에는 재수가 대통하고 삼십사십에는 찬물짝기에 봄이 돌아오다. 어떠어떠 누천을 맡아 수자를 하리라. 마을 영화가 금옥이 고간에 가득할 것이요 오십칠팔에는 일신이 영귀 하리라. 말년의 운이 의식이 풍족 하리라.

午 (오)	未 (미)
旬之七八 喜事有也	旬之七八 損財之数而
籠鳥飛天 魚躍龍門	若不然 立九井二 萬事如意
冠之三四 水火愼之	榮華之八九 冠之一二 非榮則厄
立之七八 手弄千金	花開東園 若不榮華 横財之運 立之六七 東敗西傷
春風花開 若不其然 吉反爲凶	旬之六七 奔走不暇 冠之六七
冠之六七 井之三四 財数大通	
立之二三 井魚出海 命之五六 萬事如意	

십칠팔에 기쁜일이 있으리니 고기가 용문에 뛰어 오를 것이요 조롱속의 새는 하늘을 날으리라. 이십 삼사에 물과 불을 조심하라. 이십칠팔에 꽃이 피는 봄바람에 흥하리라. 그렇지 아니하면 오히려, 흉함에 미치리라. 삼십이삼에 재수가 대통하고 삼십 사오는 우물안의 고기가 바다로 헤엄하리라. 사십삼 오십륙에는 만사가 뜻과 같이 하리라.

십칠팔에 동원에 꽃이 피는 운이요. 이십일이에서 영화가 아니면 액을 만나리라. 이십육칠에 부주히 하는가하고 여을 맞이것이요 이십팔구에는 영화지수로다. 말에 영화를 얻지 못하였으면 실패수가 있으리라. 그렇지 아니하면 삼십육칠에는 손재를 보리로다. 삼십구 사십이에는 만사가 뜻과같이 되리로다. 사십삼 사십에는 재수가 대통하여 이익이 크리라.

申 (신)	酉 (유)
旬前之運 家內有患	幼年之數 病厄難免
旬之三四 必有喪厄	冠之四五 必有慶事
旬之六七 喜事有之	井之三四 非榮則厄
頭插桂花 終成大器	旬之一二 家產致敗
立之二三 井之三四 手弄千金	立之三四 雨中春梅 朱雀飛來
大通之數 金銀自來	冠之四五 渴馬飲川 命之二三
立九井運 榮華無窮	旬九冠八 橫厄操心
命之一二	口舌何免 手弄千金

십세 이전의 운은 우환이 있으며 십삼사에는 반드시 상액이 있도다, 십육칠은 이 운을 것이요, 십구후의 이삼에는 나무꽃을 꽂았으니 벼슬자리에 오르리라 머리에 계수이삼에는 마침내 큰 그릇을 할 것이요, 삼십의 팔에는 영화가 무궁하도다, 삼십부터 사십의 운은 크게 통할 수요, 사십부터 오십의 운을 회동하고 오십일에는 금과 은이 스스로 따라오리라,

초년의 운은 병액이 먼저 닥치리라, 십일세는 지난의 재산을 치패할 것이요, 십부세와 이십팔에는 반드시 경사가 있으며 조상하라, 이십사오 가비를 마나카일라 행액수가 있으며 삼십삼사는 목마른 말이 곳물을 마신듯 하며, 사십삼사에는 영화 어이 면하리요, 주작이 날아오니 구설수를 어이 면하리요, 오십삼사에는 손으로 천금을 농하리라,

戌 (술)

旬前之運 家産大敗
旬之一二 風波泛舟
冠之二三 一身榮貴
立之一二 身旺財旺
立之三四 每事如意
井之三四 以小成大
命之二三 千金到來
若不其然 膝下有厄
命之五六 必有慶事

십세 이전에 가산을 크게 패하리라, 십이삼 일
신이 영귀 하리라, 삼십삼사에 매사가 여의 하
고 삼십삼사에 적은것으로 바꾸고 큰것을 얻으
리라 이삼세에는 천금이 자래하리라, 그렇지 아
니하면 슬하에 액이 있도다, 오십오륙에 되
면 반드시 경사가 있으리라、

亥 (해)

旬前之運 桃李爛熳
冠之三四 鳳凰之樂
冠之六七 生産之數
若非二母 無后奉祀
立之三四 身旺財旺
立之五六 一見災厄
若免此數 立之七八
致誠寺門 古木回陽
井之以后 大通之數

십오륙세에는 도화와 이화가 만발 하도다、이십
삼사는 봉황의 즐거움이요、이십육칠은 생산
하는 수로라、만일 두어머니 아니면 파의 양
자수로다、삼십삼사에 몸과 재물이 왕성하고 삼
십오륙에 불전에 지성하라、삼십칠팔에는 매사개
고목에 햇빛이 되것이요、사십이후에는 매사대
통할 운이로다、

4. 심성론 (心性論)

心性宮(심성궁)에서는 前章(전장)의 骨格宮(골격궁)을 補充(보충)하는 것이바 十二(禽獸)(십이금수)에 比較(비교)하여 人間(인간)의 性格(성격) 및 資質(자질)을 論述(논술)한 것이다.

◎ 보는법

生年生月(생년생월)로 보나니 가령 子生(자생)이 七月(칠월)이면 鳳凰(봉황)이요. 八月(팔월)이면 獅子(사자)요 君生(축생)이 正月(정월)이면 鴻鵠(홍곡)이요 寅生(인생)이 四月(사월)이면 孔雀(공작)이 되느니라.

生年\\生月	鳳凰(봉황)	獅子(사자)	金鷄(금계)	老雉(노치)	鷺鷲(노자)	鴻鵠(홍곡)	白鹿(백록)	孔雀(공작)	赤鳩(적구)	朱雀(주작)	青鶴(청학)	鸚鵡(앵무)
子年	七	八	九	十	十一	十二	正	二	三	四	五	六
丑年	八	九	十	十一	十二	正	二	三	四	五	六	七
寅年	九	十	十一	十二	正	二	三	四	五	六	七	八
卯年	十	十一	十二	正	二	三	四	五	六	七	八	九
辰年	十一	十二	正	二	三	四	五	六	七	八	九	十
巳年	十二	正	二	三	四	五	六	七	八	九	十	十一
午年	正	二	三	四	五	六	七	八	九	十	十一	十二
未年	二	三	四	五	六	七	八	九	十	十一	十二	正
申年	三	四	五	六	七	八	九	十	十一	十二	正	二
酉年	四	五	六	七	八	九	十	十一	十二	正	二	三
戌年	五	六	七	八	九	十	十一	十二	正	二	三	四
亥年	六	七	八	九	十	十一	十二	正	二	三	四	五

（자사）子獅　　（황봉）凰鳳

凰鳳

仁厚正直 성품이 인후하고 정직하며
心志高遠 심지가 높고 원대 하리라、
非禮不爲 예가 아닌일에는 하지 않으며
非義不行 의가 아닌바를 행하지 않는다、
拘碍人情 인정에 구애되어
每見損害 매양 손해를 보리라、
多有智謀 지모가 뛰어나
隨時變通 수시변통의 재주가 있도다、
貴人指路 귀인이 길을 가리키니
可得橫財 가히 횡재 하게 되리라、

子獅

嚴威勇狼 엄하고 위엄있고 용맹하고 사나우니
不屈他人 남에게 굴하지 않으리라、
性多固執 성품이 고집이 많으고
間有口舌 간혹 구설수가 있으리라、
經營大事 대사를 경영함에
不拘小利 적은 이익을 구애치 아니하리라、
積德行善 덕을쌓고 선을 행하라
富貴兼全 부귀 겸전 하게 되노라、
若非功名 만일 벼슬을 못하면
勤農成家 농업으로 성가 하리라

121

| (노치) 雉老 | (금계) 鷄金 |

老雉	金鷄
爲人聰明 위인이 총명할 것이오 才多輕薄 비록 젖주가 많으나 경박 하도다 春雉自鳴 봄날의 꿩이 스스로 우니 口舌紛紛 구설이 분분 하도다 多言爲病 말이 많음이 병이 되나니 擇言而發 말을 가리어 일컬으라 若不學問 만일 글을 배우지 아니 하였으면 流推放浪 유리 방랑하게 되도다 他関生涯 타관에서 생애하여 每事如意 매사가 여의 하리라、	画鳳爲雉 봉을 그리다 꿩이 되니 有頭無尾 머리는 있으나 꼬리가 없도다 織女星照 직녀성이 비쳐 임하니 手才出衆 손재주가 출중 하리라、 善心奉仕 선심으로 봉사 하였으면 初困后吉 처음으로 곤하나 뒤에 길하리라、 若不學問 만일 학문을 못 하였으면 務農財足 농사하면 재물이 족 하리라 一呼百諾 한번 부르면 백이 대답하니 到處多權 도처에 권세가 많으리라、

| (곡홍) 鵠鴻 | (자연) 子鶊 |

子鶊
人外愚內明
志謀深遠
意思通達
心性雖急
不嫌他人
若非功名
虛度光陰
旧基不利
雖去則吉

겉으로 우둔하나 속이 밝으니
사람마다 신망 하리라、
지모가 심원하고
의사가 통달 하였도다
마음이 비록 급하나
남과 혐의치 아니 하리라
만일 벼슬을 못하면
헛송세월 하도다、
옛터는 불리하니
이사하면 길하리라

鵠鴻
性直心淸
勿貪非義
天性火急
勿入是非
才藝出衆
善交朋友
雁宮無情
孤獨之狀
每多人情
廣濟衆人

성품이 곧고 청백하니
의가 아닌 바를 탐하지 않도다、
천성이 불같이 급하니
시비에 참견하지 말라、
재예가 출중하며
친구와 사귐을 잘하리라
형제궁의 정이 없으니
고독한 상이로다、
매양 인정이 많으매
널리 중인을 구제 하리라、

孔雀 (공작)	白鹿 (백녹)

孔雀 (공작)

容貌端正 용모가 단정하고
心性閒逸 성품이 한일 하리라.
口辯有餘 구변은 유여하나
不言他事 남의 일은 말하지 않는다.
善心積德 선심적덕 하니
后必富貴 후에 반드시 부귀 하리라.
貴人來助 귀인의 도움이 있으니
每事成就 매사를 성취 하도다.
古土雖好 옛터가 비록 좋으나
不如他鄕 타향만은 못하리라.

白鹿 (백녹)

心性仁厚 마음이 인후하고
本無欲心 본래 욕심이 없으리라.
仁情拘碍 인정에 구애되어
每見損害 매양 손해를 보도다.
東西奔走 동서에 분주하며
食少事煩 식소사번 하리라.
到處多友 도처에 벗이 많으며
人々稱讚 남의 칭찬을 듣게 되도다.
自力生涯 자력으로 생애하니
安貧樂道 아비낙도의 상이로다.

（작주）朱雀

朱雀煩鳴
口舌紛紛
出外多猜
持身操心
春雉自鳴
勿爲輕率
若不謹愼
每多失手
東西奔走
一身多煩

주작이 번거로이 우니
구설이 분분하리라、
밖에 나가면 시기하는 사람이 많으니
몸가짐을 조심하라、
봄꿩이 스스로 우니
경솔히 행하지 말라、
만일 근신하지 않으면、
매양 실수가 많으리니、
동서에 분주 하니
일신의 번잡함이 많도다、

（구적）赤鳩

天性云何
直而淸高
乾坤無情
自手成家
平生所愼
八人口舌
之南之北
食少事煩
困以得財
他人救濟

이 사람의 천성은
곧으며 청렴하고 고상 하리라、
부모의 정이 없으니
자수성가 하게 되도다、
평생의 삼가할 바는
화젯수와 구설이로다、
남쪽과 북쪽에는
일은 많고 먹을것이 적으리라、
어렵게 재물을 모아
타인을 구제 하도다、

(무 앵) 鸚鵡

(학 청) 鶴青

鵲巢鳩居
他人之德
修身正心
自有助我
東西四方
暫時風霜
文學從事
三品之職
運回命年
寒谷到陽

까치가 비둘기 집에 거하니
남의 덕으로 살리라、
몸을 닦고 마음을 발르게 하면
자연히 도움을 받게 되도다、
동서 사방에
잠시 풍상이 있으리라、
문학에 종사 하였으면
삼품의 관록일다、
오십세가 되면
찬골짜기에 양기가 비치리라、

容貌端正
口辯有餘
清直謙和
人皆敬慕
機巧才幹
每事多能
金榜掛名
官祿之人
春風溫和
到處多助

용모가 단정하고
구변이 넘치도다、
청직하고 겸손 화목하니
뭇사람이 경모 하리라
기교로운 재간이 있으매
매사에 능함이 많도다
금방에 일음을 거니
관록지인 이로다、
춘풍이 온화하게 부니
도처에 도움이 많으리라、

5. 십이살론 (十二殺論)

이 殺格宮(살격궁)은 누구를 莫論(막론)하고 十二殺(십이살) 가운데 그 하나가 해당하는바 이것이 인간의 前程(전정)을 障碍(장애)하고 凶厄(흉액)을 招來(초래)하나니 生年生時(생년생시)에 따라 殺之輕重(살의 경중)이 다르고로 이에 설명하다.

◎ 보는법

生年生時(생년생시)로 보는것이니 혹은 生年 生月, 生年 生日로도 본다. 가령 子生(자생)이 巳時(사시)면 怯殺(겁살) 이요, 午年(오년) 午時(오시)면 災殺(재살) 이요, 申年(신년) 未時(미시)면 攀鞍殺(반안살), 午年(오년) 申時(신시) 未年(미년) 卯時(묘시)면 육해살이 되나니라.

生年\生時	怯살	災살	天살	地살	年살	月살	亡身살	將星	攀鞍살	驛馬살	六害살	華蓋살
子年	巳	午	未	申	酉	戌	亥	子	丑	寅	卯	辰
丑年	寅	卯	辰	巳	午	未	申	酉	戌	亥	子	丑
寅年	亥	子	丑	寅	卯	辰	巳	午	未	申	酉	戌
卯年	申	酉	戌	亥	子	丑	寅	卯	辰	巳	午	未
辰年	巳	午	未	申	酉	戌	亥	子	丑	寅	卯	辰
巳年	寅	卯	辰	巳	午	未	申	酉	戌	亥	子	丑
午年	亥	子	丑	寅	卯	辰	巳	午	未	申	酉	戌
未年	申	酉	戌	亥	子	丑	寅	卯	辰	巳	午	未
申年	巳	午	未	申	酉	戌	亥	子	丑	寅	卯	辰
酉年	寅	卯	辰	巳	午	未	申	酉	戌	亥	子	丑
戌年	亥	子	丑	寅	卯	辰	巳	午	未	申	酉	戌
亥年	申	酉	戌	亥	子	丑	寅	卯	辰	巳	午	未

（살겁）殺怯

雁行各飛
早別父母
他鄉依托
若非早別
性急如火
祖業難守
移舍重々
百事難成
諸營凡事
龍頭蛇尾

형제가 각기 분리한다
조실 부모 하고
타향에 의탁 하리라
마일 조실부모 아니하면
성품은 불갈이 급하며
조업을 지키기 어렵도다
이사를 여러번 할 것이요
백사가 이루기 어려우리라
모든 경영하는 일이
용두사미 격이로다

（살재）殺災

天地情小
世業難守
家勢致敗
不然身病
身有苦楚
事多災殃
中年致敗
一驚盜賊
致誠禱厄
厄消福來

부모의 정이 없으니
세업을 지키기 어려우리라
가세를 치패할 것이오
굴지 아니하면 신병을 얻으리라
몸에 고초가 있으며
일마다 재앙이 많으리라
중년에 치패수가 있으니
한번 도적을 놀라리라
지성으로 액을 막으라
액이 사라지고 복이 오리라

128

殺天 (살천)

初年之數　　초년의 운수는
好事多魔　　좋은 일에 마가 많도다
家內有祟　　집안에 살이 있으니
心肝有病　　심간에 병이 있으리라、
勿信親人　　친한 사람을 믿지 말라
必有其害　　반드시 손해가 있도다、
以好得財　　곤고하게 재물을 모아
莫恨他人　　남을 좋게 하리라、
勤以好身病　　신병을 얻음을 한탄하지 말라
中後回春　　중년후에는 회춘의 기쁨이 있으리라、

殺地 (살지)

地殺侵命　　지살이 명을 침노하니
每事未成　　매사가 이루어지지 못하리라、
若非二母　　만일 두 어머니가 아니면
三妻八字　　삼처를 둘 팔자로다、
中年之運　　중년의 운은
官厄愼之　　관액을 조심하라
若非農業　　만일 농업이 아니면
工場生涯　　공장으로 생애하라、
因人成事　　남으로 인하여 성사하니
四面有吉　　사면에 길함이 있도다、

（살월）殺月	（살년）殺年

殺年

桃花侵命 도화살이 명에 침노하니
左琴右瑟 좌우에 처첩이로다、
若非妻妾 만일 처첩수가 아니면
一見叩盆 한번 상처수를 당하리라
官災口舌 관재와 구설수가 있으리라
不然空門 불연이면 중이될 사주로다、
立井之年 삼십과 사십에
橫厄操心 횡액을 조심하라、
財運雖吉 재운은 비록 길하나
諸禾妨害 모든 살이 방해 하리라、

殺月

若非早孤 만일 일찍 고독하지 않으면
妻子之患 처자궁에 근심이 있도다、
若不荊殺 만일 처궁의 살이 아니면
骨肉無情 골육의 정이 없으리라
若非官災 만일 관재수가 아니면
口舌之數 구설수가 있으리라、
隱床惡殺 은상의 악한살은
間間突亂 간간히 저난을 일으키도다
勿近虛妄 허망한일을 경영하지 말라
成敗頻頻 성패가 빈번하리라

殺身亡 (살신망)

命入亡身
怪變層生
莫近是非
長沙之厄
青氈祖業
飄落狂風
累次移席
虛送歲月
棄墳離妻
他鄉作客

망신살이 드니 괴이한 일이 많이 있도다,
시비를 가까이 말라 관액을 당하게 되리라,
조상의 유업은 광풍에 표락하도다,
여러번 이사하며 허송세월 하리라,
부모 처자와 이별하고 타향의 작객이 되도다,

將星 (장장)

命入將星
執權之人
武藝出衆
手執兵權
雖有譽聲
胸中有愁
大人進祿
小人運吉
若非權變
反為下賤

장성이 명에 드니 권리 잡는 사람이로다,
무예가 출중하니 손에 병권을 잡으리라,
비록 명예는 있다하나 흉중에 근심이 있도다,
대인은 녹이 더 할 것이요 소인은 운이 길하리라,
만일 권세가 아니면 반대로 천하게 되도다,

（살안반） 殺鞍攀

文筆出衆
少年登科
性情順厚
貴人之狀
若不官位
可嘆平生
橫命之年
井厄愼之
命之二三
魚入大海

문필이 출중하니
소년 등과 하리라、
성정이 순후하니
귀인지상이로다、
만일 벼슬에 오르지 못하면
평생을 탄식 하리라、
사오십의 나이에
횡액을 조심하라、
오십이삼에는
고기가 바다에 나간 격이로다、

（살마역） 殺馬驛

之南之北
早年風波
遍踏江山
以商得財
若非官祿
虛送歲月
出入四方
行處有旺
末年之運
運數大通

남북지간에
일찍 풍파를 겪으리라、
강산을 편답하며
상업으로 득재하도다、
만일 벼슬을 못하면
허송 세월하리라、
사방으로 출입하며
가는곳마다 왕운이 있도다、
말년의 운수
운수 대통하리라、

殺害六 (살해육)

早失天地 조실 부모하고
他鄕流離 타향에 유리방랑 하리라、
若非早失 만일 조실부모 아니하면
無后奉祀 양자갈 수 로다、
因人被害 남으로 인하여 해를 입으며
骨肉無情 골육의 정이 없으리라、
若非僧道 만일 중이 되지 않으면
困厄重重 곤액이 중중하도다、
身煩東西 몸이 동서에 번거로우니
世事如夢 세상일이 꿈 같으리라、

殺蓋華 (살개화)

若不登科 만일 벼슬에 오르지 못하면
風流之人 풍류의 사람이 되리라、
祖業何歸 조상의 업은 어디로 가고
自手成家 지수성가 할 사주로다、
雁宮無德 형제간에 덕이 없으니
兄弟不和 형제간에 화목지 못하리라、
勤苦得財 고고하게 전무를 모아
每濟貪窮 매양 가난한 사람을 구제하도다、
井後命年 사십이후 오십에는
所榮必成 경영하는 바가 성취되리라、

133

6. 유친론 (六親論)

(1) 형제궁 (雁宮) (兄弟宮)

此章(이장)에서는 兄弟宮(형제궁)을 論(논)하니 형제의 多少(다소)와 友愛(우애), 相別(상별)의 有無(유무)를 記述(기술)하였다.

◎ 보는 법

生年(생년)과 生月(생월)로 보나니 가령, 子年生(자년생)이면 生月(생월)이 子月(자월)이면 旺星(왕성)이요, 丑月(축월)이면 衰星(쇠성)이 되고 寅月(인월)이면 病星(병성)이요, 卯月(묘월)이면 死星(사성)이요, 辰月(진월)이면 葬星(장성)이며 ──── 寅年(인년)이면 辰月(진월)이 冠星(관성)이요, 巳月(사월)이면 胎星(태성)을 찾느니라.

生年＼生月	胞星(포성)	胎星(태성)	養星(양성)	生星(생성)	浴星(욕성)	帶星(대성)	冠星(관성)	旺星(왕성)	衰星(쇠성)	病星(병성)	死星(사성)	葬星(장성)
子年	巳	午	未	申	酉	戌	亥	子	丑	寅	卯	辰
丑年	寅	卯	辰	巳	午	未	申	酉	戌	亥	子	丑
寅年	亥	子	丑	寅	卯	辰	巳	午	未	申	酉	戌
卯年	申	酉	戌	亥	子	丑	寅	卯	辰	巳	午	未
辰年	巳	午	未	申	酉	戌	亥	子	丑	寅	卯	辰
巳年	寅	卯	辰	巳	午	未	申	酉	戌	亥	子	丑
午年	亥	子	丑	寅	卯	辰	巳	午	未	申	酉	戌
未年	申	酉	戌	亥	子	丑	寅	卯	辰	巳	午	未
申年	巳	午	未	申	酉	戌	亥	子	丑	寅	卯	辰
酉年	寅	卯	辰	巳	午	未	申	酉	戌	亥	子	丑
戌年	亥	子	丑	寅	卯	辰	巳	午	未	申	酉	戌
亥年	申	酉	戌	亥	子	丑	寅	卯	辰	巳	午	未

(성포) 星胞

天上仙官 천상의 선관이
謫下人間 인간으로 적강하였다、
洞庭秋月 동정 추월에
三雁雙飛 세 기러기가 쌍으로 날도다、
雖若逢六害 만일 육해살을 만나면
多損失 손실이 많으리라、

(성태) 星胎

佛前弟子 불전의 제자로
還生今世 금세에 환생 하였도다、
秋月雁行 가을달밤 기러기의 행렬이요
或三或四 혹은 셋이요 혹은 넷이리라、
異腹則四 이복형제가 있으면 사형제요
不然兄弟 불연이면 형제로다、

(셩 생) 星生　　(셩 양) 星養

明國貴人
還生今世
蒲湘雁行
三四同飛
龍官致誠
兄弟同榮

명국의 귀인이
금세에 환생 하엿도다、
소상강 기러기는
삼사형제가 함께 날도다、
용궁에 치성하라
형제가 함께 영화를 보라라、

西域國人
還生今世
月夜寒天
三雁同飛
若有多妹
難免獨身

서역나라 사람이
금세에 환생 하엿도다、
월야 한천에
세 기러기 함께 날도다、
만일 여동기가 많으면
독신을 면키 어려우리라、

(성욕) 星浴　　　　　　　　(성대) 星帶

水國弟子 수국의 제자가
還生今世 금세에 환생하였도다、
回雁峰頭 산 말루에 나르는 기러기는
二雁同飛 두 기러기 함께 날도다、
龍王致誠 용왕에 치성하면
永受福祿 영원한 복록을 받으리라、

前生之人 전생의 인간이
今世更生 금세에 다시 탄생하였도다、
秋月寒天 가을 달밤 찬 하늘에
三雁二飛 세 기러기 중 둘만 날도다、
若有異腹 만일 이복형제 있으면
三四同飛 삼사형제 되리라、

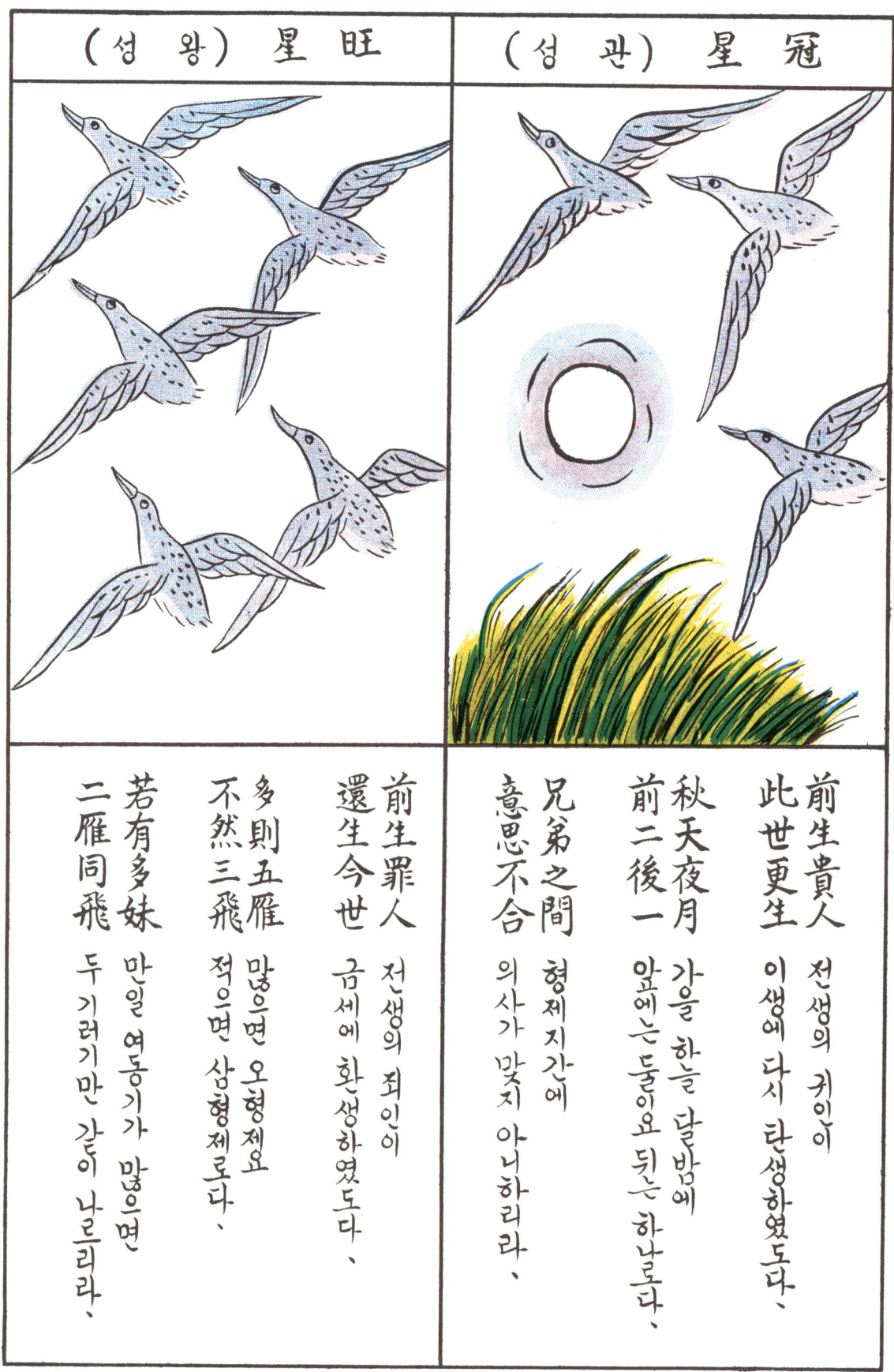

(성왕) 星旺　　　(성관) 星冠

前生貴人
此世更生
秋天夜月
前二後一
兄弟之間
意思不合

전생의 귀인이
이생에 다시 탄생하였도다、
가을 하늘 달밤에
앞에는 둘이오 뒤는 하나로다、
형제지간에
의사가 맞지 아니하리라、

前生罪人
還生今世
多則五雁
不然三飛
若有多妹
二雁同飛

전생의 죄인이
금세에 환생하였도다、
많으면 오형제요
그렇지 않으면 삼형제로다、
만일 여동기가 많으면
두 기러기만 같이 나르리라、

| (성 쇠) 星衰 | (성 병) 星病 |

佛前弟子
還生此世 불전의 제자가 이세상에 환생하였도다、

洞庭秋月
雁行三四 동정 추월에 기러기 삼사 형제로다、

江山相隔
兄弟雄別 강산이 설로 막혔으니 형제 이별하리라、

瑤池侍女
還生今世 요지의 시녀가 금세에 환생하였도다、

仁兄賢弟
分手相別 어진 형과 착한 동생이 분수 상별하리라、

三五明月
淚成江河 삼오 십오 밝은 달에 눈물이 강하를 이루었도다、

(성장) 星葬 | (성사) 星死

星死 (성사)

前生人間
還生今世
洞庭江上
三雁各飛
異腹則三
不然獨身

전생의 인간이
금세에 환생 하였도다
동정호 강위에
세 기러기 각기 날리라
이복이면 삼형제요
불연이면 독신이로다.

星葬 (성장)

岠山神靈
還生此世
異腹則三
不然一二
若有多妹
獨飛難免

미산의 신령이
환생 처세 하였도다
이복이면 삼형제요
그렇지 않으면 하나 혹은 둘이로다
만일 여동기가 많으면
독신을 면치 못하리라.

(2) 부부궁(夫婦宮)

人間(인간)은 何人(하인)을 莫論(막론)하고 一生(일생)을 同居同件(동거동건)할 配偶者(배우자)를 택함에 큰 關心(관심)이 있는 것이다. 그럼으로 이 부부궁에서는 琴瑟(금슬)의 吉凶(길흉)과 難別(이별), 妻妾(처첩) 등의 有無(유무)를 四柱(사주)에 따라 설명하였다.

◎ 보는 법

生年(생년)과 生月(생월)로 보나니라. 가령 子年(자년) 四月(사월)생이면 相嫌(상혐)이요, 卯年(묘년) 八月生이면 隔山(격산)이요, 申年(신년) 七月生이면, 和合(화합)을 찾아 보나니라.

生月\生年	子年	丑年	寅年	卯年	辰年	巳年	午年	未年	申年	酉年	戌年	亥年
相嫌(상혐)	四	正	十	七	四	正	十	七	四	正	十	七
隔山(격산)	五	二	十一	八	五	二	十一	八	五	二	十一	八
求子(구자)	六	三	十二	九	六	三	十二	九	六	三	十二	九
和合(화합)	七	四	正	十	七	四	正	十	七	四	正	十
商量(상량)	八	五	二	十一	八	五	二	十一	八	五	二	十一
忤逆(오역)	九	六	三	十二	九	六	三	十二	九	六	三	十二
保守(보수)	十	七	四	正	十	七	四	正	十	七	四	正
入舍(입사)	十一	八	五	二	十一	八	五	二	十一	八	五	二
難妻(난처)	十二	九	六	三	十二	九	六	三	十二	九	六	三
重夫(중부)	正	十	七	四	正	十	七	四	正	十	七	四
重妻(중처)	二	十一	八	五	二	十一	八	五	二	十一	八	五
克子(극자)	三	十二	九	六	三	十二	九	六	三	十二	九	六

(산격) 山隔　　(혐상) 嫌相

山隔

想思千里
山河隔之
春風秋月
淚送歲月
獨守多年
古梅回春
日麗中天
中後太平

상사 천리에
산하가 막혔도다、
봄바람 가을달에
눈물로 세월을 보내리라、
독수공방 긴긴 세월에
옛 매화에 봄이 왔도다、
해가 중천에 굽게 떴으니
중년 후로는 태평하리라、

嫌相

夫婦相嫌
家內不安
若非妻妾
再娶之數
妖花窺墻
初年風波
若過厄年
末年和平

부부가 서로 혐의를 품으니
집안이 불안하도다、
마일 처첩이 아니면
재취할 운이로다、
요화가 담장에서 엿보니
초년의 풍파가 있도다、
만일 액년이 다 지나면
말년에 태평하리라、

（자구）子求

百年之宮 백년의 금슬은
鴛鴦不和 원앙이 화목치 못하도다、
殺入蘭宮 잘중에 살이 들었으니
無子爲患 아들 없음을 근심하리라、
牧丹無實 목단에는 열매가 없으나
桃李有實 복숭아 오얏에는 열매가 있도다、
妖花開笑 요화가 웃고 피었으니
必見妻妾 반드시 처첩을 보리라

（합화）合和

春江日麗 봄 강가에 햇볕이 고운데
鴛鴦相遊 원앙이 서로 즐겨 노닐도다、
窈窕淑女 요조숙녀가
佳卽作配 가랑과 배필을 하였도다、
天緣相逢 하늘의 연분이 서로 만났으니
和樂百年 백년을 화락 하리라、
井之以後 사십 이후에는
渴馬逢川 목마른 말이 냇물을 마시도다、

(량상) 量商

夫婦相和
百年琴瑟宮
才子佳人
相親相愛
妖花窺墻
良人馳情
早婚不利
晚娶則吉

백년의 금슬궁은 부부가 서로 화목 하도다、
재자와 가인이 서로 친애함이 있으리라、
요화가 담장을 엿보니 남편의 정이 요화에게 가도다、
조혼은 불리하고 늦혼인은 길하리라、

(오역) 忤逆

床上宝琴
久而不彈
東西向背
琴瑟不和
夫君何故
外房蕩情
若無此數
離別難免

상위에 좋은 거문고를 두고 오랫동안 타지 아니하도다、
동서로 등을 지고 앉았으니 금슬이 화목치 못하리라、
남편은 무슨 연고로 외방에서 정을 빼앗기고
만일 이 수가 아니면 이별을 면치 못하리라、

(수보) 保守

鴛鴦枕上
可期百年
天緣同居
致富之命
和氣融々
子孫昌盛
井之五七
年運大通

원앙의 벼개 위에 백년을 기약하도다、
하늘의 인연이 같이 거하니
치부할 운이로다、
화기가 넘칠 것이요
자손이 창성하리라、
사십 오칠세가 되면
연운이 대통하도다、

(사입) 入舍

兩人之情
探花蜂蝶
一夜狂風
花蝶各飛
如不死別
生離之數
獨守幾年
再期佳緣

두 사람의 정의는
꽃을 탐하는 봉접과 같도다、
하룻밤 광풍에
꽃과 나비가 각기 날리리라、
만일 죽어 이별이 아니면
생이별 수가 있도다、
독수공방 몇년후에
다시 가연을 맺게 되리라、

(처이) 妻異　　(부중) 夫重

花園春暮
正妻難別
琴瑟雖和
難別何免
若不然也
妻妾之數
末年榮華
子孫之運

화원에 봄이 저무니
정처를 이별한다
금슬은 비록 좋다하나
이별 수를 어찌 면하리요
그렇지 아니하면
처첩을 거느릴 수로다
말년의 영화는
자손의 운이로다

日暮西天
獨坐嘆息
愛妻何去
長年獨宿
木雁三飛
再娶難免
莫恨初年
中後太平

서천에 날이 저물면
홀로 앉아 탄식하도다
애처는 어디로 가고
오래 독수공방하는고
무안이 세번 날으니
재취함을 면치 못하도다
초년의 운을 탄식 말라
중년 후로는 태평하리라

(처중) 妻重

桃花重重犯
重々妻妾
庭前池塘
鴛鴦不和
爲人豪蕩
用錢如水
早婚不利
晚娶則吉

도화살이 거듭 침범하니
중중한 처첩이로다.
뜰앞 연못에
원앙이 화목치 못하리라,
위인이 호탕하니
돈을 물같이 쓰도다.
조혼은 이롭지 못하나
늦게 얻으면 길하리라,

(자극) 子克

秋月丹楓
憂愁度日
琴瑟不和
不然離別
琴瑟和樂
克子可畏
末年之數
一身太平

추월에 단풍이 드니
근심으로 날을 보내도다,
금슬이 화목치 못할 것이요
그렇지 않으면 이별하리라,
금슬이 화락하면
극자할까 두렵도다,
말년의 운은
일신이 태평하리라,

(3) 난궁(蘭宮)

蘭宮(난궁)은 곧 子宮(자궁)이니 四柱中(사주중)에 子(자)의 有無(유무) 및 禱厄(도액)과 子宮(자궁)에 子(자)의 多少(다소)와 害(해)하는 殺(살)의 有無(유무) 및 禱厄(도액)에 관한 것을 論述(논술)하였다.

◎ 보는 법

生年(생년)과 生時로 보나니 子年 丑年 寅年(자년축년인년)은 生年이요 寅卯辰巳午(인묘진사오)는 生時인바 사령 子年(자년) 巳時(사시)면 一橋(일교)요, 丑年(축년) 辰時(진시)면 三橋(삼교)요, 午年(오년) 未時(미시)면 九橋(구교)가 되나니 다른 生年生時(생년생시)도 이 순서로 보나니라.

생시\생년	一橋 (일교)	二橋 (이교)	三橋 (삼교)	四橋 (사교)	五橋 (오교)	六橋 (육교)	七橋 (칠교)	八橋 (팔교)	九橋 (구교)	十橋 (십교)	十一橋 (십일교)	十二橋 (십이교)
子年	巳	午	未	申	酉	戌	亥	子	丑	寅	卯	辰
丑年	寅	卯	辰	巳	午	未	申	酉	戌	亥	子	丑
寅年	亥	子	丑	寅	卯	辰	巳	午	未	申	酉	戌
卯年	申	酉	戌	亥	子	丑	寅	卯	辰	巳	午	未
辰年	巳	午	未	申	酉	戌	亥	子	丑	寅	卯	辰
巳年	寅	卯	辰	巳	午	未	申	酉	戌	亥	子	丑
午年	亥	子	丑	寅	卯	辰	巳	午	未	申	酉	戌
未年	申	酉	戌	亥	子	丑	寅	卯	辰	巳	午	未
申年	巳	午	未	申	酉	戌	亥	子	丑	寅	卯	辰
酉年	寅	卯	辰	巳	午	未	申	酉	戌	亥	子	丑
戌年	亥	子	丑	寅	卯	辰	巳	午	未	申	酉	戌
亥年	申	酉	戌	亥	子	丑	寅	卯	辰	巳	午	未

橘一 (교 일)

春回寶樹　봄이 보배나무에 돌아오니
二枝同榮　두 아들의 영화로다
三子可期　삼자를 기약 하리라
獻誠北斗　북두에 정성을 드리면
年爲禱厄　해마다 액을 빌으라
富榮可得　부귀영화를 누리리라

橘二 (교 이)

三子同榮　삼자 동영하리라
蘭宮之數　자식궁의 수는
何羨荀龍　어찌 순용같음이 부러우리요
美哉子宮　아름답다 자식궁이여
年爲安宅　해마다 안택을 하였으면
一子登科　일자는 등과 하리라

(교 사) 橋四	(교 삼) 橋三

橋三 (교삼)

庭前宝樹 뜰앞의 보배나무는
三枝迎春 세 가지가 봄을 맞았도다、
蘭宮不利 난궁이 불리하다
天狗作害 천구살이 해를 끼치니
七星祈禱 칠성에 기도하라
二子可全 이자가 온전하리라、

橋四 (교사)

四枝同榮 네가지가 동영하리라
春深蘭宮 봄이 난궁에 깊었으니
百花爛熳 백화가 난만하도다、
一洽甘雨 한흡의 단비에
至誠山祭 지성으로 산제하라
一子貴榮 일자수 귀히 되리라、

橋五 (교오)

蘭宮之數　三子同榮
자궁의 운수는 삼자가 동영하리라、

年爲安宅　家道漸富
해마다 안택을 하라 가도가 점점 부하리라、

若不穰星　早子難養
만일 칠성에 공이 없으면 일은 아들은 기르기 어렵도다

橋六 (교육)

或有二三　早子難養
혹 이삼자를 두었으나 일은 아들은 기르기 어려우리라

平生所忌　勿食狗肉
평생의 꺼릴바는 개고기를 먹지말라、

佛前致誠　一字之數
불전에 치성하라 일자를 두리라、

橋八 (교팔)　　　　橋七 (교칠)

子宮有厄 자궁에 액이 있으니
伯道無子 백도의 무자할 팔자로다
名山祈禱 명산에 기도하고
佛前致誠 불전에 치성하라
晚得兩男 늦게 두 아들을 두어
一子可貴 일자는 귀히 되리라

宝樹三枝 보배나무는 세 가지로되
二枝有實 두 가지가 열매를 맺도다
天狗來侵 천구가 침노하니
早爲防厄 미리 액을 막으라
七星獻功 칠성에 공을 드리면
二子分明 두 아들이 분명하리라

（교십）橋十

運在病宮
子宮不吉
鬼殺來侵
致誠佛前
有功一子
不然無后

운이 병궁에 있으니
자식궁이 불길하도다、
귀살이 침노하니
불전에 지성하라、
공이 있으면 일자수요
불연이면 무후하리라、

（교구）橋九

子宮有厄
早子難養
天狗作害
予防禱厄
至誠如此
二子同榮

자궁에 액이 있으니
이른 아들은 기르기 어렵도다、
천구살이 해를 하니
예방 도액하라、
지성이 이 같으면
두 아들에 영화가 있으리라、

(교이십) 橋二十　　(교일십) 橋一十

蘭宮之數 자식궁의 수는
五子同榮 오자가 동영하리라
眼前成行 눈앞에 행렬을 이루니
膝下之慶 슬하의 경사로다、
一子貴榮 일자는 영귀하니
桂花折揷 계화를 머리에 꽂았도다、

高松危枝 높은 소나무 위험한 가지에
幼兒孤立 어린 아이가 홀로 섰도다、
名山祈禱 명산에 기도하라
一子可得 한 아들을 보게 되리라
若不然也 그렇지 아니하면
外妻有子 외처의 몸에 자손을 보리라、

7. 직업론 (職業論)

본국은 職業(직업)을 說明(설명)함이라, 어느 사람을 물문하고 한 사람에게 한 가지 직업이 있나니, 人間(인간)은 本職(본직)을 모르고 있는자 많은지라, 그럼으로 四柱(사주)에 나타난 적당한 직업을 이 장에서는 자세히 설명하였다.

◎ 보는 법

生年(생년)과 生月(생월)로 보나니 생년은 天干(천간)을 爲主(위주)로 하고 生月(생월)을 찾아 보라, 甲乙, 丙丁은 생년이요, 正二, 三四, 五는 生月이니 이 같은 예로 써 찾아 보라,

生年 \ 生月	官人	屠宰	書藝	打冶	醫術	酒舘	音樂	卜術	僧道	裁縫	穀商	修作
農業	農業	魚商	百工	木工	陶工	運輸	放狼	捕獸	牧畜	敎師	武俠	重釣
甲年	正	二	三	四	五	六	七	八	九	十	十一	十二
乙年	二	三	四	五	六	七	八	九	十	十一	十二	正
丙年	三	四	五	六	七	八	九	十	十一	十二	正	二
丁年	四	五	六	七	八	九	十	十一	十二	正	二	三
戊年	五	六	七	八	九	十	十一	十二	正	二	三	四
己年	六	七	八	九	十	十一	十二	正	二	三	四	五
庚年	七	八	九	十	十一	十二	正	二	三	四	五	六
辛年	八	九	十	十一	十二	正	二	三	四	五	六	七
壬年	九	十	十一	十二	正	二	三	四	五	六	七	八
癸年	十	十一	十二	正	二	三	四	五	六	七	八	九

官人 (관인)

若勤學問 학문을 부지런히 배웠으면
早年出仕 일찍 벼슬에 오르리라、
大人宰相 대인은 재상격이요
小人胥吏 평인은 서리의 벼슬이로다、
一呼百諾 한번 부르면, 백인이 대답하니
萬人仰視 만인이 우러러 보리라、

農業 (농업)

百穀有利 백곡이 유리하니
農業最吉 농업이 가장 길하리라、
牛羊自盛 소와 양이 자연히 번성하고
ㄱ主廣置 전장을 넓게 장만하도다、
富貴多男 부귀다남하니
多福之人 다복한 사람이라 칭하리라、

(상어) 商魚

路上去來 　노상에서 거래하니
行商八字 　행상의 팔자로다、
若非行商 　만일 행상이 아니면
魚物有利 　어물이 유익하리라、
晝夜閱人 　주야로 사람을 열역하여
手弄千金 　천금을 희롱하리라、

(재도) 宰屠

手把金斧 　손에 도끼를 쥐고
日殺牛羊 　날마다 우양을 잡으리라、
莫嘆身勢 　신세를 한탄 마라
貴賤自有 　귀천이 운에 있는 바로다、
雖稱賤業 　비록 직업은 천하나
財物自來 　재물이 스스로 이르리라、

(공백) 工百

此人職業 이사람의 직업은
技術成功 기술로 성공하리라、
才藝巧妙 재예가 교묘하니
恒無逸時 항시 한가한 때가 없도다、
金銀百工 금과 은과 백공의 업은
衣食豊足 의식이 풍족하리라、

(예서) 藝書

聰明才略 총명하고 재략이 있으며
文藝出衆 글 재주가 출중하도다、
若非書畵 만일 서화에 능숙지 않으면
手才必妙 손재주가 반드시 묘하리라、
或行醫術 혹 의술도 행할 것이오
或以農業 혹은 농업도 길하리라、

(공목) 工木　　(야타) 冶打

鐵物有利 철물에 이가 있으니
打鐵生涯 쇠를 두드려 생애하리라、
日就月將 일취월장하니
名聲藉々 명성이 자자하도다、
身在富名 부자의 이름을 들으니
可笑石崇 석숭같은 부자를 비웃으리라、

若非剋金 만일 쇠를 다루지 아니하면
以木聚財 나무로 재물을 모으도다、
精密手藝 정밀한 수예가 있으니
萬人稱讚 만인이 칭찬하도다、
以小成大 적은 것으로 큰 것을 만드니
家産豊足 가산이 풍족하리라、

醫術 (의술)

才藝出衆하니
用錢如水 재예가 출중하니
돈 쓰기를 물같이 하리라、

神農遺業
醫術生涯 신농씨의 유업으로
의술로 생애하도다、

若非醫藥
農業最吉 만일 의약을 다루지 않으면
농업이 가장 길하리라、

陶工 (도공)

此人職業
以土成器 이 사람의 직업은
흙으로 그릇을 만들도다、

萬人閱歷
何人不知 만인을 열역하니
아지 못하는 사람이 없도다、

日々興財
末年太平 날로 재물이 흥하니
말년에 태평하리라、

(관주) 舘酒

君之八字 그대의 팔자는
酒商生涯 술장사로 생애하리라、
花柳春風 화류 춘풍에
賣酒杏村 술파는 행화촌이로다、
用錢如水 돈 쓰기를 물같이 하니
人稱豪傑 사람마다 호걸이라 칭하리라、

(수운) 輸運

此人實業 이 사람의 실업은
運輸得利 운수사업에서 이를 보리라、
南北千里 남북 천리에
奔走不暇 분주하여 한가한 날이 없도다、
雖曰多勞 비록 몸은 고되나
衣食豊足 의식은 풍족하리라、

(랑방) 浪放　　(악음) 樂音

若非官位 만일 벼슬을 못하면
風流歲月 풍류로 세월을 보내리라、
酒肆青樓 주사 청루에
豪傑俠士 호걸 협살도다、
若非此運 만일 이 운이 아니면
東西流離 동과 서에 유리하리라、

遍踏江山 강산을 편답하니
天地爲家 천지로 집을 삼으리라、
四方求財 사방에서 재물을 구하여
僅々衣食 근근히 의식하도다、
莫恨初困 초년의 곤고를 탄식말라
后分太平 후분은 태평하리라、

捕獸 (포수)

手執生殺 소에 생살권을 잡고
身煩東西 동서에 번거로이 다니리라、
放砲一聲 방포 일성에
禽獸皆驚 금수가 모두 놀라도다、
大人逢此 큰사람이 이 운을 만나면
百萬大將 백만의 대장이 되리라、

卜術 (복술)

此人八字 이 사람의 팔자는
卜術聚財 복술로 재물을 모으리라、
或爲地師 혹 지관이 될 것이요
以卜幽宅 음택 양택도 잘 하도다、
名聲藉藉 명성이 자자하니
人人願見 사람마다 우러러 보리라、

(도승) 道僧

棄墳難親 부모와 친척을 버리고
身依山門 몸을 산문에 의지하도다、
松風蘿月 솔바람 나복 달에
閑坐念佛 한가히 앉아 염불하리라
若非此運 만일 이 운이 아니면
壽命不利 수명이 불리하리라

(축목) 畜牧

此人實業 이 사람의 실업은
牧畜生涯 목축으로 생애하리라、
田園綠草 전원의 푸른 잔듸에
牛羊自盛 우양이 스스로 번성하도다、
若過井年 만일 사십을 지나면
吉運到來 길운이 이르리라、

(사교) 師教　　(봉재) 縫裁

此人實業
教訓子弟 이 사람의 실업은 자제를 훈고하리라、
先生之風
山高水長 선생의 기풍은 산같이 높고 물같이 깊도다、
滿腹文章
人人願見 문장이 배에 가득하니 사람마다 보기를 원하리라、

交易市上
布木興利 교역하는 저자에 포목으로 이를 보리라、
食祿有餘
富名之人 식록에 남음이 있으니 부자될 사람이로다、
女子到此
針刺有名 여자가 이 운에 이르면 침선으로 유명하리라、

(상곡) 商穀

積米如山
陽翟大賈 양적같은 큰 장사군이로다
萬人閱歷 만인을 열역하니
手弄千金 손에 천금을 희롱하리라
若非此職
農業有利 농업이 유리하도다

(협무) 俠武

心剛口直 마음이 강직하고 입이 곧으니
不屈他人 타인에게 굴하지 아니하리라
武藝出衆 무예가 출중하니
手執兵權 손에 병권을 잡게 되도다
以武成功 무예로 성공하니
萬人仰視 만인이 우러러 보리라

(작수) 作修

手藝出衆 수예가 출중하니
凡人不及 범인이 따르지 못하리라、
平生所業 평생의 취하는 업은
無所不爲 하지 못하는 바가 없도다、
木石善治 목석을 잘 다루니
日々興財 날로 흥재하리라、

(조수) 釣垂

昔日姜公 옛날 강태공의
渭水之濱 위수의 물가로다、
一片孤舟 한쪽각 외로운 배에
垂釣閒翁 낚시를 드리운 한가한 늙은이로다、
莫嘆浮萍 부평같은 신셰를 한단 말라
後分成功 후분은 성공하리라、

8. 길흉론 (吉凶論)

(1) 흉화궁 (凶禍宮)

凶禍宮(흉화궁)은 人間(인간)의 運路中(운로중)에 何人(하인)을 막론하고 凶厄(흉액)이 있어 不意之變(불의지변)을 당하거나 혹은 喪敗(상패), 難別(이별), 損財(손재) 및 官災(관재), 口舌(구설)로 인하여 暫時(잠신) 또는 一生(일생)을 困苦(곤고)하게 지나는 것이다.

◎ 보는법

生年(생년ㅡ천간인 甲乙丙丁)과 生月(생월)로 본다. (단 이란에 해당이 없는 사주는 흉화살이 없음) 가령 丁未年(정미년) 五月生이면 赤狼(적량)이요, 戊子年(무자년) 九月이면 六合(육합)이 되나니라.

生年 生月	甲年	乙年	丙年	丁年	戊年	己年	庚年	辛年	壬年	癸年
孤辰(고진)	正	四	四	七	七	十	九	十	正	十
寡宿(과숙)	四	十	四	七	十	正	七	九	四	正
大敗(대패)	九	十二	十二	四	十	三	三	六	六	九
赤狼(적량)	九	十二	十二	五	五	三	三	八	三	二
八敗(팔패)	五	十二	六	五	三	九	二	八	三	六
天狼(천랑)	六	十二	六	六	三	十二	九	六	三	六
小狼(소랑)	九	十二	九	十二	六	十二	六	六	三	十二
破家(파가)	五	三	正	七	五	十	正	八	六	十
破家(파가)	正	六	六	二	二	六	六	十	正	十一
官災(관재)	十二	八	十	三	十二	五	十二	四	正	三
六合(육합)	八	五	七	十	九	十二	十	三	二	六
大耗(대모)	十	十	九	八	十	六	四	四	三	五
四關(사관)	正	三	四	五	六	七	八	九	十	十一

(숙과) 宿寡　　(진고) 辰孤

辰孤

命人孤辰
孤獨之狀
月夜叩盆
自嘆身勢
東西奔走
他鄕之客
幾年空房
古梅回春

명에 고진살이 드니
고독한 상이로다、
달밤에 동이를 두드리며
신세를 스스로 한탄하리라、
동서에 분주하니
타향의 나그네로다、
몇년이나 공방살이를 하였는고
옛 매화에 봄이 돌아오리라、

宿寡

殺在寡宿
獨守空房
廣犬天地
一身無依
天長地久
何日叙情
三十以後
曙光漸開

과숙살이 침입하니
독수공방 하리라、
광대한 천지
일신의 의지할 곳이 없도다、
하늘은 무한하고 땅은 오래인데
어느날 정을 펴 보리요
삼십 이후로는
서광이 점차로 열리리라、

169

(대패) 大敗　　(적랑) 赤狼

花落蝶去
琴瑟不足
若非配宮
火厄愼之
家産大敗
東西奔走
困窮之餘
敗數何多

꽃이 지고 나비는 날아 갔으니
금슬이 부족하도다,
만일 배궁의 액이 아니면
화액을 조심하라,
가산을 크게 패하고
동서에 분주하라
곤궁한 나머지
패수는 어이 많은고,

莫守古基
財敗頻々
千里関山
獨自彷徨
男負女戴
移去他鄕
以手致敗
莫近酒色

옛터를 지키지 말라
재물을 번々히 패하리라,
천리 관산에서
홀로 방황하도다
남부 여대하고
타향에 옮겨 가리라,
손으로써 치패를 하리니
주색을 가까이 말라,

八敗 (팔패)

小年之時
雷聲忽起
何而多多厄
禽獸皆驚
遠途他鄉
時疾可畏
初年之事
有頭無尾

소년의 시절에
우뢰소리가 홀연 일어나
어찌 이다지도 많은 액이 있는고
곳곳이 다 놀라리라
먼길 타향에
시질을 만날까 두렵도다
초년의 일은
머리는 있으되 끝이 없으리라

天狼 (천랑)

驚風驚虎
落眉之厄
宮厄慎之
若不然也
女子到此
巫女八字
莫向深山
虎厄可畏

바람에 놀라고 범에 놀라니
눈섭 아래 떨어진 액이로다
관액을 조심하라
그렇지 아니하면
여자가 이 수에 이르면
무녀의 팔자로다
깊은 산에 가지말라
호액이 가히 두렵도다

(가파) 家破　　(랑소) 狼小

男則喪妻
女命剋夫
鳥飛梨落
必見橫厄
莫近是非
口舌紛紛
誠心祈禱
庶免此厄

남자는 상처하고 여자는 상부하리라, 까마귀 날으자 배가 떨어지니 필히 횡액을 당하리라, 시비를 가까이 말라 구설이 분분하도다, 성심으로 기도하면 이 액을 면하게 되리라,

青氈遺業
一朝見敗
古基不利
雜鄕爲吉
東食西宿
一身奔走
身如浮萍
何人助我

조상이 끼친 재산은 하루 아침에 패를 보리라, 옛터는 이롭지 못하니 고향을 떠남이 좋으리라, 동에서 먹고 서에서 자니 일신이 분주하도다, 몸이 부평과 같으니 누가 나를 도와 주리오,

災官 (재관)

身運否塞
禍厄重重
心無不仁
天何不願
莫近是非
官災難免
必慎必戒
可免此厄

신운이 비색하니
화액이 중중하도다
마음은 비록 착하나
하늘이 어찌 돌보지 않는고,
시비를 가까이 말라
관재수를 면하기 어렵도다,
반드시 근신하고 경계하면
가히 이 액을 면하리라

六合 (육합)

夫婦之間
百年和樂
上下和同
一家太平
四方聚財
乃積乃倉
天乙星照
末年富貴

부부지간에
백년화락하도다
상하가 함께 화목하니
일가가 태평하리라,
사방에서 재물을 모으니
창고에 가득히 쌓이도다,
천을성이 비쳤으니
말년에 부귀하리라

大耗 (대모)

千里關山 客愁凄然
敗家之子
流難之人
日暮西天
夫妻難別
積德行善
厄消福來

천리 관산에 객수가 처연하도다、
패가한 아들이요
유리하는 사람이로다、
날이 서천에 저무니
부부 이별하도다、
덕을 쌓고 선을 행하면
액이 사라지고 복이 오리라、

四關 (사관)

柱入四關
子子之人
若非早失
兄弟分難
無邊滄海
一葉孤舟
若非僧道
壽命不足

사주에 사관이 드니
혈혈 단신이로다、
만일 조실부모 아니하면
형제가 분리하리라
무변창해에
한잎의 외로운 배로다、
만일 승도가 아니되면
수명이 부족하리라、

(2) 길복궁 (吉福宮)

이 吉福宮(길복궁)은 四柱(사주) 가운데의 吉運(길운)을 論述(논술) 함이니 이 길복궁에 吉星(길성)이 많으면 凶殺(흉살)도 制化(제화)하나니라.

◎ 보는 법

生年 天干을 기준하여 月日 時를 모두 대조하여 본다. 그러므로 이곳을 보려면 우선 四柱(年月日時)의 干支를 정해 놓고 아래 표와 대조하여 해당되는 곳이 있으면 찾아 보고, 없으면 이에 해당이 안 되는 것이다. 단 한 사람이 여러 곳이 해당되기도 하고, 한 곳도 없는 경우도 있다는 점을 알아두어야 한다.

生年＼生時	福官 (복관)	貴藝 (키예)	旺極 (왕극)	合乙 (합을)	食增 (식증)	印門 (인문)	巨富 (거부)	武庫 (무고)	山河 (산하)	官印 (관인)	施橫 (시횡)	財庫 (재고)
甲年	酉	辰	子	子	子	子	丑	巳	午	癸	癸	戊
乙年	申	巳	午	亥	亥	亥	寅	丑	未	壬	壬	己
丙年	卯	未	酉	卯	卯	卯	辰	巳	午	乙	乙	庚
丁年	亥	申	卯	寅	寅	寅	巳	未	午	甲	甲	辛
戊年	卯	未	巳	午	午	午	辰	巳	午	丁	丁	壬
己年	寅	申	午	巳	巳	巳	未	丑	午	丙	丙	癸
庚年	寅	戌	寅	午	午	午	未	亥	子	己	己	甲
辛年	午	亥	亥	巳	巳	巳	申	丑	未	戊	戊	乙
壬年	巳	丑	亥	酉	酉	酉	戌	亥	子	辛	辛	丙
癸年	寅	寅	申	寅	寅	寅	亥	子	亥	庚	庚	丁

(예귀) 藝貴　　(관복) 官福

官福

柱臨福官
富豪之命
初中平吉
末年大富
四方有祿
到處得財
露庫如山
何羨金谷

사주에 복관이 드니
부호의 명이로다、
초、중년은 평평하고
말년은 큰 부자가 되리라
사방에 녹이 있으며
도처에서 재물을 얻으리라、
노적창고가 산과 같으니
어찌 금곡을 부러워 하리오、

藝貴

周遊四方
流雄有數
橫財自來
千金自來
若非妻家
養家之財
此人之事
一生奔走

사방에 두루 다니며
유리하는 선비로다、
횡재수가 있으며
천금이 스스로 이르리라、
만일 처가의 덕이 아니면
양가의 재산이로다、
이 사람의 행하는 일은
일생 분주하리라、

極旺 (극왕)

貴祿佩印 귀록에 관인을 찾았으니
富貴無比 부귀가 비할데 없으리라,
閒坐瓦屋 한가히 기와집에 앉았으니
一生太平 일생 태평하도다,
天喜來照 천희성이 조림하였으니
陶朱何羨 도주같은 부자가 어찌 부러우리요,
旺運自來 왕운이 자연히 일르매
富貴多男 부귀 다남하리라.

乙合 (을합)

命入合乙 명에 합을이 드니
貴人之狀 귀인의 상이로다,
長安大道 장안의 큰 길에
日傘浮前 일산이 앞에 떴도다,
一生榮華 일생에 영화 있으니
名垂竹帛 일흠을 죽백에 드리우리라,
平生所樂 평생의 즐겨하는 바는
青雲之客 공명에 있음이로다,

(문인) 門印

獨坐高位
萬人仰視
經國濟世
以撫蒼生
若非高官
反爲災殃
此人之事
女乱失敗

홀로 높은 자리에 앉았으니
만인이 우러러 보도다、
경국 제세할 것이요
창생을 안무 하리라、
만일 고관이 아무 되면
오히려 재앙을 입으리라
이 사람의 일은
여난으로 실패하리라、

(증식) 增食

高樓巨閣
夫婦同坐
運在食增
平生不貧
末年之運
倉庫露積
名播四方
何人不羨

높은 누각 큰 집에
부부가 함께 앉았도다、
운이 식증에 왔으니
평생 간난하지 않으리라、
말년의 운은
창고와 노적이 즐비하도다、
일음을 사방에 뿌리리
누가 부러워 아니 하리요、

巨富 (부거)

陰陽相和
夫婦百年
富貴名達
人間第一
長安大道
馳馬紅塵
男兒得志
正在此時

음양이 섯로 화합하니
부부가 백년해로 하리라
부귀와 명달음
인간의 제일일오다
장안의 큰 길에
홍진을 일으키며 말을 달리도다
남아가 뜻을 얻음이
바로 이때라 하리라

武庫 (고무)

身帶將印
百萬其帥
手執兵權
號令軍中
眼前旗幟
無數之兵
少年勤苦
末年之福

몸에 장수인을 찾으니
백만의 원수로다
손에 병권을 쥐고
군중을 호령하리라
눈앞에 군기가 나부끼니
무수한 병졸을 거리었도다
소년의 근고함이
말년의 복이 되리라

(하산) 河山 　　(인관) 印官

武藝出衆 무예가 출중하니
少年出世 소년 출세하리라、
身佩將印 몸에 장수인을 찼으니
威似雷霆 위엄은 뇌정 같도다、
一聲號令 한 소리 호령에
鎭壓邊疆 변강의 무리를 진압하도다、
馬頭帶金 말 머리에 금띠를 두르고
錦衣還鄕 금의 환향하게 되리라、

身帶官印 몸에 관인을 띠었으니
佩印榮華 관인을 찬 영화로다、
大運何時 큰 운은 어느때 돌아올고
末年之數 말년이라 하겠도다、
身被錦衣 몸에 비단옷을 입고
童子侍立 동자가 시립하였다、
吉中有凶 길한 가운데 흉이 있으니
橫厄愼之 횡액을 조심하라、

(횡시) 橫施

橫柱
財帶
之施
數橫
　施
暗中
中貴
致祿
富之
之格
格　
　朱
晴欄
富画
之閣
數　
　夫
朱婦
欄百
画年
閣和
　樂
夫하
婦리
百라
年,

사주에 시횡을 띠었으니
횡재의 운이로다,
암중에도 귀록이 있으니
치부할 격이 되리라,
붉은 난간 그림같은 누각에
부부 백년해로 하도다,
말년의 운은
몸이 금곡에 들어가리라,

(고재) 庫財

身論富田前和論富身
入其名庄後樂其名帶
金夫可廣露百夫可財
谷婦期置積年婦期庫
　百　　　　　　　
末年　田　　　　　
年和庄　　　　　　
之樂廣露前　　　　
運　置積後　　　　

몸에 재고를 띠었으니
부명을 기약하도다,
부부궁을 논하면
부부 백년을 화락하리라,
전후 노적이요
전장도 넓게 장만하도다,
간혹 구설수가 있으며
중인의 원망도 있으리라,

(3) 신살론 (神殺論)

신살(神殺)이란 길신(吉神)과 흉살(凶殺)이다. 사주에 길신이 있으면 운명을 좋은 방면으로 이끌어 나가고 흉살이 있으면 질병, 손재, 장애, 실패 등으로 간난신고를 겪게 된다. 그러나 누구든지 한 두가지의 길신과 흉살이 있기 마련이데 길신은 많을 수록 좋고 흉살은 적을수록 좋은 것은 두말할 나위가 없겠다.

그런데 이상에서는 생년을 기준 생월과 생시로만 보도록 되어 있으므로 사주(四柱)의 간지(干支)를 정하지 않아도 참고해 볼 수 있었으나 이 신살론(神殺論)을 참고 하려면 반드시 주인공의 생년월일시에 해당하는 사주의 간지를 정하여 기록해 놓아야 한다.

이 사주 간지(四柱干支) 정하는 법은 「제2부 사주 정하는 법」을 참고 하면 될 것이다.

보 는 법 (1)

이 표는 생년지로 생월 생일생 시지(月日時의 支)를 대조한다.

예들들어 子年生이 月이 4日이나 時支가운데 卯가 있으면 紅鸞(홍란)이고 寅이 있으면 孤辰(고신)이고 戌이 있으면 寡宿(과수)를 찾는다.

구분\생년	紅鸞(홍란)	寡宿(과수)	五鬼(오귀)	喪弔(상조)	桃花(도화)	血刃(혈인)
子	卯	寅	辰	寅戌	酉	丑
丑	寅	寅	巳	卯亥	午	未
寅	丑	巳	午	辰子	卯	寅
卯	子	巳	未	巳丑	子	申
辰	亥	巳	申	午寅	酉	卯
巳	戌	申	酉	未卯	午	酉
午	酉	申	戌	申辰	卯	辰
未	申	亥	亥	酉巳	子	戌
申	未	亥	子	戌午	酉	巳
酉	午	寅	丑	亥未	午	亥
戌	巳	亥	寅	子申	卯	午
亥	辰	寅	卯	丑酉	子	子

보는 법 (2)

주인공의 출생한 날의 일간(日干)으로 출생(出生)한 時支를 찾아 해당되는 것이 있으면 이를 찾아 본다. 그러므로 이 항목을 참고하려면 반드시 생일의 日干을 알아야 한다.

예를 들어 甲日(甲子·甲戌·甲申·甲午·甲辰·甲寅日)과 己日(己巳·己卯·己丑·己亥·己酉·己未日)生이 年月日時支에 己酉丑이 모두 있을때 金神(금신)이니 아래에서 금신을 찾아 본다.

또한 예로 甲日生이 寅時면, 歸祿(귀록)이고 丑이나 未時면, 時馬(시마)오 巳時면 專財(전재), 午나 申時면 紅艶(홍염)이다. 또는 乙日生이 卯時면 歸祿(귀록), 辰이나 戌時면 時馬(시마) 寅時면 專財(전재)를 찾으면 된다. 기타 丙, 丁, 戊, 己 등의 日干도 이상과 같은 요령에 의하다.

金神(금신)									甲子·甲戌·甲申·甲午·甲辰·甲寅 己巳·己卯·己丑·己亥·己酉·己未 日生이 年月日時支에 己酉丑을 모두 만난것.
구분\生日干	甲	乙	丙	丁	戊	己	庚	辛	壬	癸
歸祿	寅	卯	巳	午	巳	午	申	酉	亥	子
時馬	丑未	戌辰	酉	申	亥	戌	申	亥	卯	午	巳
專財(전재)	巳	寅	申	亥	辰	申	酉	寅	午	巳
紅艶(홍염)	午	申	寅	未	辰	午	戌	酉	子	申
羊刃(양인)	卯	辰	午	巳	午	未	酉	戌	子	亥
七殺(칠살)	午	巳	辰	寅	戌	申	丑	戌	辰	寅
截路(절로)	申	未	巳	卯	亥	酉	未	巳	卯	亥
破祖(파조)	午	午	申	申	戌	戌	子	子	寅	寅

(신고) 辰 孤　　(수과) 宿 寡

男命逢此 남자가 이 운을 만나면
孤辰殺也 고신살이라 하여 고독하다
早婚不利 일찍 결혼하면 불리하지만
晚婚則吉 느즈막하게 혼인하면 길하다
雖有六親 비록부모 형제가 있을지라도
心何孤獨 마음은 어찌하여 고독한가

女命逢此 여자가 이 운을 만나면
名曰寡宿 이름을 과수살이라 한다
夫君何去 남편은 어디로 가고
獨守空房 홀로 빈방을 지키는가
初年不利 초년은 공방수라 고독하나
中後太平 중년이후부터는 태평하리라

（조상）弔喪　　（귀오）鬼五

命入五鬼 사주에 오귀살이 들었으니
家有怪事 집안에 괴이한 일이 생긴다
若不其然 그렇지 아니하면
疾病隨身 항시 질병이 따라 고생한다
好事多魔 좋은 일에 마가 많으니
運也奈何 운이라 어이 하리오

命入喪弔 사주에 상문·조객살이 드니
間間隨厄 간간이 액이 따른다.
若非疾病 만일 질병이 아니면
多見損財 손재수를 많이 보게 된다
善無功德 잘한 일에도 공이 없으니
禱厄則吉 액을 빌면 이러한 일이 없이 길하리라.

(화도) 花 桃

命入桃花
以色見敗
若不然也
陷入窮地
性好奢侈
用錢如水

사주에 도화살이 들었으니
색정을 탐하다가 실패를 보게
된다
그렇지 아니하면
궁지에 빠져 어려움을 겪는다
본래 사치를 좋아하므로
돈을 물쓰듯 헤프게 쓰리라

(인혈) 刃 血

命入血刃
傷身之厄
平生之事
車馬操心
身上有欠
可免此厄

사주에 혈인살이 들었으니
몸을 다칠 액이 있다
평생을 두고 고통사고 등을
당하지 않도록 주의하라
몸에 흉터가 있다면
이러한 액을 때웠다 하리라

破祖 (파조)

此人之命 이 사람의 운명은
初年不好 초년운이 좋지 못하도다
青氈遺業 조상으로부터 받은 유산은
飄落狂風 광풍에 흩어지는 나엽 같으리라
中年以後 그러나 중년 이후로는
自手成家 자수성가하여 잘 살게 되리라

紅鸞 (홍란)

男命君子 남자는 군자의 기질이오
女則淑女 여자는 요조숙녀라 하겠다
容貌秀麗 용모가 수려하고
心善有德 마음이 착하고 덕이 있도다
平生之間 평생을 통하여
厄禍不入 크게 나쁜일을 당하지 않으리라

(록귀) 祿歸

時逢日祿 시에 건록을 만난다면
名曰歸祿 이름을 귀록격이라 한다
平生論之 이에 해당하면 평생동안
人人成事 인덕을 입어 성공한다.
末年太平 말년에 더욱 태평할 것이오
子孫昌盛 자손도 창성하리라.

(신금) 金神

柱逢金神 사주에 금신을 만났으니
吉命可知 길한 운명임을 알겠도다
平生之間 평생동안에
險厄不入 험난한 액을 만나지 않는다
若非官祿 만일 벼슬을 못한다면
財富之命 재부를 누리며 살으리라.

(마시) 馬 時

命逢時馬 사주에 시마가 들었으니
多吉少凶 좋은 일은 많고 나쁜 일은 적다
東西出入 동서로 출입이 많은데
到處春風 가는 곳마다 즐거움이 있으리라
身安財足 몸이 편하고 재산이 넉넉하니
此外何望 이보다 더 무엇을 바라리오

(재전) 財 專

時逢財星 생시에 재성을 만났으니
名曰專財 이름을 전재라 한다
財星照命 재성이 사주에 있으니
日日發財 날마다 재물이 따른다
末年之運 말년의 운수는
子孫有榮 자손의 영화도 있으리라.

(염홍) 艷 紅

命入紅艷 사주에 홍염살이 있으니
性好奢侈 사치를 좋아하리라
男則好色 남자는 여색을 몹시 탐하겠고
女則妖艷 여자는 요염한 자태를 지녔다
謹愼修德 행실을 조심하고 덕을 닦으면
人受欽羨 남한테 부러움을 받는 처지가 되리라

(인양) 刃 羊

命入羊刃 사주에 양인살이 있으니
強猛之人 성질이 강하고 용맹하도다
金氣帶殺 쇠붙이가 살을 띠었으니
傷身可畏 몸을 다칠까 두렵다
大人逢此 큰 인물이 양인성을 띠면
軍警出世 군인이나 경찰로 출세하리라

七 殺 (칠살)

時逢七殺 생시에 칠살을 만났으니
橫厄可畏 횡액을 당할까 두렵다
若非官災 만일 관재수가 아니면
傷身之厄 몸을 다쳐보는 액이로다
大人逢此 큰인물이 이 칠살을 만나면
生殺之權 출세하여 생살권을 쥐게된다

截 路 (로절)

時逢此數 생시에 이 수를 만나면
截路空亡 절로공망이라 한다
進路有碍 나아가는 길에 장애가 있으므로
大成難望 큰 성공은 바라기 어렵다
莫貪分外 그러므로 지나친 것을 탐하지 마라
守分安康 분수를 지키면 생애가 편안하리라

9. 과갑(科甲)과 사환(仕宦)

과갑(科甲)이란 옛날 선비들이 벼슬을 하기 위해 재주를 겨루는 시험인데 문무양과(文武兩科)가 있었고 대과(大科)와 소과(小科)가 있다. 오늘날에 비유하면 대과는 행정(行政), 사법고시(司法考試)이고 소과는 구가공무원 및 지방공무원 시험과 같다.

물론 소과보다 대과급제는 몇 배 어려웠을 중한 재주가 없어면 엄두도 못낸다. 빽아니라 아무리 실력을 쌓았더라도 과거운이 없으면 낙방시세를 면치 못하는게 예나 지금이나 마찬가지다. 자 ─ 그러면, 귀하는 과연 과거에 오를 수가 있는가 알아보자. 또는 과거에는 오르지 못했어도 과직에 오르는 수도 있고, 과거에는 오를지 알 수 없으나 카하의 벼슬운이 어떠할지 알 아보자. 생년으로 출생한 실을 찾아 과거수 가 있는가를 보고, 생년으로 출생한달을 본다.

(표,二,三,四는 출생한 달임)

구분 \ 생년	年											
	子	丑	寅	卯	辰	巳	午	未	申	酉	戌	亥
虛宿(허수)	申	子	辰	寅	午	戌	寅	午	戌	寅	午	戌
心宿(심수)	寅	午	戌	卯	未	亥	卯	未	亥	卯	未	亥
昴宿(묘수)	巳	酉	丑	辰	申	子	辰	申	子	辰	申	子
星宿(성수)	亥	卯	未	巳	酉	丑	寅	午	戌	寅	午	戌
宮金(궁금)	八	正	四	二	三	九	十	五	十二	六	七	十
角水(각수)	七	十	八	正	四	二	九	三	十二	五	正	六
商木(상목)	四	十二	二	九	二	九	三	十二	六	五	八	十二
水角(수각)	三	九	二	四	八	十二	五	六	五	十二	七	十
徵火(미화)	二	四	正	八	三	十二	五	六	三	六	七	十
羽土(우토)	正	八	二	四	九	三	五	十二	六	十二	二十	七

(수허) 宿 虛

雪窓螢火 눈빛 창문빛 반딧불에 글을 읽었어
滿腹文章 도 문장은 가득하다
子年科試 사년에 치르는 과거시험에 합격
名標金榜 해서 이름이 걸렸다
神明助佑 천지신명의 도움이 있었으므로
乃有今日 오늘 같은 명예가 있게 된다
受官曰何 어떤 벼슬을 받을 것인가
翰林之職 한림학사에 제수 되리라

(수심) 宿 心

聰俊之士 총명하고 인물이 잘생긴 선비로
文章出衆 문장도 출중 하도다
午年進士 오년에 진사시험에 합격하더니
卯年青雲 묘년에 대과 급제 하였다
得意春風 봄바람에 뜻을 얻었으니
馳馬長安 장안 대로에 말을 달린다
名曰司馬 임금에게 받은 벼슬은 사마오
福祿無虧 복록 가운데 빠진 것이 없으리라

(수묘) 宿 昴

春試武科 봄에 치르는 무과에
虎榜掛名 급제하여 이름이 나 불는다
立身揚名 입신양명 하여
以顯父母 그 부모까지 이름을 드날리라
一呼百諾 한번 불르면 백사람이 대답하니
萬人仰視 만인이 우러러 보리라
家給人足 집안이 풍족하고 인구가 왕하니
安過平生 편안히 평생을 지내리라

(수성) 宿 星

十年讀書 십년간을 글을 읽었으니
方成大器 바야흐로 큰 그릇이 되었도다
頭揷桂花 머리에 어사화(御史花)를 꽂고
錦衣還鄕 금의환향 하리라
受官曰何 벼슬은 무엇을 받았는가
縣令必職 현령(지금의 군수)의 직책이로다
莫嘆初困 초년 고생이 있더라도 탄식 마라
以貴發財 귀하게되면 재물도 자연 일느니라

(화미) 火徵

身臨天乙 몸에 천을이 임하였으니
貴人可知 존귀한 신분임을 알겠더라
紫衣金帶 비단옷에 금띠를 떠었으니
必是官祿 필시 높은 벼슬하는 인물이다
一朝顯貴 하루아침에 귀히 되어
榮華無窮 무궁한 영화를 누리리라
受禀曰何 받은 품직은 어떠한가
四品之職 사품관직(사무관금)이로다

(토우) 土羽

身在官衙 몸이 관아(관청)에 있으니
富貴榮華 부귀 영화를 누리다
五品之官 오품(현재3급)의 관직이니
一邑之長 한 고을의 우두머리라 하겠다
布德施恩 덕을펴고 은혜를 베풀으라
名播四方 이름이 사방에 퍼지리라
身入金谷 몸이 금곡에 들어 부자요
子孫昌盛 자손도 창성 하리라

(목상) 木商

君之八字 그대의 팔자는
行政官職 행정관이 적합하다
官品論之 품직을 논한다면
二品無疑 이품관(차관급)이 의심없다
大人如此 큰인물이라야 이와 같을 것이오
小人不然 보통사람은 사무관 정도다
功成名就 공을 이루고 이름을 빛내니
錦衣還鄕 금의환향 하리라.

(각수) 角水

雖無登科 비록 과거에는 올라지 못했어도
居官之命 벼슬살이는 하게 될 것이다
莫嘆初困 초년의 고생을 탄식치 마라
中末發福 중년말부터 발복하다
春蘭秋菊 봄에는 난초오 상을은 국화라
名有其時 성공하는 것도 때가 있다
八品之官 팔품(현재 7급)의 말직이지만
衣食無憂 의식걱정은 없이 살으리라

196

(금궁) 金宮

龍虎兩榜 무무양과 (행정·사법)에
掛名榮華 모두 합격하는 영예가 있다
金帶紫衣 금빛나는 띠와 비단옷 입고
君前受命 임금 앞에서 명령을 받으리라
位居一品 지위가 일품이라 그야말로
高官大爵 고관대작이 아니겠는가
若不登官 만일 이런 일이 없으면
反而受用 도리어 고생하며 살아가리라

(수각) 水角

巳午之年 巳년이나 午년에 시험치른다면
榮華當頭 합격하는 영화가 있으리라
食祿千鍾 받는 녹봉이 천 종이라 일로써
何必論官 벼슬 지위가 어떠함을 할리라
綺羅盛服 비단옷을 잘 차려 입었으니
執權之人 권세를 쥐고 흐르는 사람이로다
以貴發財 귀히 되면 재물도 풍족한 지라
金玉滿堂 금은 보화가 집안에 가득 하리라

10. 가택론 (家宅論)

家宅宮(가택궁)이라 함은 인간이 一生(일생)동안 居住(거주)하는 가택을 정함에 四柱(사주)에 맞는 家宅坐向(가택좌향)으로 가택을 지으면 凶厄(흉액)을 면하고 吉運(길운)이 돌아오는 것이니 참고하여 보라.

◎ 보는법

단순히 自己(자기)의 生時(생시)로 보나니, 가령 子時生(자시생)이면 子貴(자귀)요 丑時生(축시생)이면 丑厄(축액)이오, 寅時生(인시생)이면 寅權(인권)이 되나니라.

子時	丑時	寅時	卯時	辰時	巳時	午時	未時	申時	酉時	戌時	亥時
子貴(자귀)	丑厄(축액)	寅權(인권)	卯破(묘파)	辰奸(진간)	巳文(사문)	午福(오복)	未驛(미역)	申孤(신고)	酉刃(유인)	戌藝(술예)	亥壽(해수)

| (액추) 厄丑 | (귀자) 貴子 |

貴子

一苦他鄉次
成敗累次
　성패수가 여러번 있으매
　한때 타향에서 고생하리라、

丙坐壬向
衣食自足
　병좌 임향(북향부근)은
　의식이 스스로 족하도다、

爲人早達
百福兼全
　위인이 조달할 것이요
　백가지 복이 겸선하리라、

厄丑

身厄配厄
初年不好
　신액과 배궁에 액이 있으니
　초년은 좋지 못하리라、

一生吉基
丑坐未向
　일생의 길한 터는
　축좌 미향(서보)이로다、

身安心樂
太平百年
　몸이 편하고 마음이 즐거우니
　백년을 태평하게 지내리라、

(파묘) 破卯　　　　　(천인) 權寅

破卯

若非火災　화재수가 아니면
一驚河伯　한번 물에 놀라리라、
巳亥家坐　사좌 해향(북향쪽)의 집은
身勢好安　신세가 편안하도다、
晝思夜算　주야로 계산하니
心因富豪　마침내 부호가 되리라、

權寅

吉基何處　좋은 터가 어느 곳인고
丑坐未向　축좌 미향(서남향)이로다、
早子難養　이른 아들은 기르기 어려우나
積善則吉　적선하면 길하리라、
可擇此地　가히 이 터를 가리어 살면
家給人足　집안과 식구가 번족하리라、

奸辰 (간진)

子午家坐 자좌 오향(남향)의 자리는
凶反爲福 흉함이 도리어 복이 되도다、
卜居吉基 좋은 터를 가리어 살라
事々如意 일마다 뜻과 같으리라、

莫入是非 시비에 들지 말라
一聞口舌 한번 구설을 듣게 되리라、

文巳 (문사)

卯坐家基 묘좌(서향)의 집터는
自然發福 자연히 발복하리라
星照吉基 길성이 길한 터에 뻗치니
百殺自消 백가지 살이 자연 사라지리라、

性急易解 성품이 급하나 쉽게 풀리며
內多人情 안으로 인정이 많으리라、

| (역미) 驛未 | (복오) 福午 |

驛未

執權用錢
亦是風霜
辰戌之坐
大吉又旺
福地生吉
五福日至

천설을 잡고 돈을 잘 쓰나
역시 풍상을 면치 못하리라,
진좌 술향(선북)은
대길하여 우이 왕성하리라,
복된 땅에 길우이 일어나
오복이 날로 이르도다.

福午

偶然是非
一苦他鄕
壬丙家坐
財數大吉
出將入相
富貴兼全

우연한 시비수가 옹으며
한때 타향에서 고생하리라,
임좌 병향(남향부)의 집은
재수가 대길하도다,
나가면 장수요 들면 정승이니
부귀 겸전하게 되리라,

酉刃 (유인)

由人害多
慎之巳戌
欲圖吉基
乾坐巽向
轉禍爲福
凶反變吉

남으로 인하여 소해가 많으니
사술년을 삼가하라,
좋은 터를 도모하려면
건좌 손향(동남)으로 정하라,
화가 굴러 복이 될 것이요
흉함이 길함으로 변하리라,

申孤 (고신)

莫入是非
橫厄口舌
辰戌家坐
可免此厄
火來生土
喜添田土

시비 가운데 들지 말라
횡액과 구설이 있도다,
진좌 술향(서북)은
가히 이 액을 면하리라,
불에서 흙이 생한즉 밭
전토가 불어나도다,

(예술) 藝成	(수해) 壽亥
智慧有足 能免死境 子午之坐 百事自成 早定吉基 以受亨福 지혜가 족함이 있으니 능히 사경을 면하리라、 자오(남북향)의 좌향은 백사가 스스로 이루어지도다、 일찍 좋은 터를 정하라 복록을 누리게 되리라、	壽福在天 用之不渴 卯酉家坐 家道自盛 欲亨壽福 先看坐向 수복이 하늘에 매였으니 돈을 써도 말지 아니하도다 동과 서의 좌향은 가도가 스스로 번성하리라、 수복을 누리고자 하면 먼저 좌향을 정해 살라、

11. 신상팔궁 (身上八宮)

八宮(팔궁)은 頭手肩腹胸陰耳足(두,수,견,복,흉,음,이,족)의 여덟가질로 어느궁이 吉(길)하며 어느궁이 凶(흉)한 가를 알고자 함이니라、

◎ 보는법

자기의 生月(생월)과 生時(생시)로 찾아 보나니 가령 正二三月(정이삼월)생이 亥時(해시)나 巳時(사시)에 낳았으면 手(수)를 찾고、戌時(술시)면 腹(복)을 찾는다. 또 申時(신시)면 頭(두)요、酉時(유시)가 는 四五六月(사오유월)생시가 未時(미시)면 耳(이)가 된다.

生月 生時	正月	二月	三月	四月	五月	六月	七月	八月	九月	十月	十一月	十二月
頭(두)	寅	〃	〃	申	〃	〃	巳	〃	〃	亥	〃	〃
手(수)	亥巳	〃	〃	巳亥	〃	〃	寅申	〃	〃	申寅	〃	〃
肩(견)	辰子	〃	〃	戌午	〃	〃	未卯	〃	〃	丑酉	〃	〃
腹(복)	戌	〃	〃	辰	〃	〃	丑	〃	〃	未	〃	〃
胸(흉)	午	〃	〃	子	〃	〃	酉	〃	〃	卯	〃	〃
陰(음)	申	〃	〃	寅	〃	〃	亥	〃	〃	巳	〃	〃
耳(이)	卯丑	〃	〃	酉未	〃	〃	午辰	〃	〃	子戌	〃	〃
足(족)	未酉	〃	〃	丑卯	〃	〃	戌子	〃	〃	辰午	〃	〃

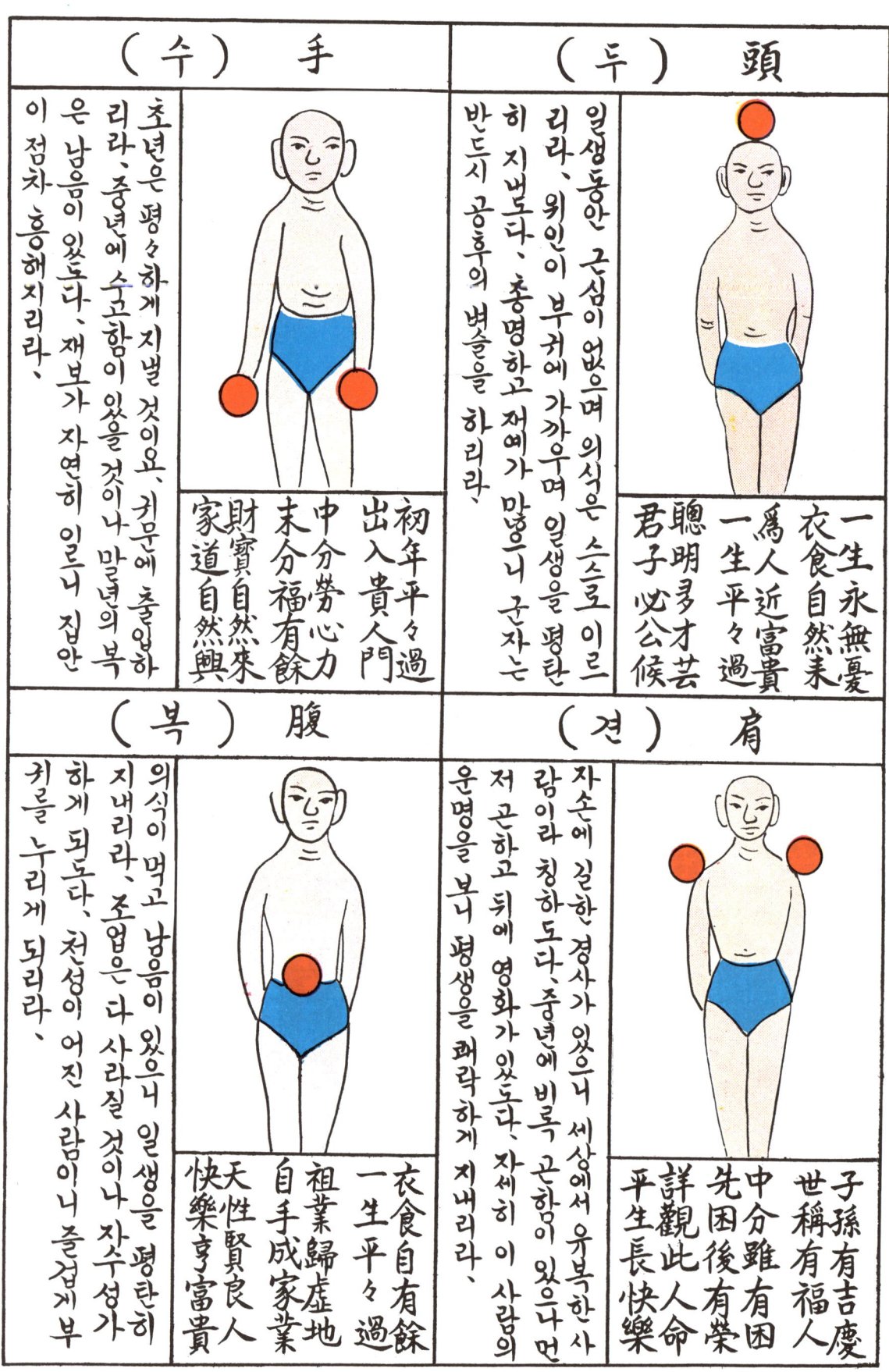

(수) 手	(두) 頭
초년은 평々하게 지낼 것이오 리라, 중년에 수고함이 있을 것이나 말년의 복운 남음이 있도다, 재보가 자연히 일러니 집안이 점차 흥해지리라,	일생동안 근심이 없으며 의식은 스스로 이르리라, 위인이 부귀에 가까우며 일생을 평탄히 지내도다, 총명하고 재예가 많으니 반드시 공후의 벼슬을 하리라,
初年平々過 出入貴人門 中分勞心力 末分福有餘 財寶自然來 家道自然興	一生永無憂 衣食自然來 爲人近富貴 一生平々過 聰明多才芸 君子必公候

(복) 腹	(견) 肩
의식이 먹고 남음이 있으니 일생을 평탄히 지내리라, 조업은 다 사라질 것이나 자수성가 하게 되도다, 천성이 어진 사람이니 즐겁게 부귀를 누리게 되리라,	자손에 길한 경사가 있으니 세상에서 유복한 사람이라 칭하도다, 중년에 비록 곤함이 있으나 먼저 곤하고 뒤에 영화가 있도다, 자세히 이 사람의 운명을 보니 평생을 쾌락하게 지내리라,
衣食自有餘 一生平々過 祖業歸虛地 自手成家業 天性賢良人 快樂享富貴	子孫有吉慶 世稱有福人 中分雖有困 先困後有榮 詳觀此人命 平生長快樂

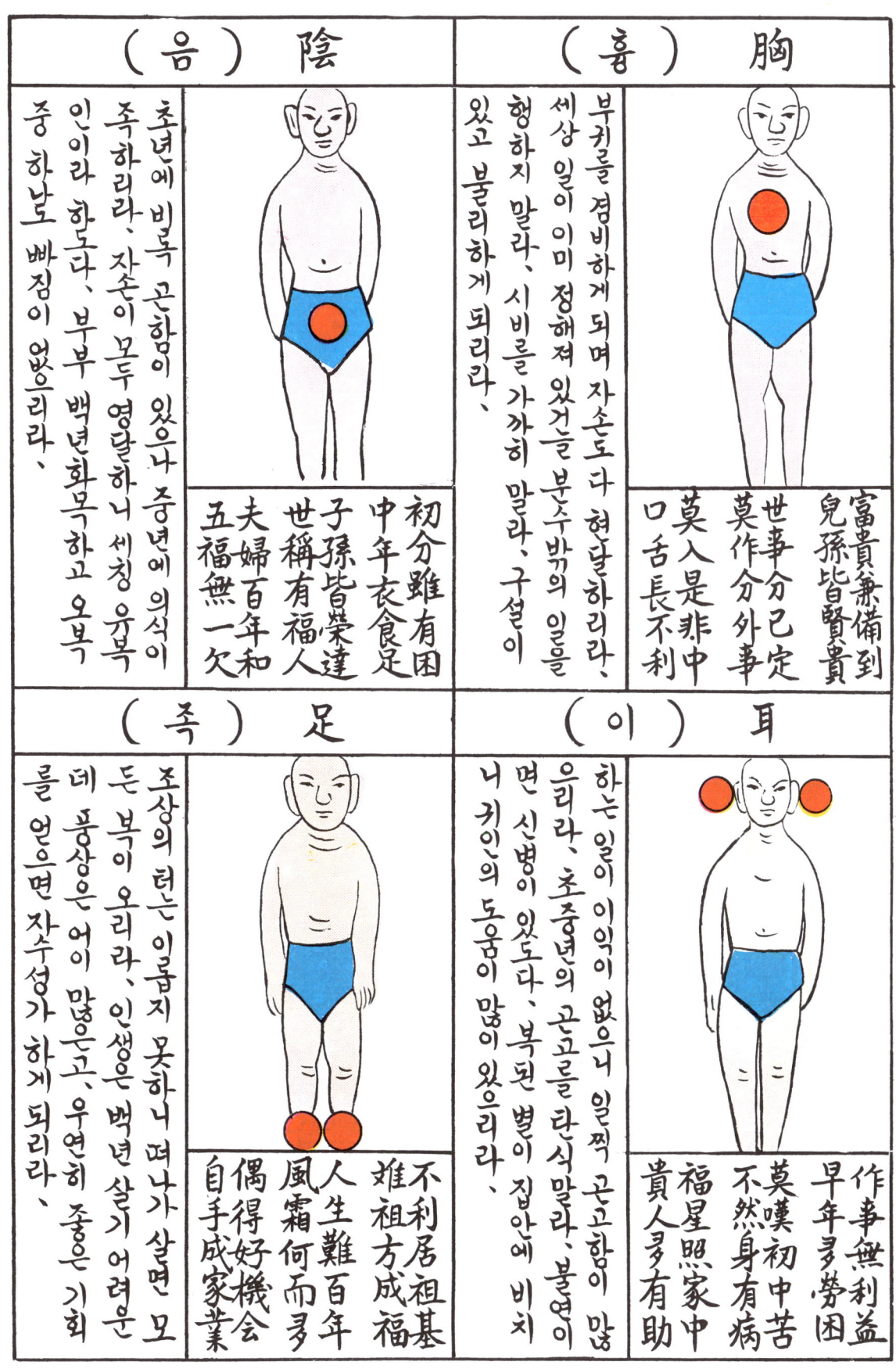

12. 소아관살론 (小兒關殺論)

이 小兒關殺(소아관살)은 人間(인간)이 이 世上(세상)에 誕生(탄생)하여 十세 이전에 액이 장 많은 것이니 각기 関殺(관살)에 해당되는 四柱(사주)를 記入(기입)하였다. 각자가 사주에 관살이 있으면 혹 액을 면하리니 예방하면 넘기지 말고 注視(주시)할지어다.

(一) (関殺관살)				(二) (関殺관살)			(三) (関殺관살)		
生年	天吊関(천조관)	湯火関(탕화관)	五鬼関(오귀관)	生月	断橋関(단교관)	撞命関(당명관)	生年	落井関(낙정관)	白虎関(백호관)
子年	巳午	午	辰	正月	寅	巳	甲年	巳	金卯
丑年	卯子	未	卯	二月	卯	未	乙年	子	木卯
寅年	辰午	寅	寅	三月	申	巳	丙年	申	木
卯年	午申	午	丑	四月	丑	子	丁年	戌	酉
辰年	巳午	未	子	五月	戌	午	戊年	卯	水午
巳年	卯子	寅	亥	六月	酉	午	己年	巳	
午年	辰午	午	戌	七月	辰	丑	庚年	子	火子
未年	午申	未	酉	八月	巳	丑	辛年	申	
申年	巳午	寅	申	九月	午	午	壬年	戌	土午
酉年	卯子	午	未	十月	未	亥	癸年	卯	
戌年	辰午	未	午	十一月	亥	未			
亥年	午申	寅	巳	十二月	子	亥			

小兒関煞(소아관살) ④　日時 같이해당

水火厄　正二三月生-戌未日時　四五六月生-丑辰日時
(수화액)　七八九月生-丑戌日時　十十一十二月-辰未日時

十精関　正二三月生-子酉寅日時　四五六月生-巳亥戌日時
(변정관)　七八九月生-丑申日時　十十一十二月-午酉日時

鉄蛇関　金-戌日時　木-辰日時　水-丑寅日時
(철사관)　火-未申日時　土-丑寅日時 (並納音五行)

四季関　正二三月生-巳丑日時　四五六月生-辰申日時
(사계관)　七八九月生-亥未日時　十十一十二月生-寅戌日時

五鬼関　亥卯未生-丑子日時　巳酉丑生-午丑日時
(오귀관)　寅午戌生-卯辰日時　申子辰生-戌酉日時

関煞(관살) ⑤

이 小兒関煞(소아관살)은 찾는 법을 各項(각항) 밑에 직접 記入(기입)하였으니 각 항을 살필지니라.

(재관) 災官

이 사주는 官厄(관액)이많은 사주이다.

子生-卯辰日時
丑生-辰巳日時
寅生-巳午日時
卯生-午未日時
辰生-未申日時
巳生-申酉日時
午生-酉戌日時
未生-戌亥日時
申生-亥子日時
酉生-子丑日時
戌生-丑寅日時
亥生-寅卯日時

(교구) 蛟狗

개에게 물릴액이 있으니 주의하라.

寅午戌生=正七四十月生
巳酉丑生=二八五十一月生
申子辰生=正四五九十二月生
亥卯未生=正二三四五六十一月生七月生

(병다) 病多

病(병)이 많은 사주, 納音五行(납음오행)

金生―亥日
木生―寅日
水生―巳日
火生―巳日
土生―申日

(맹안) 盲眼

눈이 멀기 쉬운 사주

正二三月生―丑日時
四五六月生―申日時
七八九月生―未日時
十十二月生―寅日時

(교사) 蛟巳

뱀에게 물릴액이 있으니 주의하라、

子生―丑時　午生―未時
丑生―寅時　未生―申時
寅生―卯時　申生―酉時
卯生―辰時　酉生―戌時
辰生―巳時　戌生―亥時
巳生―午時　亥生―子時

(각급) 脚急

다리를 상하기 쉬우니 주의하라

甲生―申時　己生―卯時
乙生―酉時　庚生―巳時
丙生―子時　辛生―午時
丁生―亥時　壬生―丑時
戊生―寅時　癸生―未時

(명단) 命短

어려서 수명의 액이 있으니 주의하라

寅午戌生―巳時
申子辰生―辰時
巳酉丑生―寅時
亥卯未生―未時

(공뇌) 公雷	(곡배) 曲背	(화탕) 火湯
雷公(뇌공)은 벼락이니 주의예방하라(生年生月) 子生(正月) 午生(七月) 丑生(十月) 未生(四月) 寅生(七月) 申生(正月) 卯生(四月) 酉生(十月) 辰生(正月) 戌生(七月) 巳生(十月) 亥生(四月)	혹 곰추될까 두려운 사주(六十甲子五行) 金生 申酉午亥時 木生 寅卯申時 水生 酉戌未申時 火生 寅申巳未時 土生 丑寅巳午時	(火厄)이 있으니 주의하라、 子午卯酉生―午時 寅申巳亥生―寅時 辰戌丑未生―未時 巳酉丑生―丙寅日 庚寅日―丁亥時 亥日―戌時

(수침) 水沈	(항결) 項結	(목낙) 木落
이 사주를 당한자는 물가를 조심하라、(月,日,時) 春―寅申 夏―未 秋―酉 冬―丑	寅午戌生―庚午時 巳酉丑生―辛酉時 申子辰生―壬子時 亥卯未生―乙卯時	나무위나 어덕에서떨어질 수이니 주의하라 正二三月―丑日時 四五六月―辰戌日時 七八九月―寅申日時 十十一十二月―巳亥日時

211

13. 수명론 (壽命論)

이 수궁(壽宮)에서는 인간(人間) 개개인(個個人)의 타고난 운명(運命)에 의하여 수요장단(壽夭長短) 및 임종시(臨終時)에 슬하(膝下) 자손궁(子孫宮)의 다소(多少)를 설명하였다.

◎ 보는 법

생년(生年)과 생시(生時)로 보나니 자년 사시생(子年巳時生)이면 포겁(胞怯)이요, 오시생(午時生)이면 재앙(災殃)이요, 묘년 진시생(卯年辰時生)이면 쇠안(衰鞍)이요, 신년 사시생(申年巳時生)이면 포겁(胞怯)이 되나니 다른 사주(四柱)도 이같이 보느니라.

生年\生時	胞怯(포겁)	胎災(태재)	養天(양천)	生地(생지)	浴年(욕연)	帶月(대월)	冠亡(관망)	旺將(왕장)	衰鞍(쇠안)	病驛(병역)	死六(사육)	葬華(장화)
子年	巳	午	未	申	酉	戌	亥	子	丑	寅	卯	辰
丑年	寅	卯	辰	巳	午	未	申	酉	戌	亥	子	丑
寅年	亥	子	丑	寅	卯	辰	巳	午	未	申	酉	戌
卯年	申	酉	戌	亥	子	丑	寅	卯	辰	巳	午	未
辰年	巳	午	未	申	酉	戌	亥	子	丑	寅	卯	辰
巳年	寅	卯	辰	巳	午	未	申	酉	戌	亥	子	丑
午年	亥	子	丑	寅	卯	辰	巳	午	未	申	酉	戌
未年	申	酉	戌	亥	子	丑	寅	卯	辰	巳	午	未
申年	巳	午	未	申	酉	戌	亥	子	丑	寅	卯	辰
酉年	寅	卯	辰	巳	午	未	申	酉	戌	亥	子	丑
戌年	亥	子	丑	寅	卯	辰	巳	午	未	申	酉	戌
亥年	申	酉	戌	亥	子	丑	寅	卯	辰	巳	午	未

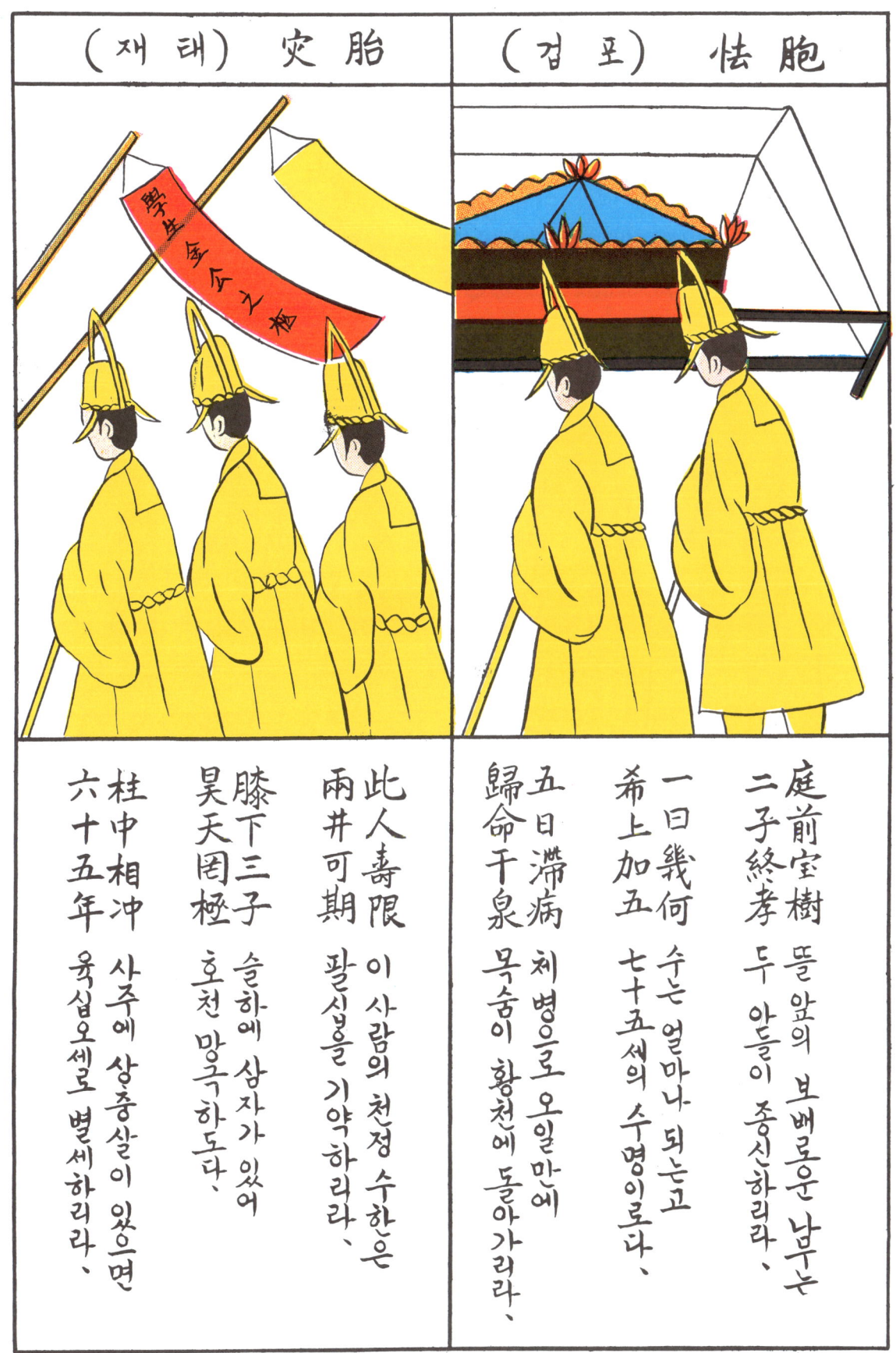

（겁포）怯胞　　　　　（재태）灾胎

庭前宝樹 뜰 앞의 보배로운 나무는
二子終孝 두 아들이 종신하리라,
一日幾何 수는 얼마나 되는고
希上加五 七十五세의 수명이로다,
五日滯病 체병으로 오일만에
歸命干泉 목숨이 황천에 돌아가리라,

此人壽限 이 사람의 천정 수한은
兩井可期 팔십을 기약하리라,
膝下三子 슬하에 삼자가 있어
昊天罔極 호천 망극하도다,
柱中相冲 사주에 상충살이 있으면
六十五年 육십오세로 별세하리라,

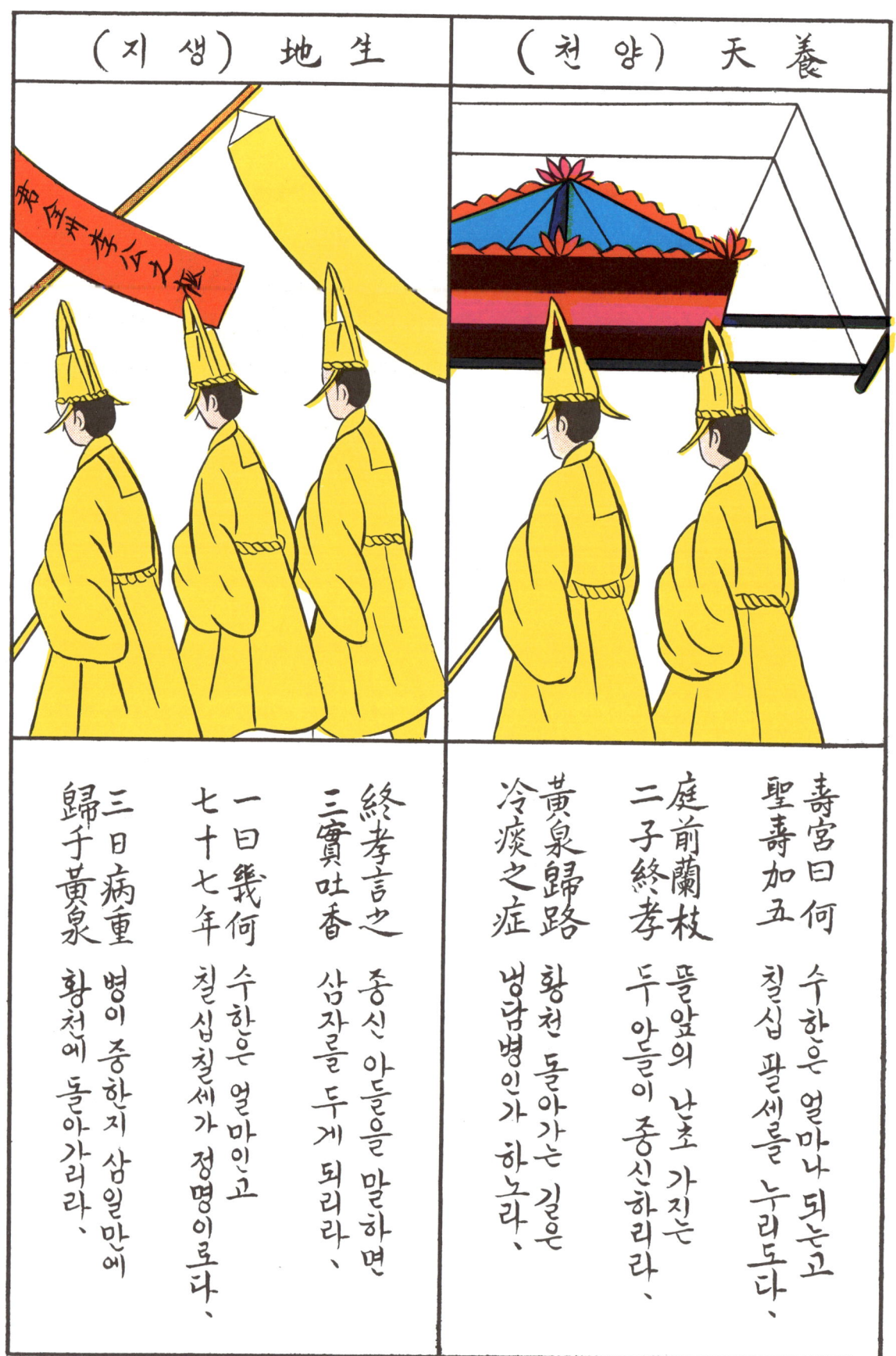

(지생) 地生　　　(천양) 天養

壽宮曰何　수한은 얼마나 되는고
聖壽加五　칠십 팔세를 누리로다、
庭前蘭枝　뜰앞의 난초 가지는
二子終孝　두 아들이 종신하리라、
黃泉歸路　황천 돌아가는 길은
冷痰之症　냉담병인가 하노라、

終孝言之　종신 아들을 말하면
三實吐香　삼자를 두게 되리라、
一日幾何　수한은 얼마인고
七十七年　칠십칠세가 정명이로다、
三日病重　병이 중한지 삼일만에
歸于黃泉　황천에 돌아가리라、

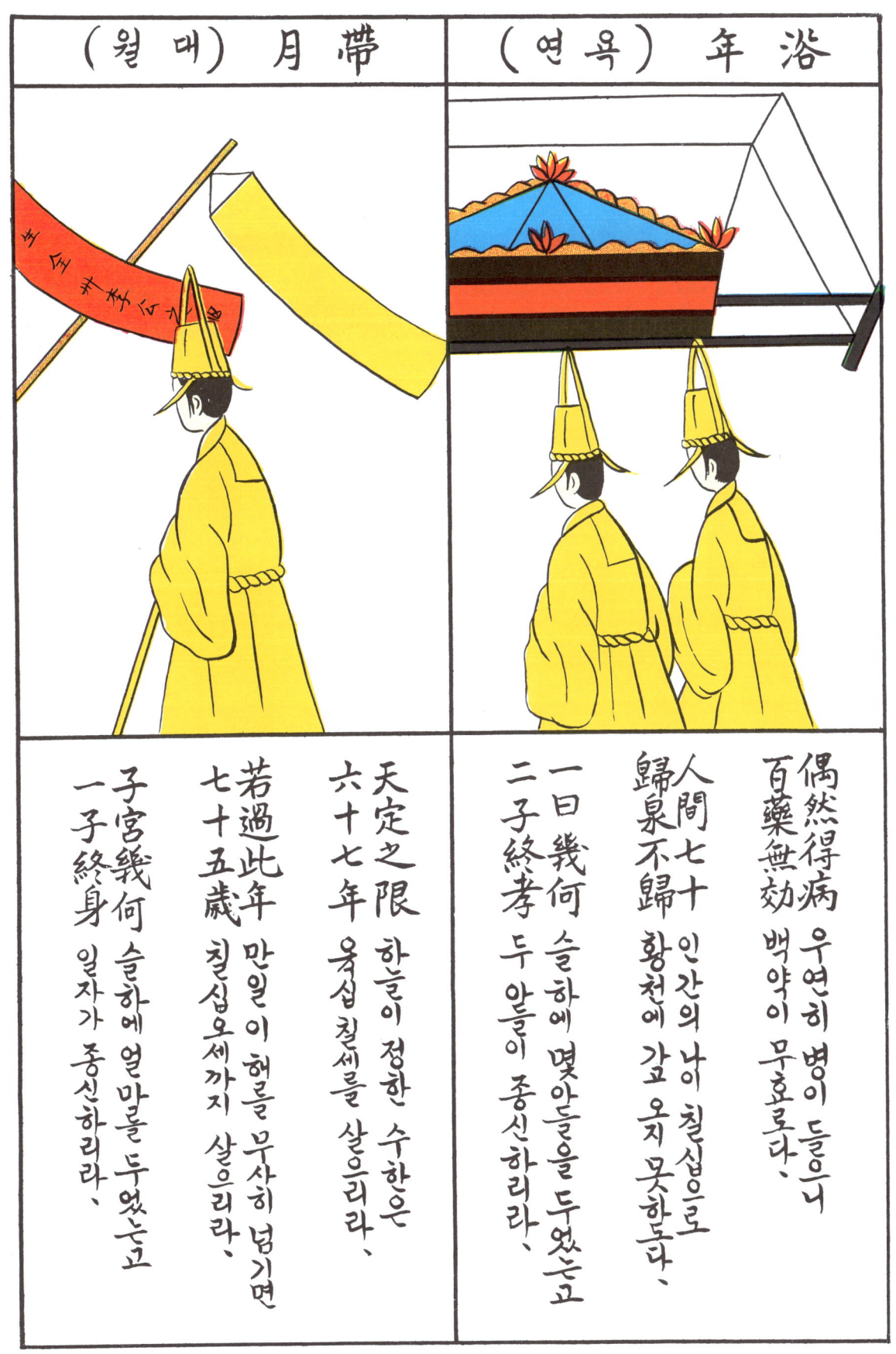

| (월대) 月帶 | (연욕) 年浴 |

月帶 (월대)

天定之限 하늘이 정한 수한은
六十七年 육십칠세를 살으리라,
若過此年 만일 이 해를 무사히 넘기면
七十五歲 칠십오세까지 살으리라,
子宮幾何 슬하에 얼마를 두었는고
一子終身 일자가 종신하리라,

年浴 (연욕)

偶然得病 우연히 병이 들으니
百藥無効 백약이 무효로다,
人間七十 인간의 나이 칠십으로
歸泉不歸 황천에 가고 오지 못한다
一日幾何 슬하에 몇아들을 두었는고
二子終孝 두 아들이 종신하리라,

(역병) 驛病	(안쇠) 鞍衰
出行歸家 臥席不起 享年七五 歸于黃泉 子宮之数 一子終孝 출행 귀가후로 자리에 누워 일어나지 못하다. 향년 칠십 오세로 황천에 돌아가리라、 자식궁의 수를 말하면 일자 종신하게 되리라、	七星有功 二子終孝 一日幾何 聖壽加三 冷滯之病 三日別世 칠성에 공을 들인 바 있으면 두 아들이 종신하게 되리라、 수한은 얼마나 살고 칠십육세가 정명이로다、 냉담의 병으로 삼일 만에 별세하리라、

217

14. 명부전 (冥府殿)

인간은 누구나 한번 낳고 한번 죽는다, 그러나 생시에 얼마나 많은 善(선)을 베풀었으며 모든 일 나마 많은 惡(악)을 행하였는고, 각자가 反省(반성)해 볼 필요가 있는 것이다,

이 溟府殿(명부전)은 인간이 죽으면 각각 十大王(십대왕) 앞에 나아가 善惡(선악)의 審判(심판)을 받는다 한다, 그러서 生時(생시)에 積善(적선)한 자는 償(상)을 주고 積惡(적악)한 자는 罰(벌)로 다스린다 하니 어찌 우리 인간 각자가 깨닫지 아니 하리오,

所屬十大王	生年干支
第一殿泰廣大王 (제일전진광대왕)	庚午 辛未 壬申 癸酉 甲戌 乙亥
第二殿初江大王 (제이전초강대왕)	戊子 己丑 庚寅 辛卯 壬辰 癸巳
第三殿宋帝大王 (제삼전송제대왕)	壬午 癸未 甲申 乙酉 丙戌 丁亥
第四殿五官大王 (제사전오관대왕)	丙子 丁丑 戊寅 己卯 庚辰 辛巳
第五殿閻羅大王 (제오전염라대왕)	甲子 乙丑 丙寅 丁卯 戊辰 己巳
第六殿變成大王 (제육전변성대왕)	庚子 辛丑 壬寅 癸卯 甲辰 乙巳
第七殿泰山大王 (제칠전태산대왕)	甲午 乙未 丙申 丁酉 戊戌 己亥
第八殿平等大王 (제팔전평등대왕)	丙午 丁未 戊申 己酉 庚戌 辛亥
第九殿都市大王 (제구전도시대왕)	壬子 癸丑 甲寅 乙卯 丙辰 丁巳
第十殿轉輪大王 (제십전전륜대왕)	戊午 己未 庚申 辛酉 壬戌 癸亥

第一殿 秦廣大王 (제일전 진광대왕)

이 大王殿(대왕전)에 가는 자는 生時(생시)에 착한 일에 종사하고 義(의)로운 일을 많이 行(행)하였으면 極樂世界(그락세게)로 보내어 榮華(영화)를 누리게 하여 주리라. 不然(불면)하고 酒色放蕩(주색방탕)하여 不孝父母(불효부모)하고 積惡(적악)하였으면 刀山地獄(도산지옥)에 가두리라.

第二殿 初江大王 (제이전 초강대왕)

이 대왕앞에 가는 자는 生時(생시)에 夫和婦順(부화부순)하고 朋友有信(붕우유신)하며 不義行事(불의행사)아니 하였으면 死後(사후)에 極樂(그락)으로 보내리라. 그렇지 아니하고 惡行從事(악행종사)하였으면, 鑊湯地獄(호탕지옥)에 가두어 고생을 당하게 되리라.

(第三 三殿 宋帝大王)　　　　　　　　(第四 五殿 官大王)

이 대왕전에 가는 자는 生時(생시)에 貧民救濟(빈민구제)를 많이 하고 大王殿(대왕전)에 誠心(성심)으로 祈禱(기도)하였으면 極樂(극락)으로 보내거나 人間更生(인간갱생)시켜 富貴(부귀)를 누리게 하여 주리라, 하며은 惡德行事(악덕행사)를 즐겨 하였으면 寒氷地獄(한빙지옥)에 가두 리라

이 대왕전에 가는 자는 생시에 義(의)로운 일을 즐겨하여 善行從事(선행종사)하였으면 極樂(극락)으로 보내어 所願成就(소원성취)시켜 주리라, 그렇지 아니하고 凶惡(흉악)한 마음으로 이간에 陰害(음해)를 많이 하였으면 劍樹地獄(검수지옥)에 가두 어 罰(벌)을 주리라,

第五殿 閻羅大王 (제오전 염라대왕)

이 대왕전에 가는 자는 남의 재물을 掠奪(약탈)하고 有夫女(유부녀)를 姦淫(간음)하고, 人間 積惡(인간적악)하였으면 拔舌地獄(발설지옥)에 넣어 그 四罰(벌)을 중히 스리리라, 불연하고 正直(정직)한 마음으로 참된 생애를 마쳤으면 그 償(상)으로 所願成就케 하여 주리라,

第六殿 變成大王 (제육전 변성대왕)

이 대왕전에 가는 자는 生時(생시)에 他人(타인)을 陰害(음해)하고 酒色(주색)과 賭博(도박)으로 종사하며 積德(적덕)한 일이 없었으면 毒蛇地獄(독사지옥)에 넣어 벌을 주리라, 그렇지 아니하고 善行從事(선행종사)하고 人間救濟(인간구제)하였으면 人道還生(인도환생)시켜 복을 누리게 하리라,

제칠(第七) 태산(泰山) 전(殿) 대대왕(大大王)

이 대왕전에 가는 자는 생시(生時)에 불효부모(不孝父母)하고 시비송사(是非訟事)로 일삼아 남에게 억울한 일을 많이 하였으면 좌마지옥(挫磨地獄)에 가두어 고초(고초)를 받게 하리라, 그렇지 아니하고 부모에 효도하고 선심공덕(善心功德)을 하였으면 사후(死後)에 그 상(償)을 후하게 받으리라,

제팔(第八) 평등(平等) 전(殿) 대대왕(大大王)

이 대왕전에 가는 자는 인간구제(人間救濟)를 많이 하고 대왕전(大王殿)에 명복(冥福)을 빌라, 영화(榮華)를 누리게 되리라, 불연(不然)하고 불의행사(不義行事)를 즐겨하여 적악(積惡)을 하였으면 수해지옥(錐解地獄)에 넣어 무수한 고초를 받게 하리라,

第九 殿도市대大王
第십 殿전轉전輪륜大대王왕

이 대왕전에 가는자는 生時(생시)에 不義行動(불의행동)을 삼가하고 貧民救濟(빈민구제)한 思德(은덕)이 있으면 극락으로 들어가 榮華(영화)를 누리게 되리라, 불여하고 惡毒한 마음으로 人間(인간)일을 많이 하였으면 鐵床地獄(철상지옥)의 고초를 받으리라.

이 대왕앞에 가는자는 생시에 人間(인간)에게 思惠(은혜)를 널리 베풀고 대왕전에 祈禱(기도)하라, 인간으로 更生(갱생)시켜 五福(오복)을 누리게 하리라. 그렇지 아니하고 惡行從事(악행종사)하였으면 黑岩地獄(흑암지옥)에 넣어 영원히 헤어나지 못하게 하리라.

附錄

- 제4부 사주 단식판단
- 제5부 남녀궁합
- 제6부 택일문(擇日門)
- 제7부 음양택
- 제8부 취길피흉(就吉避凶)하는 부적

제 4 부 사주 단식판단

1. 합충 및 신살정국과 작용

(1) 합충(合沖)의 작용

본 책자 맨 앞(제1부 육갑법)에서 간지(干支)의 합과 충·형·파·해 등의 정국(定局)을 논하였는데 본 부록에서는 사주에 이러한 것(합·충 등)이 있으면 어떻게 작용하는가를 간단히 설명하겠다. 뿐 아니라 위(제2부 사주 정하는 법)에서 사주 네 기둥 세우는 법과 요령에 대해 논하였으므로 사주(四柱)를 정할 수 있으리라 믿는다. 먼저 사주를 기록해 놓으면 그 가운데 합과 형·충·파·해 등이 있고 천을귀인, 건록, 고신, 과수, 도화 등의 신살(神殺)을 알아낼 수 있다. 이 합이며 형충파해와 신살론 그리고 4부 2항의 육친론(六親論)에서 단식적인 사주판단을 할 수 있게 된다.

① 간합(干合)의 작용

甲己合 乙庚合 丙辛合 丁壬合 戊癸合

이상이 간합(천간합)이다. 아래 표를 참고하라.

干合	五行	合의 명칭	비 고
甲己合	土	中正之合	甲日生이 己의 合을 만나면 信義는 있으나 혹 지능이 부족하다 己日生이 甲의 合을 만나면 신의가 없고 간계에 능하며 박정하다
乙庚合	金	仁義之合	乙日生이 庚의 合을 만나면 결단성이 부족하다 庚日生이 乙의 合을 만나면 의리가 있는 것처럼 위장하여 처세하는 경향이 있다
丙辛合	水	威嚴之合	丙日生이 辛의 合을 만나면 奸計에 능하고 예의가 없다 辛日生이 丙의 合을 만나면 소극적이고 포부가 크지 못하며 대개 체구가 작다
丁壬合	木	仁壽之合	丁日生이 壬의 合을 만나면 소심하고 질투가 강하며 몸이 수척하다 壬日生이 丁의 合을 만나면 신의가 없고 편굴하며 성질을 잘 낸다
戊癸合	火	無情之合	戊日生이 癸의 合을 만나면 총명하나 외관내심하여 사귀기가 어렵다 癸日生이 戊의 合을 만나면 지능이 낮고 결단성이 없는 중에 질투가 강하다

四柱 가운데 甲己合이 있으면 厚重圓滿하고 이해심이 있고, 타협을 잘하고 직분에 충실하다.

乙庚合이 있으면 果敢하고 仁義가 있다.

丙辛合이 있으면 냉혹하고 편굴하며 잔인성이 있고 色을 좋아한다.

丁壬合이 있으면 자기도취에 빠지기 쉽고 色을 탐하며 질투가 많다.

戊癸合이 있으면 박정하고 결혼운이 좋지 못하다.

※ 어느 합을 막론하고 日干이 합을 만나 他 五行으로 化하면 주체성이 약한데, 단 어느 간(干)이든 합이 있으면 먼저 합을 탐하여 생극(生克)의 작용이 미약하다.

② 간충(干沖)의 작용

甲과 庚 乙과 辛 丙과 壬 丁과 癸 戊와 己

이상이 간충(천간상충)이다.

干沖은 戊己沖만 제외하고는 陽은 陽끼리, 陰은 陰끼리 相克관계가 된다. 단 克을 당하는 쪽이 힘이 弱化되어 괴롭다. 즉 乙이 辛을 만난 것, 甲이 庚을 만난 것, 丙이 壬을 만난 것, 丁이 癸를 만난 것이다.

戊가 甲을 만나고, 己가 乙을 만나고, 辛이 丁을 만나고, 癸가 己를 만난 것도 같은 음양의 克을 받아 그 힘이 약화되지만 이는 正沖이 아니고 準沖이라 할 수 있다.

對立되면서 相克이라야(甲庚 乙辛 丙壬 丁癸) 沖克이라 하고, 對立이 안되고 相克

이면(甲戌 乙己 丙庚 丁辛 戊壬 己癸 庚丙 辛丁 癸己) 그냥 克이며 戊己는 그냥 沖이다.

③ 지합의 작용

지합(支合)에는 육합(六合)과 삼합(三合)이 있다.

○ 육합

子丑合 寅亥合 卯戌合 辰酉合 巳申合 午未合

사주의 日支를 자신의 안식처로 본다. 年支는 부모 조상, 月支는 부모 및 형제자매, 時支는 자식궁으로 보는바 연월시 가운데 日支가 어떤 支와 六合되었는가로 육친간의 화합과 덕의 유무를 가늠한다. 예를 들어 日支가 丑이고 時支가 子라면 日과 時가 子丑으로 육합을 이루므로 자신과 자식과의 관계가 친밀하게 화합되는 것으로 추리할 수 있다.(육합이 안된다 해서 자식과 불화한 것은 아니다)

○ 삼합

申子辰合水 巳酉丑合金 寅午戌合火 亥卯未合木

이 삼합도 지지끼리의 합이므로 육친과의 관계는 위 육합과 비슷하다. 그러나 사주 내에 삼합이 있어 좋다기보다 사주 가운데 삼합이 있으면 三合化한 五行의 힘이 강성해지는 것으로 본다. (三合은 四柱法 응용에 신강신약에 의한 用神法을 쓰는 데 매우 중요하다)

④ 충·형·파·해의 작용

○ 지충(支沖)

子 — 午 丑 — 未 寅 — 申 卯 — 酉 辰 — 戌 巳 — 亥

사주 내에 子午의 충이 있으면 일신의 노고가 많고, 丑未沖이 있으면 막힘이 많다. 寅申沖이 있으면 항시 바쁘게 활동하여 집에 있을 때가 적고, 卯酉沖이 있으면 배은망덕을 당하는 수가 많고, 辰戌沖이 있으면 성패간에 폭이 크고 여자는 八字가 센 편이며, 巳亥沖이 있으면 타관생애를 많이 하고 남의 일로 인해 손해를 당하는 수가 많다.

年支와 月支가 冲하면 출생지를 일찍 떠나가 살게 된다.

年支와 日支가 沖하면 역시 조상의 터를 멀리 떠나거나 조상에 불경(不敬)하거나 조상에게서 도움이 될 만한 전통이나 토지 재산 따위를 이어받지 못한다.

月支와 日支가 冲이면 부모형제와 멀리 떨어지게 되거나 불화하거나 덕이 없다.

日支와 時支가 冲이면 자식과 불화하거나 멀리 떨어져 살게 된다.

年支와 時支가 冲하면 자식이 부모나 조상에게 불경스럽거나 조상의 유업 등을 없애는 수가 있다.

○ 지형(支刑)

寅刑巳 巳刑申 申刑寅、丑刑戌 戌刑未 未刑丑(이상을 三刑이라 한다)

子刑卯 卯刑子(이상을 相刑이라 한다)

辰刑辰 午刑午 酉刑酉 亥刑亥(이상을 自刑이라 한다)

寅巳申의 三刑을 지세지형(持勢之刑)이라 한다. 이 형(寅巳申)이 四柱 내에 있으면 과감용맹하고 수단이 좋으며 활동적인데、단 너무 강하여 무모한 짓을 잘하며 세력다툼 등 남과(강자와) 대립하다가 일락천장(一落千杖)할 우려가 있으니 주의해야 한다.

丑戌未의 三刑을 무은지형(無恩之刑)이라 한다. 사주에 이 형(丑戌未)이 있으면 성격이 강해서 남에게 굽히기를 싫어하므로 반역 내지 하극상하는 수도 있고 간간 사람들과의 충돌이 일어난다. 그리고 배은망덕을 하거나 남에게 배은망덕을 당하는 수가 많다.

子卯의 상형(相刑)을 무례지형(無禮之刑)이라 한다. 사주에 이 刑(子卯)이 있으면 성격이 까다롭고 냉혹하며 방약무인으로 버릇없이 구는 예가 많다. 辰辰 午午 酉酉 亥亥의 刑을 자형(自刑)이라 한다. 사주에 이 형이 있으면 침울하고 의지가 박약하며 자포자기에 빠지기 쉽다.

○ 지파(支破)

子—酉 丑—辰 寅—亥 卯—午 巳—申 戌—未

이 파(破)도 위에서 논한 冲의 작용과 비슷하다.

年支가 破를 만나면 생장지를 멀리 떠나게 되거나 부모 조상의 덕이 없다. 심한 경우 조실부모하게 된다.

月支가 破를 만나면 부모가 부모대에서 조상의 유산을 다 없애거나 하여 자신은 풋풋히 물려받을 유산이 없다. 혹은 부모 형제의 정이 없는 것으로도 본다.

日支가 月이나 時支와 破를 이루면 처자와의 정이 없거나 인연이 박하여 고독하다.

日과 時支가 破되면 말년에 풍상이 따른다. 혹 불량스런 자식을 두는 수도 있다.

○ 육해(六害)

子—未 丑—午 寅—巳 卯—辰 申—亥 酉—戌

233

月支가 年·日·時支 등과 해(害)되면 부모형제와 인연이 박하여 고독하거나 초년운이 불리하다.

日과 時支가 해되면 말년에 질병으로 고생하거나 말년에 간간 손해를 당한다. 자식의 근심이 있을 수도 있다.

酉日生이 戌時의 해를 만나면 귀머거리가 되거나 벙어리가 되는 수도 있다.

사주에 寅巳의 해가 있으면(寅巳는 刑도 된다) 혹 불구자가 될 우려가 있다.

○ 원진(怨嗔)

子—未 丑—午 寅—酉 卯—申 辰—亥 巳—戌

사주 가운데 이 원진이 있을 경우 日支가 年支와 원진이면 옛터(즉 출생지)를 떠나는데 남의 나라로 이민 가서 사는 수도 있다.(자신이 조국이나 조상의 터가 싫어서 떠나는 형상이다)

日과 月支가 원진이면 부모 곁을 떠나거나 부모 동기간의 덕이 없거나 원망할 일이 있다.

日과 時가 원진이면 자식과 의가 없거나 함께 살기 어렵다.

234

(2) 신살정국과 그 작용

① 천을귀인

천을귀인(天乙貴人)은 다음과 같다. (生日의 天干으로 年月日時를 대조한다)

甲戊庚 — 丑未、 乙己 — 子申、 丙丁 — 亥酉、 辛 — 寅午、 壬癸 — 巳卯

(甲戊庚牛羊 乙己鼠猴鄕 丙丁猪鷄位 六辛逢馬虎 壬癸蛇兎藏 — 갑무경우양 을기서후향 병정저계위 육신봉마호 임계사토장)

甲日 戊日 庚日生은 年月日時支에 丑이나 未가 있으면 丑·未를 천을귀인이라 한다.

乙日 己日生은 年月日時支에 子나 申이 있으면 子·申을 천을귀인이라 한다.

丙日 丁日生은 年月日時支에 亥나 酉가 있으면 亥·酉를 천을귀인이라 한다.

辛日生은 年月日時支에 寅이나 午가 있으면 寅·午를 천을귀인이라 한다.

壬日 癸日生은 年月日時支에 巳나 卯가 있으면 巳·卯를 천을귀인이라 한다.

이 天乙貴人은 吉神 가운데서도 가장 좋은 吉神이다. 천을귀인은 나쁜 일이건 좋은 일이건 吉로 도와주는 작용이 있으므로 四柱中에 天乙貴人이 있고 空亡되지 않으면 일생 인덕이 많아서 귀인의 도움을 받게 되며, 궁지에 빠졌더라도 신명의 도움으로 요행스럽게 해결되고 구제된다. 단 刑冲破害 空亡되지 않아야 吉神으로서의 效力이 있다.

② 건록

건록(建祿)은 다음과 같다.

甲日―寅、乙日―卯、丙・戊日―巳、丁・己日―午、庚日―申、辛日―酉、壬日―亥、癸日―子

(甲祿在寅 乙祿在卯 丙戊祿在巳 丁己祿在午 庚祿在申 辛祿在酉 壬祿在亥 癸祿在子―갑록재인 을록재묘 병무록재사 정기록재오 경록재신 신록재유 임록재해 계록재자)

예를 들어 甲日生이 年이나 月이나 日이나 時支에 寅(寅年、寅月、寅日、寅時 등 어느 것에 해당)이 있으면 이 寅을 건록(建祿―혹은 正祿 혹은 天祿) 또는 그냥 녹(祿)이라 한다.

이 건록은 月이나 日支가 작용효력이 가장 강하고 時支는 그 다음이며 年支는 가장 미약하다.

③ 암록

암록(暗祿)은 日干의 건록과 육합되는 支로서 다음과 같다.

甲日—亥, 乙日—戌, 丙戊日—申, 丁己日—未, 庚日—巳, 辛日—辰, 壬日—寅, 癸日—丑

예를 들어 甲日生의 건록은 寅인데 寅과 六合되는 支는 亥다. 그러므로 甲日의 암록은 亥가 된다. 즉 甲子 甲戌 甲申 甲午 甲辰 甲寅日生이 年이나 月이나 時支 가운데 亥가 있으면 이 亥를 암록이라 한다.

이 암록은 암암리란 의미가 있으므로 겉으로 뚜렷하게 나타나지 않는 의지 건강, 사업의 기반이 좋고, 또 신명(神明)이 보이지 않는 곳에서 도와주게 된다. 또 누가 자신을 돕고자 한 일이 아닌데도 누군가의 어떤 행위가 공교롭게 자신에게는 도움 즉 유익한 결과로 나타나는 것이다.

이 건록이 있으면 비유하건대 건물의 기초공사가 튼튼한 것과 같고, 또는 큰 나무가 비옥한 땅에 뿌리를 튼튼히 박고 있는 것과 같아 의지의 견고, 건강, 사업 출세의 튼튼한 기반이 있는 것으로 본다.

④ 천・월덕귀인

천덕(天德)・월덕귀인(月德貴人)은 다음과 같다.

正月生—丁이 천덕 丙이 월덕귀인이다
二月生—申이 천덕 甲이 월덕귀인이다
三月生—壬이 천덕 또는 월덕귀인이다
四月生—辛이 천덕 庚이 월덕귀인이다
五月生—亥가 천덕 丙이 월덕귀인이다
六月生—甲이 천덕 또는 월덕귀인이다
七月生—癸가 천덕 壬이 월덕귀인이다
八月生—寅이 천덕 庚이 월덕귀인이다
九月生—丙이 천덕 또는 월덕귀인이다
十月生—乙이 천덕 甲이 월덕귀인이다
十一月生—巳가 천덕 壬이 월덕귀인이다
十二月生—庚이 천덕 또는 월덕귀인이다

예를 들어 주인공이 八月生일 경우 年日時支에 寅이 있으면 이 寅이 천덕귀인이고,

또 年月日時의 干에 庚이 있으면 이 庚이 월덕귀인이다. 이상에 해당하는 천덕이나 월덕귀인이 있으면 생애 중 흉한 일을 당해도 그 흉액이 감소될 뿐 아니라 전화위복이 되고 또는 일생 동안 큰 재액을 당하지 않는다. 여자는 사주에 천덕이나 월덕귀인이 있으면 성격이 온화하고 정조가 있으며 현모양처가 될 자질을 갖춘다.

⑤ 금여

금여(金輿)는 다음과 같다.

甲日―辰、乙日―巳、丙戊日―未、丁己日―申、庚日―戌、辛日―亥、壬日―丑、癸日―寅

예를 들어 甲日生이 年月日時支에 辰이 있으면 이 辰이 금여다. 사주 가운데 이 금여가 있는 사람은 용모가 단정하고 성격이 온화하고도 재치와 총명을 겸비하여 여러 사람들의 호감과 존경을 받는다. 또 남녀를 막론하고 좋은 배우자를 만나 행복을 누린다. 時支가 금여면 훌륭한 자식을 둔다.

239

⑥ **문창・학당귀인**

문창(文昌)・학당귀인(學堂貴人)은 다음과 같다.

甲日—巳・亥、乙日—午、丙戊日—申、丁己日—酉、庚日—亥・巳、辛日—子、壬日—寅・申、癸日—卯

예를 들어 甲日生은 年月日時支 가운데 巳가 있으면 문창귀인이고 亥가 있으면 학당귀인이다. 또 乙日生은 年月日時 가운데 午가 있으면 이 午는 문창귀인도 되고 학당귀인도 된다.

문창・학당은 학문(學問)을 맡은 문학성(文學星)이다. 그러므로 문창이나 학당이 사주 가운데 있으면 총명하다. 특히 글재주가 좋아 공부를 잘할 뿐 아니라 고시(考試)에 합격될 가능성이 많다. 그러나 이 문창・학당이 되는 支가 他와 合을 이루거나 冲을 받거나 공망(空亡)에 들면 문성(文星)으로서의 길한 작용의 효력이 없다.

⑦ **삼기**

삼기(三奇)는 다음과 같다.

甲戊庚全、乙丙丁全、壬癸辛全

예를 들어 年月日時 天干에 甲·戊·庚 세 개의 干이 모두 있으면 삼기라 한다. 甲戊庚全의 삼기를 천상삼기(天上三奇), 乙丙丁全의 삼기를 지하삼기(地下三奇) 壬癸辛全의 삼기를 인중삼기(人中三奇)라 한다.

이 삼기가 있는 사람은 인물이 잘생기고도 영웅적 기질이 있으며 포부가 위대하다. 사주구성이 길격이라면 과거에 합격해서 이름을 떨칠 만큼 출세한다.

⑧ 육수

육수(六秀)는 다음과 같다.

戊子日, 己丑日, 丙午日, 丁未日, 戊午日, 己未日

육수는 오직 生日柱로 이루어지는데 이상 六日에 해당하면 육수일이라 한다.

이 육수일생(六秀日生)은 매우 약고 총명하며 공부를 잘하는데 약은 것이 지나쳐서 이기적일 가능성이 높다.

⑨ 복덕수기

복덕수기(福德秀氣)는 다음과 같다.

乙乙乙全, 巳酉丑全

年月日時의 大干에 乙이 세 개 있거나 地支에 巳酉丑이 모두 있으면 이를 복덕수기라 한다.

이상의 복덕수기가 있는 사주의 주인공은 용모가 수려한 가운데 인품이 고상하고 특히 총명하다. 그리고 비교적 재앙이 적어 고생을 모르고 살게 되며 주변에서 호감을 가지고 도와주는 사람이 많다.

⑩ 천혁

천혁(天赫)은 다음과 같다.

寅卯辰月　戊寅日、　巳午未月　甲午日

申酉戌月　戊申日、　亥子丑月　甲子日

正二三月生이 戊寅日에 출생, 四五六月生이 甲午日에 출생, 七八九月生이 戊申日에 출생, 十十一·十二月生이 甲子日에 출생하면 복덕수기의 길성이다.

이 복덕수기에 해당하는 사람은 나쁜 액이 이르지 않는다. 혹 재난을 만나더라도 전화위복된다고 한다.

⑪ 복성귀인

복성귀인(福星貴人)은 다음과 같다.

甲日—寅、乙日—午、丙日—子、丁日—午、戊日—申、己日—未、庚日—午、辛日—巳、壬日—辰、癸日—午

이 복성귀인은 복을 불러다 주는 길성이므로 사주에 있으면 복록이 창성하여 매사 순조롭게 성취된다.

⑫ 괴강

괴강(魁罡)은 다음과 같다.

庚辰、庚戌、壬辰、壬戌

이상의 干支는 사주 어느 곳에 있어도 해당되나 日柱에 있는 것이 길흉간에 작용력이 더하다. 혹은 壬辰 대신 戊戌 戊辰이 괴강이라는 주장이 있다. 어쨌거나 甲辰 甲戌 丙辰 丙戌 戊辰 戊戌 등 支에 辰戌이 붙으면 괴강으로 보아도 좋다. 辰은 천강(天罡) 戌은 하괴(河魁)이므로 강(罡)과 괴(魁)를 따서 辰戌을 괴강(魁罡)이라 한다.

이 괴강일에 태어나고 길격사주에 해당하면 남다른 총명에 크게 성공해서 장수부귀(長壽富貴)한다. 그러나 사주격국이 나쁘면 파란곡절이 남보다 더하여 심한 곤경을 겪는다.

남자는 괴강이 많을수록 좋으나 여자는 괴강일에 해당해가지고 다른 柱에서도 괴강을 많이 만나면 八字가 세어 과부나 독신으로서 고독해진다.

괴강일생은 성격이 강해서 남에게 굽히기 싫어하며 용맹과 감하고 모험을 좋아한다.

⑬ 양인

양인(羊刃)은 아래와 같다.

甲日―卯, 乙日―辰, 丙戌日―午, 丁己日―未, 庚日―酉, 辛日―戌, 壬日―子, 癸日―丑

甲日生이 年月日時支 가운데 卯가 있으면 양인이고, 乙日生은 辰이 있으면 양인이다. 이 양인은 건록(建祿) 다음번의 地支다(甲日의 건록은 寅, 羊刃은 卯). 양인의 주요의의는 인(刃)이다. 인(刃)은 칼날이므로 능히 살상(殺傷)의 무기가 된다. 이러한 까닭에 사주에 양인이 있고 양인의 기(氣)가 강하면 폭력적인 것으로 본다. 살상투쟁 약탈 횡포 잔인성 등으로 본다. 하지만 사주격국이 좋고 양인이 희신(喜神)의 작용을 할 경우 군인 법관 경찰 등 생살권을 잡거나 의사로서 성공한다. 격이 나쁠 경우 도살업 살인자 강도 등의 운세로 작용될 수도 있다. 비인(飛刃)은 양인과 상충되는 지지(甲日의 양인이 卯이니 卯와 冲하는 酉가 飛刃이다)로서 작용분야는 양인과 거의 같으나 작용비율에 있어 양인보다는 훨씬 미약하다.

⑭ 고신·과수살

고신(孤辰)과 과수살(寡宿殺)은 다음과 같다.

亥子丑生—寅·戌、寅卯辰生—巳·丑

巳午未生—申·辰、申酉戌生—亥·未

예를 들어 亥子丑年生에 해당하는 남자는 寅이 고신살이고, 여자는 戌이 과수살이다.

고신살이 있는 남자는 무조건 홀아비가 되고 과수살이 있는 여자는 무조건 과부가 되는 것으로 알아서는 안된다. 사주구성이 좋지 못할 경우 그러할 가능성이 있고 구성이 좋으면 고신·과수살은 작용이 미약하다.

고신이나 과수살이 月支에 들면 초년, 日支에 들면 중년, 時支에 들면 말년에 고독한 것으로 본다.

⑮ 도화살

도화살(桃花殺)은 다음과 같다.

申子辰年生―酉、巳酉丑年生―午
寅午戌年生―卯、亥卯未年生―子

예를 들어 申子辰年生이 月이나 日이나 時에 酉가 있으면 이 酉를 도화라 한다. 도화는 함지(咸池)라고도 한다.

사주에 도화살이 있으면 주색을 몹시 탐한다 하나 그렇지 않고 子午卯酉의 도화가 많을 경우 바람을 피우게 되는 것으로 보고 도화가 하나뿐일 때는 이성을 끄는 매력이 있는 것으로 생각해도 좋다.

위 법칙에 해당되지 않더라도 子午卯酉를 준도화(準桃花)라 하므로 四柱 내에 子午卯酉가 많으면 도화(桃花)·패살(敗殺)이 중중하여 주색으로 실패한다.

기타 신살은 아래 신살일람표에서 참고하라.

◎ 吉凶神 一覽表

① 日干기준

길흉신	日干	甲	乙	丙	丁	戊	己	庚	辛	壬	癸	비고
天乙貴人(천을귀인)	年月日時로 日干으로	未丑	申子	酉亥	酉亥	未丑	申子	未丑	午寅	卯巳	卯巳	인덕이 많고 귀인의 도움
건록(建祿)	日干으로 年月日時	寅	卯	巳	午	巳	午	申	酉	亥	子	기반이 튼튼하고 건강함
문창(文昌)	右同	巳	午	申	酉	申	酉	亥	子	寅	卯	공부 잘하고 시험운이 좋다
학당(學堂)	右同	亥	午	寅	酉	寅	酉	巳	子	申	卯	학문을 전공하면 성공한다
암록(暗祿)	右同	亥丑	戌	申	未	申	未	巳	辰	寅	丑	암암리에 도움이 있다
금여(金輿)	右同	辰	巳	未	未	未	申	戌	亥	申	寅	험한 곳에서도 안전하고 인기가 높다
홍염살(紅艷殺)	右同	午申午申	辰	午	未	辰	辰	酉	戌	子	申	음란하고 간사하다 화류계 기질
양인살(羊刃殺)	右同	卯	辰	午	未	卯寅	卯寅	午巳	午巳	子	丑	부상, 살상, 형액, 광포성
급각살(急脚殺)	月日時 日干으로	酉申	酉申	子亥	子亥	卯寅	卯寅	戌	戌	丑辰未戌	丑辰未戌	다리불구, 소아마비, 관절염의 우려
철사관(鐵蛇關)	生日干으로 生時	辰	辰	申未	申未	寅	寅	戌	戌	酉	丑	쇠고랑(수갑)을 차게 된다는 살
뇌공살(雷公殺)	日干으로 生時	丑	午	子	子	戌	戌	寅	寅	酉	亥	벼락, 감전사고의 우려
낙정관(落井關)	日干으로 年月日時	巳	子	申	戌	卯	巳	子	申	戌	卯	우물 웅덩이 강 바다에 빠질 우려
천일관(千日關)	日干으로 生時	午辰	午辰	申	申	巳	巳	寅	寅	亥丑	亥丑	어린이가 출생일부터 千日이 되는 날에 액을 당할 우려가 있으니 문밖을 못나가게

247

• 배곡살(背曲殺) — 납음오행(生年의 納音五行)으로 본다. 즉 꿈추가 될 우려가 있는 살

金生 — 申酉午亥時、木生 — 寅卯申時、水生 — 未申酉戌時、火生 — 寅巳未申時、土生 — 丑寅巳午時

• 부부 이별의 日辰 — 甲寅 乙卯 丙午 丁巳 戊辰 戊戌 己丑 己未 庚申 辛酉 壬子 癸亥

② 生年支 기준

길흉신 \ 생년		子	丑	寅	卯	辰	巳	午	未	申	酉	戌	亥	비고
화개(華蓋)	年月日時로	辰	丑	戌	未	辰	丑	戌	未	辰	丑	戌	未	재주 많고 임기응변이 능함
장성(將星)	右同	子	酉	午	卯	子	酉	午	卯	子	酉	午	卯	의지력 강하고 지도 통솔력
역마(驛馬)	右同	寅	亥	申	巳	寅	亥	申	巳	寅	亥	申	巳	사회활동이 활발함
고신(孤辰)	右同	寅	寅	巳	巳	巳	申	申	申	亥	亥	亥	寅	남자는 고독운
과수(寡宿)	右同	戌	戌	丑	丑	丑	辰	辰	辰	未	未	未	戌	여자는 고독운
도화(桃花)	右同	酉	午	卯	子	酉	午	卯	子	酉	午	卯	子	주색에 실패
관재(官災)	右同	卯辰	巳辰	午巳	未午	申未	酉申	戌酉	亥戌	子亥	丑子	寅丑	卯寅	관재수(형벌·소송)
혈인(血刃)	右同	丑	未	寅	申	卯	酉	辰	戌	巳	亥	午	子	부상당할 우려(피흘리는 살)
홍란(紅鸞)	右同	卯	寅	丑	子	亥	戌	酉	申	未	午	巳	辰	마음씨 곱고 용모가 단정
상문(喪門)	年月日時로	寅	卯	辰	巳	午	未	申	酉	戌	亥	子	丑	질병
조객(吊客)	年月日時로	戌	亥	子	丑	寅	卯	辰	巳	午	未	申	酉	질병

③ 生月기준

구분	오귀(五鬼)	팔패(八敗)	재혼(再婚)	중혼(重婚)	겁살(劫殺)	재살(災殺)	정신이상	장남다리불구
(기준)	年日시로	年月로	年月로	年月시로	年月日시로	年月日시로	年月日시로	年月日시로
正	辰	六	五	四	巳	午	酉	戌
二	巳	九	六	五	寅	卯	午	未
三	午	十二	七	六	亥	子	未	辰
四	未	十二	八	七	申	酉	申	丑
五	申	六	九	八	巳	午	亥	戌
六	酉	六	十	九	寅	卯	戌	未
七	戌	十二	十一	十	亥	子	丑	辰
八	亥	十二	十二	十一	申	酉	寅	丑
九	子	正	正	十二	巳	午	卯	戌
十	丑	三	二	正	寅	卯	子	未
十一	寅	三	三	二	亥	子	巳	辰
十二	卯	九	四	三	申	酉	辰	丑
비고	질병 우환	실패가 많다	첫결혼에 실패할 우려	右同	질병·실패의 우려	성패·번복이 심하다	신들리거나 정신질환의 우려	아니면 자신의 다리관절 신경통

구분	천덕귀인(天德貴人)	월덕귀인(月德貴人)	사주관(四柱關)	단교관(斷橋關)	심수관(深水關)	욕분관(浴盆關)
(기준)	年月日시로	年月日시로	年月日시로		生月시로	生月시로
正	丁	丙	亥巳	寅	申寅	辰
二	申	甲	戌辰	卯	申寅	辰
三	壬	壬	酉卯	申	申寅	辰
四	辛	庚	申寅	丑	未	未
五	亥	丙	未丑	戌	未	未
六	甲	甲	午子	酉	未	未
七	癸	壬	巳亥	辰	酉	戌
八	寅	庚	戌辰	巳	酉	戌
九	丙	丙	卯酉	午	酉	戌
十	乙	甲	寅申	未	丑	丑
十一	巳	壬	丑未	亥	丑	丑
十二	庚	庚	子午	子	丑	丑
비고	귀인의 덕이 많다	右同	어릴적에 네기둥 세워진 위로 오르면 크게 불행해진다	소아마비 다리불구의 우려	물에 빠져 액을 당할 우려	어려서 목욕시킬 때 주의

④ 日支기준 (生日支로 기준한다)

생일	장군전(將軍箭) 生月生時로	직난관(直難關)	염왕관(閻王關) 年月日時로	수화관(水火關) 生月生時로	백일관(百日關) 生時로	사계관(四季關) 年月日時로	안맹관(眼盲關) 年月日時로	금쇄관(金鎖關) 生月日時로	혈분관(血盆關) 生月日時로	야체관(夜啼關) 年月日時로
子	戌酉辰	午	未丑	戌未	未丑戌辰	巳	丑	申	戌辰	午
丑	戌酉辰	午	未丑	戌未	亥巳申寅	巳丑	丑	酉	戌辰	午
寅	戌酉辰	未	未丑	戌未	酉卯午子	巳丑	丑	戌	戌辰	午
卯	未卯子	未	戌辰	辰丑	未丑戌辰	申辰	申	亥	未丑	酉
辰	未卯子	戌卯	戌辰	辰丑	亥巳申寅	申辰	申	子	未丑	酉
巳	未卯子	戌卯	戌辰	辰丑	酉卯午子	申辰	申	丑	未丑	酉
午	午寅丑	申巳	午子	酉	未丑戌辰	亥未	未	申	亥戌	子
未	午寅丑	申巳	午子	酉	亥巳申寅	亥未	未	酉	亥戌	子
申	午寅丑	卯寅	午子	酉	酉卯午子	亥未	未	戌	亥戌	子
酉	亥申巳	卯寅	卯寅	丑	未丑戌辰	戌寅	寅	亥	寅丑	午
戌	亥申巳	酉辰	卯寅	丑	亥巳申寅	戌寅	寅	子	寅丑	午
亥	亥申巳	酉辰	卯寅	丑	酉卯午子	戌寅	寅	丑	寅丑	午
비고	어릴 적에 장군묘 사당 가지 못함 신상이 있는 곳에 데려	시키라 어릴 적에 쇠붙이를 조심	드리는 것을 제사지내고 불공 보이지마라	물과 불에 놀랄 사주	출생 후 백일 되는 날은 절대 대문 밖으로 데리고 나가지 말아야 한다	일생 질병이 따른다	우려 시력이 나쁘거나 안보일	살관재수 즉 구속될 우려의	어릴 적에 부상당할 우려	운어다릴 적에 밤만 되면 몹시

구분	生日	매아살(埋兒殺) 年月日時로	오귀살(五鬼殺) 年月日時로
	子	丑	辰
	丑	卯	卯
	寅	申	寅
	卯	丑	丑
	辰	卯	子
	巳	申	亥
	午	丑	戌
	未	卯	酉
	申	申	申
	酉	丑	未
	戌	卯	午
	亥	申	巳
비고		묻는 어린 자식을 잃고 땅에	질병이 따른다

귀문살 (鬼門殺) 生年月時	금쇄살 (金鎖殺) 生日로 生時	백호살 (白虎殺) 生時	급각살 (急脚殺) 生時	탕화살 (湯火殺) 生時	천구살 (天狗殺) 生時	야체살 (夜啼殺) 生時	단명살 (短命殺) 日로年月時	화상관 (和尙關) 時대조 生日로
酉	申	酉申	子亥	午	戌	未	巳	未丑戌辰
午	酉	酉申	子亥	未	亥	酉寅	寅	酉
未	戌	戌子	寅	子	未	辰	寅	亥
申	亥	丑卯	未卯	午	丑	未	辰	未
亥	子	未卯	未	寅	未	巳	酉	
戌	丑	丑卯	寅	卯	未	寅	亥	
丑	申	戌寅	辰	午	未	辰	未	
寅	酉	卯	戌寅	巳	未	酉寅	未	酉
卯	戌	戌寅	午	未	巳	亥		
子	亥	卯	辰丑	午	未	寅	未丑戌辰	
巳	子	戌	辰丑	未	申	辰	酉卯午子	
辰	丑	丑	辰丑	酉	未	寅	亥巳申寅	
신들리거나 정신이상의 우려	수갑이 채워진다는 살	질병 허약 부상의 우려	소아마비 다리부상 불구의 우려	끓는 물 등에 화상 입는 살	•어린이만 해당 개에 물릴 우려가 있음	•어린이만 적용 밤만 되면 우는 살	•어린이만 적용 중이 된다는 살이니 어릴 적 10세 넘으면 무방 단명이 짧은 살	명이 짧은 살 같은 데 데리고 가지 마라

• 목맬 우려가 있는 살 = 子年生─壬子時 丑年生─辛酉時 寅年生─庚午時 卯年生─乙卯時
辰年生─壬子時 巳年生─辛酉時 午年生─庚午時 未年生─乙卯時
申年生─壬子時 酉年生─辛酉時 戌年生─庚午時 亥年生─乙卯時

• 쌍가마 있는 사람
正四七十月生이 子午卯酉時
二五八十一月生이 辰戌丑未時 ─머리에 쌍가마
三六九十二月生이 寅申巳亥時 가 있다고 한다

[참고] 子寅辰午申戌의 陽時生은 가마가 오른쪽,
丑卯巳未酉亥의 陰時生은 가마가 왼쪽에
있다고 한다

(3) 십이살

십이살(十二殺)의 명칭과 순서는 다음과 같다.

겁살(劫殺) 재살(災殺) 천살(天殺) 지살(地殺) 연살(年殺) 월살(月殺) 망신(亡身) 장성(將星) 반안(攀鞍) 역마(驛馬) 육해(六害) 화개(華蓋)

십이살의 정국(定局)은 다음과 같다.

亥卯未生 ― 劫殺 申
寅午戌生 ― 劫殺 亥
巳酉丑生 ― 劫殺 寅
申子辰生 ― 劫殺 巳

生年\十二殺	劫殺	災殺	天殺	地殺	年殺	月殺	亡身	將星	攀鞍	驛馬	六害	華蓋
申子辰生水	巳	午	未	申	酉	戌	亥	子	丑	寅	卯	辰
巳酉丑生金	寅	卯	辰	巳	午	未	申	酉	戌	亥	子	丑
寅午戌生火	亥	子	丑	寅	卯	辰	巳	午	未	申	酉	戌
亥卯未生木	申	酉	戌	亥	子	丑	寅	卯	辰	巳	午	未

다른 신살은 사주 내에 있는 경우도 있고 없을 수도 있다. 그러나 이 십이살은 누구에게나 어느 것 한두 가지에 해당한다. 그러므로 살(殺)로서의 작용력이 미약한 것으로 생각된다. 이 십이살 가운데 겁살은 액겁(厄劫) 재살은 재난(災難) 천살(天殺)은 천재(天災) 지살(地殺)은 길에서의 곤액, 연살(年殺)은 즉 도화(桃花)이고 월살(月殺)은 여난(女難), 망신은 망신당하는 것, 장성(將星)은 여자에게만 팔자가 센 편으로 보고 반안(攀鞍)은 허약함, 역마는 동서분주 육해는 답답함 등으로 볼 수 있는데 모두 운명적 작용이 약하며 이 십이살 가운데 장성 역마 반안 화개는 살(殺)로 보지 않아도 좋다. (당사주 십이살론을 참고하면 풀이가 있다)

(4) 공망

이 공망(空亡)은 모든 분야에 많이 적용되므로 잘 알아두어야 한다. 공망은 다음과 같다.

甲子旬中―戌亥空, 甲戌旬中―申酉空
甲申旬中―午未空, 甲午旬中―辰巳空
甲辰旬中―寅卯空, 甲寅旬中―子丑空

甲寅에서 癸亥까지는 지지 子丑이 없다
甲辰에서 癸丑까지는 지지 寅卯가 없다
甲午에서 癸卯까지는 지지 辰巳가 없다
甲申에서 癸巳까지는 지지 午未가 없다
甲戌에서 癸未까지는 지지 申酉가 없다
甲子에서 癸酉까지는 지지 戌亥가 없다

그래서 예를 들어 甲子 乙丑 丙寅 丁卯 戊辰 己巳 寅午 辛未 壬申 癸酉日生은 모두 甲子旬中에 해당하여 戌亥가 공망이다. 이상 날짜에 태어난 사람이 年月日時支에 戌이나 亥가 있을 경우 이 戌이나 亥를 공망이라 한다. 공망의 작용은 있는 것을 무력화시키므로 길신이 공망이면 나쁘고 흉신이 공망이면 도리어 좋다.

六甲旬	旬中에 소속된 六十甲子(生日柱로 본다)	空 亡 神
甲子旬	甲子 乙丑 丙寅 丁卯 戊辰 己巳 庚午 辛未 壬申 癸酉	戌亥가 空亡(없음)
甲戌旬	甲戌 乙亥 丙子 丁丑 戊寅 己卯 庚辰 辛巳 壬午 癸未	申酉가 空亡(없음)
甲申旬	甲申 乙酉 丙戌 丁亥 戊子 己丑 庚寅 辛卯 壬辰 癸巳	午未가 空亡(없음)
甲午旬	甲午 乙未 丙申 丁酉 戊戌 己亥 庚子 辛丑 壬寅 癸卯	辰巳가 空亡(없음)

甲辰순	甲寅순
甲辰 乙巳 丙午 丁未 戊申 己酉 庚戌 辛亥 壬子 癸丑	甲寅 乙卯 丙辰 丁巳 戊午 己未 庚申 辛酉 壬戌 癸亥
寅卯가 空亡(없음)	子丑이 空亡(없음)

◎ 日柱를 기준하여 年·月·時支에 空亡되었는가를 본다.

生月空亡─父母 조상의 덕이 없고 초년운이 不利

生年空亡─十五~三十까지 운이 침체되고 형제 무덕하거나 고독

生時空亡─四十五~六十까지 운이 막히고 자식운이 나쁘다 한다.

年·月·時가 모두 공망이면 도리어 귀히 되는 수가 있다.

六親(父母·妻財·食傷·宮殺·兄 등)이 空亡되면 그 空亡에 해당하는 것의 德이 없는 것으로 보라.

空亡되었을 경우 柱中이나 運(大運·歲運)에서 沖을 만나면 空亡이 아니다.

(5) 포태법과 십이운성

① 포태법

포태법(胞胎法)은 출생한 年支를 기준한다. 우선 포태십이신(胞胎十二神)의 명칭과 순서부터 익혀두자.

포(胞), 태(胎), 양(養), 생(生), 욕(浴), 대(帶), 관(冠), 왕(旺), 쇠(衰), 병(病), 사(死), 장(葬)

水土絶於巳, 金絶於寅, 木絶於申, 火絶於亥

절(絶)은 포(胞)와 같은 술어로 쓰인다. 위는 포태십이신(胞胎十二神)을 따지는 원칙인데 水·金·木·火의 오행은 生年支의 三合(申子辰生水土, 巳酉丑生金, 寅午戌生火, 亥卯未生木) 즉 예를 들어 水土인 申子辰年生은 포(胞)를 巳에 붙여 십이지와 위 포태신 순서로 따져 나가라는 뜻이다.

아래 조견표를 참고하면 된다.

十二神 \ (생년)	申子辰生(水)	巳酉丑生(金)	寅午戌生(火)	亥卯未生(木)
胞(포)	巳	寅	亥	申
胎(태)	午	卯	子	酉
養(양)	未	辰	丑	戌
生(생)	申	巳	寅	亥
浴(욕)	酉	午	卯	子
帶(대)	戌	未	辰	丑
冠(관)	亥	申	巳	寅
旺(왕)	子	酉	午	卯
衰(쇠)	丑	戌	未	辰
病(병)	寅	亥	申	巳
死(사)	卯	子	酉	午
葬(장)	辰	丑	戌	未

이 포태법은 三合五行의 왕쇠(旺衰)를 가름하는 법인데 養生帶冠旺은 왕한 데 속하

고 浴은 보통이며 胞胎衰病死葬은 쇠약이다. 사주풀이에서는 적용하는 예가 적으나 택일과 음양택 점 등 여러 방면에 많이 적용하므로 역학분야를 연구하거나 전문업으로 삼는 사람은 몰라서는 안될 상식의 하나다.

② 십이운성

십이운성(十二運星)을 장생십이신(長生十二神)이라 하므로 십이운성법을 장생법(長生法)이라고도 한다. 우선 십이운성의 명칭과 순서 그리고 정국(定局)부터 알아보자.

장생(長生), 목욕(沐浴), 관대(冠帶), 임관(臨官), 제왕(帝旺), 쇠(衰), 병(病), 사(死), 묘(墓), 절(絶), 태(胎), 양(養)이다. 십이운성 돌려짚는 법식은 다음과 같다.

甲木長生 亥, 乙木長生 午
丙火長生 寅, 丁火長生 酉
戊土長生 寅, 己土長生 酉
庚金長生 巳, 辛金長生 子
壬水長生 申, 癸水長生 卯

예를 들어 甲木은 장생을 亥에 붙여 子에 목욕 丑에 관대 식으로 십이궁 십이지를 순으로 돌려나가고, 乙木은 장생을 午에 붙여 巳에 목욕 辰에 관대 卯에 임관 식으로

257

십이궁은 순서로 나가되 십이지는 역(逆)으로 나간다.

이 십이운성은 오행의 왕쇠(旺衰)를 가늠하는 데 적용되고 신살(神殺)로서의 작용은 중요하지 않다. 여기에서 오행이란 地支五行이 아닌 甲乙丙丁 등 天干五行의 왕쇠다.

○ 장생일람표

區分＼干	甲	乙	丙	丁	戊	己	庚	辛	壬	癸
장생(長生)	亥	午	寅	酉	寅	酉	巳	子	申	卯
목욕(沐浴)	子	巳	卯	申	卯	申	午	亥	酉	寅
관대(冠帶)	丑	辰	辰	未	辰	未	未	戌	戌	丑
임관(臨官)	寅	卯	巳	午	巳	午	申	酉	亥	子
제왕(帝旺)	卯	寅	午	巳	午	巳	酉	申	子	亥
쇠(衰)	辰	丑	未	辰	未	辰	戌	未	丑	戌
병(病)	巳	子	申	卯	申	卯	亥	午	寅	酉
사(死)	午	亥	酉	寅	酉	寅	子	巳	卯	申
묘(墓)(庫)	未	戌	戌	丑	戌	丑	丑	辰	辰	未
절(絶)	申	酉	亥	子	亥	子	寅	卯	巳	午
비고	旺		旺		旺	建祿	旺	쇠약	쇠약	쇠약·무력

태(胎)	양(養)
酉	戌
申	未
子	丑
亥	戌
子	丑
亥	戌
卯	辰
寅	丑
午	未
巳	辰
약간쇠	소왕

또는 양간(陽干) 음간(陰干)을 구분하지 않고 그냥 木火土金水로만 십이운성을 적용하는 수가 있다. 五行의 왕쇠는 음양간의 구별 없이 적용함이 생극비화(生克比和)의 원칙에 더 부합된다.

木亥、 火土寅、 金巳、 水申

甲乙木은 亥에, 丙丁火와 戊己土는 寅에, 庚辛金은 巳에, 壬癸水는 申에 長生을 起하여 十二支를 順行한다.

위 장생일람표의 甲·丙·戊·庚·壬의 陽干을 참고하면 된다.

2. 육친법

육친(六親)이란 부모 형제 처자(여자는 남편과 자식)를 칭한다. 사주는 음양 구분과 오행의 생극비화 관계에 의해 干支에 육친을 결정한다. 그런데 사주간지에 따른

육친의 명칭은 부모 형제 처자 등으로 칭하지 않고 다른 명칭을 적용한다. 그래서 이를 육친(六親)이라고도 하고 육신(六神)이라고도 한다.

육친에는 다음과 같이 열 가지로 칭하게 된다.

비견(比肩), 겁재(劫財), 식신(食神), 상관(傷官), 편재(偏財), 정재(正財), 편관(偏官), 정관(正官), 편인(偏印), 정인(正印)

생일의 日干을 기준해서 음양과 오행의 생극비화로 육친을 다음과 같은 법식으로 정한다.

生我者印綬=나를 生하는 자가 인수, 즉 편인(偏印)·정인(正印)이요
我生者食傷=내가 生해주는 자가 식상, 즉 식신(食神)·상관(傷官)이다
克我者官殺=나를 克하는 자가 관살, 즉 편관(偏官)·정관(正官)이다
我克者妻財=내가 克하는 자가 재성, 즉 편재(偏財)·정재(正財)다
比和者比劫=나와 五行이 같은 자는 비겁, 즉 비견(比肩)·겁재(劫財)다

이상의 원칙을 구체적으로 나타내면 다음과 같다.

日干과 五行이 같고 음양도 같은 것을 비견(比肩)이라 한다
日干과 五行이 같고 음양만 다른 것을 겁재(劫財)라 한다
日干이 生해주는 자로 日干과 음양이 같으면 식신(食神)이라 한다
日干이 生해주는 자로 日干과 음양이 다르면 상관(傷官)이라 한다
日干이 克하는 자로 日干과 음양이 같으면 편재(偏財)라 한다
日干이 克하는 자로 日干과 음양이 다르면 정재(正財)라 한다
日干을 克하는 자로 日干과 음양이 같으면 편관(偏官)이라 한다
日干을 克하는 자로 日干과 음양이 다르면 정관(正官)이라 한다
日干을 生해주는 자로 日干과 음양이 같으면 편인(偏印)이라 한다
日干을 生해주는 자로 日干과 음양이 다르면 정인(正印)이라 한다

비견·겁재를 비겁(比劫)이라 합칭하고, 식신·상관을 식상(食傷), 편재·정재를 재성(財星), 편관·정관을 관성(官星) 또는 관살(官殺), 편인·정인을 인성(印星) 또는 인수(印綬)라 합칭한다.

편재 → 丙子 — 겁재　　정관 → 庚辰 — 정재
정인 → 辛卯 — 상관　　정재 → 戊寅 — 겁재
日干 → 壬辰 — 편관　　日干 → 乙亥 — 정인
상관 → 乙巳 — 편재　　정인 → 壬午 ↑ 식신

○ 알아둘 문제

육친은 日干을 기준 年月日時 干支의 干으로 정하는 게 원칙이다. 그러나 年月日時 支는 干이 아니므로 지지(地支)에 간직된 干을 表出해서 음양과 생극비화 관계를 따진다. 그러자면 지지 속에 간직된 干의 正氣를 알아야 한다.

子—癸, 丑—己, 寅—甲, 卯—乙, 辰—戊, 巳—丙, 午—丁, 未—己, 申—庚, 酉—辛, 戌—戊, 亥—壬

지지 子는 癸水, 丑은 己土, 寅은 甲木, 卯는 乙木, 辰은 戊土, 巳는 丙火, 午는 丁火, 未는 己土, 申은 庚金, 酉는 辛金, 戌은 戊土, 亥는 壬水가 정기(正氣)다. 그러므로 子는 癸, 丑은 己, 寅은 甲, 卯는 乙, 辰과 戌은 戊, 巳는 丙, 午는 丁, 申은 庚, 酉는 辛, 亥는 壬으로 보고 육친을 정한다. 지지의 음양과 오행을 干의 음양과 오행을 동일하게 보되(예를 들어 寅은 陽木이고 陽木의 干은 甲이라 寅을 甲으로 본다) 오직 亥子水와 巳午火에 한해서만 亥는 陰水지만 陽水(壬)로, 子는 陽이지만 陰水(癸)로 巳는 陰火지만 陽火(丙)로, 午는 陽火지만 陰火(丁)로 바꾸어 본다. 이와 같은 원칙으로, 정해진 육친은 다음 표와 같다.

四柱의 干支 \ 日干	甲日	乙日	丙日	丁日	戊日	己日	庚日	辛日	壬日	癸日
寅·甲	比肩	劫財	偏印	正印	偏官	正官	偏財	正財	食神	傷官
卯·乙	劫財	比肩	正印	偏印	正官	偏官	正財	偏財	傷官	食神
巳·丙	食神	傷官	比肩	劫財	偏印	正印	偏官	正官	偏財	正財
午·丁	傷官	食神	劫財	比肩	正印	偏印	正官	偏官	正財	偏財
辰·戌·戊	偏財	正財	食神	傷官	比肩	劫財	偏印	正印	偏官	正官
丑·未·己	正財	偏財	傷官	食神	劫財	比肩	正印	偏印	正官	偏官
申·庚	偏官	正官	偏財	正財	食神	傷官	比肩	劫財	偏印	正印
酉·辛	正官	偏官	正財	偏財	傷官	食神	劫財	比肩	正印	偏印
亥·壬	偏印	正印	偏官	正官	偏財	正財	食神	傷官	比肩	劫財
子·癸	正印	偏印	正官	偏官	正財	偏財	傷官	食神	劫財	比肩

○ 지지암장

지지암장(地支暗藏)이란 지지에 간직된(감추고 있는) 干을 말하는바 지지장간(地支藏干) 지장간(支藏干) 또는 그냥 암간(暗干)이라고도 칭한다.

十二支에는 각각 天干을 간직하고 있는데 子와 卯와 酉는 정기(正氣)인 干만 간직하고 있으나 午와 亥는 정기를 포함한 2개의 干이 간직되고 그 외의 支(丑·寅·辰·巳·未·申·戌)는 정기(正氣)와 여기(餘氣)와 중기(中氣) 3개씩 干을 간직하고 있다. 아래와 같다. ( )가 없는 干이 正氣이므로 이 干으로 六親을 表出한다.

子 ― 癸

丑
├ (癸) 己 (辛)

寅
├ (戊) 甲 (丙)

卯 ― 乙

辰
├ (乙) 戊 (癸)

巳
├ (戊) 丙 (庚)

午
├ (己) 丁

未
├ (丁) 己 (乙)

申
├ (戊) 庚 (壬)

酉 ― 辛

戌
├ (辛) 戊 (丁)

亥
├ 壬 (甲)

264

3. 육친론

(1) 비겁(比劫)

나(日干)와 오행이 같으면 비견(比肩)이라 하고, 비겁(比劫)인데 五行이 같아도 음양으로 분류 음양이 같은 干支를 비견(比肩)이라 하고, 음양이 다른 干支를 겁재(劫財)라 한다.

日干→	甲	乙	丙	丁	戊	己	庚	辛	壬	癸
비견(比肩)	甲·寅	乙·卯	丙·巳	丁·午	戊·辰戌	己·丑未	庚·申	辛·酉	壬·亥	癸·子
겁재(劫財)	乙·卯	甲·寅	丁·午	丙·巳	己·丑未	戊·辰戌	辛·酉	庚·申	癸·子	壬·亥

• 특성:비견·겁재는 五行이 日干(나)과 같으므로 타의 육친과도 生克관계가 같다. 즉 나의 인수(印綬)는 비겁도 인수가 되고, 나의 관살(官殺)은 비겁도 관살이요, 나의 식상은 비겁도 식상(食傷)이요 나의 처재(妻財)는 비겁의 처재가 된다. 때문에 어려운 일을 당해서는 고락을 같이하고 거들어주는 동조자가 되어주지만 내가 좋아하는 처재(여자·재물)나 사업 지위는 비겁도 좋아하게 되어 있으므로 이런 경우는 나의 적이요 강력한 라이벌 관계가 된다.

때문에 비겁이 四柱 가운데 많으면 내것을 다 빼앗아 가는 상이 되어 불화, 투쟁,

질투, 손재, 빈곤, 시비 등의 나쁜 운이 작용된다.

그런데 왜 五行이 같으면서 하나는 비견이고 하나는 겁재인가?

비견은 나의 힘이 되어주는 협력자의 뜻이 있고, 겁재는 나의 처재(여자와 재물)을 겁탈한다는 뜻이 있어서다. 왜냐하면 비견은 나(日干)의 겁재의 입장으로 볼 때 정관(正官)이 되어 사정을 보아주며 克하므로 별로 큰 타격을 받지 않으나 겁재는 나의 정재(正財)의 편관 칠살(七殺)이 되어 사정없이 극해서 뺏어가므로 붙여진 명칭이다.

그러나 비견도 많으면 겁재가 되어버리고, 겁재도 나의 도움이 되면 희신(喜神)이 되니 비견, 겁재의 명칭이나 특성에 크게 구애받지 말아야 한다.

· 사주에 재가 태왕하거나 너무 많으면 비겁을 막론 협력자가 되니 즉 희신이 된다.
· 사주에 비견 겁재가 많으면 형제자매가 많은 상이다. 또는 비견도 있고 겁재도 많으면 배다른 형제자매가 많다고 본다.(비견은 친형제자매요, 겁재는 이복형제자매로 보는 까닭이다)

◎ 四柱에 비견 겁재가 많으면 다음과 같은 운이 작용될 수 있다.

① 빈곤하고, 실패하고, 라이벌 때문에 사업 출세에 지장이 크다.(비겁이 많다는 것은 나의 처재를 뺏어가고(그래서 빈곤 실패), 나와 서로 취하려 다투는 상이 되어서다)

② 남자는 정조를 뺏긴 여성을 아내로 맞이하거나, 결혼 후 아내를 뺏길 우려가 있다. (비견 겁재는 나의 여자를 먼저 취했거나 뒤에 뺏으려는 상이다)

③ 결혼이 잘 성립되지 않는다. (내가 좋아하는 여성을 좋아하여 취하려는 라이벌이 많기 때문이다)

④ 아내의 건강이 나쁘거나 상처할 가능성이 있다. (비겁은 처재를 克하므로 비견 겁재가 많으면 처재성이 克받는 것이 심해서다)

⑤ 여자는 첩 노릇을 하거나 자신이 첩꼴을 보거나, 남편이 바람을 피운다. (비겁이 많으면 음이 성하고 양이 쇠하는 법이므로 팔자가 세고, 고독한 것은 남편이 첩을 두거나, 바람 피우거나 과부가 되기 때문이다. 팔자가 센 四柱란 바로 사주 대부분이 비견 겁재로 되어 있는 팔자가 세어 과부가 되거나, 내 주장 하거나 고독하다. (비겁이 많은 상이 되어서다) 겁재는 라이벌이요, 나와 동등한 입장이니 즉 남편의 여자가 많은 음이 성겁재는 라이벌이요, 나와 동등한 입장이니 즉 남편의 여자가 많은 상이 되어서다)

⑥ 팔자가 세어 과부가 되거나, 내 주장 하거나 고독하다.

⑦ 기타 빈궁 실패, 라이벌 고생살이, 결혼 늦은 것 등은 남자와 마찬가지다.

⑧ 四柱에 群比爭財(군비쟁재—비견 겁재가 대부분이고 재성이 하나만 있는 것)를 이루면 극빈·흉액이 이른다. (마치 많은 거지가 한덩이 밥을 놓고 서로 먹으려고 다투는 상이요, 또는 여러 남자가 한 여자를 서로 취하려 투쟁하는 형상이 되어서)

267

- 비견 겁재가 많더라도 종왕격(從旺格)을 이루면 예외로 풀이한다.
- 겁재(劫財)가 비록 나쁘다 하나 살인상정격(殺印相停格)을 이루면 도리어 귀격이고, 재가 너무 많을 때는 나의 사업 협력자가 된다.

비견(比肩) ┤ 남자 = 가정에서는 형제자매 며느리요 사회적으로는 친구 직장동료, 같은 또래 라이벌
　　　　　└ 여자 = 가정에서는 형제자매, 시아버지, 남편의 첩 애인이고 사회적으로는 남자와 같다

겁재(劫財) ┤ 남자 = 가정에서는 이복형제자매, 동서·조카며느리요 사회적으로는 친구 동료 경쟁자
　　　　　└ 여자 = 가정에서는 이복형제자매, 남편 형제의 아내, 남편의 첩, 남편의 애인, 사회적으로는 라이벌 동료 친구

(2) 식상(食傷)

식신(食神)과 상관(傷官)은 같이 日干이 生해주는(日干의 生을 받는) 점이 같아 함께 식상(食傷)이라 하는데 식신이니 상관이니 하는 분류는 日干과의 음양이 같으냐 다르냐에 따라 정해진다.

268

즉 四柱의 干支 가운데 日干이 生해주는 干支로 음양이 日干과 같으면 식신(食神)이라 하고, 日干과 음양이 다르면 상관(傷官)이라 한다

日干	甲	乙	丙	丁	戊	己	庚	辛	壬	癸
식신(食神)	丙·巳	丁·午	戊·辰戌	己·丑未	庚·申	辛·酉	壬·亥	癸·子	甲·寅	乙·卯
상관(傷官)	丁·午	丙·巳	己·丑未	戊·辰戌	辛·酉	庚·申	癸·子	壬·亥	乙·卯	甲·寅

식상은 日干과 비겁의 生을 받고, 재(財)를 생해주며, 인성(印星)의 극을 받고 관살(官殺)을 극한다. 그런데 이러한 식상이 왜 하나는 식신(食神)이란 좋은 명칭이 붙고 하나는 나쁜 상관(傷官)이란 명칭이 붙었는가. 이는 음양관계에 따라 생극하는 작용력이 약간 다르기 때문이다.(실상은 生克작용이 별로 차이가 없으나 엄밀히 따지면 아래와 같다)

식신은 두 가지(日干을 위해) 좋은 역할을 한다. 재물(처재)은 나를(日干) 보좌(아내의 내조)하고, 나의 의식주 경제를 맡은 것이라 절대 없어서는 안될 요소인바 식신은 나의 정재(正財)의 친어머니(印星)격이 되어 財를 아낌없이 생해주니 결과적으로 의식주(財)와 內助가 풍족해지니 먹을 것을 생해주는 길신이 되고, 한편으로는 나(日干)를 克해 괴롭히는 칠살(七殺)을 극제하여 관재 질병 재앙을 막아주기(식신제살)

269

때문에 식신 또는 수복지신(壽福之神)이라 한 것이다.

상관도 식신과 五行이 같으므로 財를 生하고 관살을 극하나 약간 정적(情的)인 차이가 있다. 상관은 나의(日干)의 정재(正財)의 계모·서모격(친어머니가 아닌)이 되어 자기 친자식처럼 생해주려는 마음이 적고(정보다는 義로만 生), 한편 나의 봉급을 주는 직장이요 벼슬격이 되는 정관(正官)의 칠살(七殺)이 되어 무자비하게 극해버림으로써 관직 영전 봉급에 손실을 준다는 뜻이 있어서다. (즉 상관은 正官을 극해서 상하게 한다는 뜻이다)

그러나 이상 식신 상관의 정(情)이 그러할 뿐 실질적인 생극작용은 식신 상관의 차이가 별로 없다. 식신도 정관을 극하고, 상관도 정재를 生하므로 꼭 식·상의 명칭에만 구애받아서는 안된다.

• 특성 = 식신은 안정, 복록 장수 재물풍족, 명랑 후덕 자비심 신체풍만, 평탄함을 유도하고, 상관은 범죄, 용맹, 경쟁, 교만, 하극상, 반역 폭동, 혁명 등 약간 오만무례와 폭력성을 유도한다.

◎ 四柱에 식신이 있으면 비교적 순탄한 생애를 보낸다(상관도 마찬가지). 그러나
◎ 식상이 太旺하거나 너무 많으면
① 관운이 불길하다.(식상은 관직이 되는 官殺을 克하기 때문, 財가 있으면 감소된

270

다)

② 국법을 어기거나, 법 무서운 줄 모르다가 관액을 당한다.(식상이 국가요 법이 되는 관살을 훅하기 때문이다)(겁 없이 날뛰는 수가 있다)

③ 남자는 자식운이 나쁘다.(육친관계상 관살이 자식인바 왕한 식상이 자식인 관살을 극하는 까닭)

④ 혹 장모가 여럿이다.(財가 아내니 財의 모친은 식상이므로 그러하다)

⑤ 여자는 남편을 극하고 과부가 되거나 남편 덕이 없다.(여자는 관성이 남편이다. 식상이 남편인 관성을 훅하기 때문인데 남편이 죽지 않더라도 무능하거나, 능력이 있어도 남편이 좌절, 실패, 파직, 건강 문제 등으로 두 손이 묶인 상이니 스스로 벌어서 생활해야 한다. 그러므로 여자는 식상이 태왕하거나 많은 것을 가장 꺼린다. 혹은 남편에게 성적인 불만이 있다)

◎ 식상이 왕하거나 많더라도 인수 역시 왕하거나, 재성이 있어 식상의 기운을 빼내고, 재성은 식상의 生을 받아 다시 관성을 生해주면 위와 같은 작용을 안하거나 감소된다.

◎ 식상은 재를 生하므로 적당히 왕하면 도리어 좋다. 고로 재성이 미약한 四柱에 식상이 없거나 있더라도 인성의 극을 받아 아주 미약하면 사업의 발전이 없고 아내

덕도 없으며 빈궁하다.

◎ 식신은 좀 왕해도 좋지만 상관은 (재나 인수가 없이) 왕해서는 안된다
◎ 식상생재격(食傷生財格)은 사업가로 가장 이상적인데 특히 식생활에 관계되는 사업으로 성공한다. (五行으로 사업의 종류를 추리하는 수도 있다)
◎ 여자는 月支에 상관이 있음을 꺼리는데 인성(印星)이 왕하면 무해하다.
◎ 여자는 식상이 태왕해도 四柱中에 官星이 없으면 남편을 克하지 않는다.
◎ 식신 상관은 대인관계로 따지면 아래와 같다.

○ 식신(食神) { 男 = 손자 손녀, 장모 혹은 子女
女 = 子女

○ 상관(傷官) { 男 = 조모(祖母) 외조부(外祖父)
女 = 子女・조모・외조부

• 남자의 경우 식신을 손자・장모로 보는 것은 나의 아내는 財(正財)요 정재요, 정재가 낳은 것은 관성이라 편관이 아내의 자식격이며 따라서 나의 자식이 된다. 손자녀는 자식의 자식이라 즉 편관의 편관은 바로 식신이 되어서고, 정재인 아내의 어머니가 식신이므로 나에게는 장모가 된다.

272

상관을 조모로 보는 것은 나를 생한 자 정인(正印)이 어머니요, 어머니인 인수의 정관(正官)은 편재로 어머니의 남편이며 나에게는 아버지다. 아버지의 즉 편재의 편재는 또 인수이고 나의 조부가 되고, 조부의 아내는 인수의 정재 즉 식신이 나의 할머니가 된다. 외조부는 어머니(인수)의 부친(인수의 편재)이 식신이 되어서 조모, 외조부가 되는 원리는 남자와 마찬가지다.

여자의 경우 식신 상관이 子女가 되는 것은 내가(日干) 직접 生한 자니 당연하고, 다.

(3) 재성(財星)

재성(財星)은 처재(妻財)라고도 하는데 日干이 克하는(日干의 克을 받는) 자 재(財)라 하지만 日干과의 음양이 같으냐 다르냐에 따라 편(偏)과 정(正)으로 명칭이 구분된다. 즉 四柱 가운데 日干이 克하는 干支로 日干과 음양이 같으면 편재(偏財)라 하고, 日干이 克하는 干支로 日干과 음양이 다르면 정재(正財)라 한다.

正은 정식적인 것, 偏은 정식에 못미치거나, 치우친(편파적)다는 뜻인데 음양의 조화(造化)는 陰과 陰이거나 陽과 陽 이렇게 같은 음끼리 만난 것을 음양이 조화되지 못한 상이라 하고, 陰과 陽이 만난 것을 음양이 조화된 것이라 한다. 그러므로 같은 음끼리와 양끼리는 음음 양양으로 치우쳤으니 당연히 편(偏)이 되고, 음과 양 양과 음은 음양배합을 이루었으므로 정(正)으로 명칭한 것이지만 이 偏正의 차이도 五行의 生克에 미치는 작용에는 큰 차이가 없고 정(情)이 그렇다는 것뿐이다.

이하 관살(官殺) 및 인성(印星)의 편정(偏正) 구분의 의의도 이 재성의 예와 같다.

日干	甲	乙	丙	丁	戊	己	庚	辛	壬	癸
편재(偏財)	戊·辰戌	己·丑未	庚·申	辛·酉	壬·亥	癸·子	甲·寅	乙·卯	丙·巳	丁·午
정재(正財)	己·丑未	戊·辰戌	辛·酉	庚·申	癸·子	壬·亥	乙·卯	甲·寅	丁·午	丙·巳

• 財星의 육친과의 生克관계 = 財星(편재·정재)은 식상의 生을 받고 관살을 生해주며, 日干과 비겁의 克을 받고 인성(印星)을 克한다.

• 편재는 비공식적인 것 즉 재물로는 횡재, 폭리, 뜻밖의 재물, 유동적(流動的)인 재물, 자수성가로 모인 재산, 혹은 정당한 방법이 아닌 것으로 번 돈 등으로 보고, 정재는 상속받은 재산, 직장에서 받는 봉급, 정당한 방법에 의해 번 돈, 고정적인 수입, 튼튼한 생활 및 사업기반 등으로 본다. 그러므로 상속재산이 없이 자수성가하는 입장이라면 정재보다 편재가 있어 왕한 것이 좋다. 반면에 정재는 안정성이 있는 재물이지만 편재는 벌기도 잘하고 없애기도(실패수도 내포) 잘하므로 재산관리가 어렵

고 지출이 많아 저축성이 정재만 못하다. 어쨌건 인간의 심리는 정재보다 편재에 매력과 쾌감을 느낀다.

- 정재는 정식 결혼한 아내로 보고 편재는 비공식적인 아내니 첩, 애인, 정부(情婦) 등 외도(外道)가 있게 되고, 따라서 여자 때문에 수난을 당하는 수도 있고, 사치 낭비벽이 있고 풍류적이다. 그러나 정재도 너무 많으면 편재의 작용을 해서 여색을 탐함으로써 많은 재물을 없앤다.
- 정재가 있고 空亡이나 剋害(비겁이 많지 않은 것)되지 않으면 처덕과 재운이 좋다.
- 신왕(身旺)하고 편재도 왕하면 사업가(실업가)로 성공해서 명성을 떨친다.
- 月柱에 정재는 애당초 사업·생활기반이 튼튼한 사람이다.
- 편재건 정재건 干에 있는 것보다 支에 있는 게 좋고 干에도 있고 支에도 있으면 대길하다.
- 四柱에 재고(財庫-甲乙日은 辰戌丑未, 丙丁日은 丑, 戊己日은 辰, 庚辛日은 未, 壬癸日은 戌)가 있고 空亡 및 刑·沖·破나 絶·死를 만나지 않으면 일생 돈이 떨어지는 때가 없다.
- 比劫이 왕하고 財가 干에만 있으면 사기 도난 실패 등으로 재물을 없애고, 들어오자 나간다.

275

- 財는 空亡되지 않아야 한다.

◎ 정재 편재를 막론하고 너무 많으면 다음과 같은 운이 작용된다.

모친을 일찍 사별하거나, 모친이 항시 병중에 있거나 여자 재물관계로 모친에 불효하거나 아내가 모친을 학대한다. 여자는 시어머니의 구박이 심하다. (인수는 모친이 되므로 재가 많아 왕하면 그 財는 모친인 인수를 극하기 때문이다. 또 재는 아내요 인성은 모친이니 재가 인수를 극하므로 아내가 어머니를 괴롭히는 상이다. 다음 여자가 시어머니 시집살이 구박이 심한 것은 육친관계상 관성은 남편이요, 관성을 生하는 자 재성이라 재가 시어머니라 재가 너무 많아 태왕이면 시어머니의 극성이 심한 상인데 직접 구박한다기보다는 남편(관성)에 고자질하여 남편으로 하여금 나를 괴롭히 도록 한다고 보아야 된다)

- 편재가 많으면 남의 양자로 가거나 어머니를 따라가 의부를 섬길 수도 있다. (편재는 부친이니 편재가 많다는 것은 부친이 두 분 이상이라는 의미가 있기 때문이다)
- 재성이 태왕하거나 너무 많은 경우 신약(日干이 미약)하면 공처가가 된다.
- 재성이 미약하지 않더라도 식상이 있어야 돈줄이 끊기지 않는다.
- 身弱에 財만 많고 종재(從財)도 안되는 四柱는 세상만사 그림의 떡이라 도리어 빈궁하다.

- 신약해서 인수로 用하는 사주에 재운을 만나면 탐재괴인(貪財壞印)이라 여자 때문에 패가망신하거나, 돈에 욕심을 부리다가 도리어 크게 손재하거나, 뇌물을 먹거나, 사기죄로 형을 받거나, 여자나 돈 때문에 명예를 손상당한다.
- 정재가 도화(桃花)를 겸하면 아내가 바람 피운다.
- 재성이 공망되면 재운도 없고 처덕도 없다.
- 여자는 관성이 미약하여도 財가 왕하면(財滋弱殺) 그 남편이 발달한다. 반대로 식상만 왕하고 재성이 없으면 남편의 운이 막혀 되는 일이 없거나, 남편을 사별하거나, 무능하거나, 항시 병으로 고생한다.
- 여자로서 재성도 많고, 인수도 많으면 음천한 상이니 창녀, 화류계 식모 등의 운이다.

○ 편재(偏財) { 남＝부친 첩 처의 형제자매 여자 애인 정부(情婦) 비공식적인 아내
　　　　　　여＝부친 시어머니

○ 정재(正財) { 남＝아내 백숙부모 의부 양부
　　　　　　여＝백숙부모 시서모

남자의 경우 재성이 처첩이요 애인 여자라 정(正)이 당연 아내요 편(偏)은 아내뻘이 되는지라 첩 여자 애인이요, 아내와 항렬이 같은 자 아내의 동기간이다. 남녀 공히 백숙부모나 의부 양부가 되는 것은 정재요, 편재는 친부친인데 인수 어머니의 남편되는 것(인수의 정관)이 편재요 어머니의 남편은 곧 나의 부친이다. 그리고 정재는 偏財가 부친으로 보니 친부친이 아닌 아버지뻘이라서 의부나 양부에 해당한다.

여자도 아버지는 남자와 마찬가지고, 단 편재를 시어머니로 보는 것은 정관(正官)이 남편이라 성관의 인수요 정관을 생한 자 편재라 남편의 어머니는 곧 나(여자의 입장)의 시어머니가 된다. 따라서 정재는 역시 시어머니뻘이면서 진짜가 아니므로 시서모가 되는 것이다.

(4) 관살(官殺)

관살(官殺)은 그냥 관성(官星)이라고도 하는데 관살이란 정관(正官)과 칠살(七殺)의 합칭이고 관성이란 정관과 편관(偏官)을 합해서 약칭한 술어다. 이 관성 즉 관살은 日干을 克하는 자로서 日干과 음양이 같은 干支를 편관(偏官) 또는 칠살(七殺)이라 하고, 日干을 克하는 자로서 日干과 음양이 다른 干支를 정관(正官)이라 한다.

278

日干	甲	乙	丙	丁	戊	己	庚	辛	壬	癸
정관(正官)	辛·酉	庚·申	癸·子	壬·亥	乙·卯	甲·寅	丁·午	丙·巳	己·丑未	戊·辰戌
편관(偏官)	庚·申	辛·酉	壬·亥	癸·子	甲·寅	乙·卯	丙·巳	丁·午	戊·辰戌	己·丑未

◎ 육친(六親)과의 생극관계＝관살은 인간을 극하고 식상(食傷)의 극을 받으며, 재의 생을 받고 인성(印星)을 생해준다.

◎ 自己(日干)의 우위에 있어 구속력을 행사하거나, 자기를 괴롭히려면(自身이 지배받거나 괴롭게 구는 것) 당연히 자기(日干)를 이길 수 있는 자라야 하니 자기를 이길 수 있는 자는 무엇이겠는가. 즉 日干을 극하는 오행이다. 자기에게 구속력을 행사할 수 있는 것은 국가요 국법이요 직장 및 직장의 상관이요, 자기를 괴롭히는 자는 질병 재앙, 잡귀, 흉액이라. 그래서 자기(日)를 극하는 자가 官殺이 되는 것이다.

그런데 自己를 극하여 지배함에도 도리어 그 구속이 나에게는 유리한 것이 있고, 불리한 것의 구분이 있으니 유리한 것은 정관(正官)이고 불리한 것은 편관(偏官)이라 편관을 칠살(七殺)이라 한다.

음양의 성격상 生이나 克에 있어 같은 생이라도 정(情)이 음양이 같은 것끼리보다는 다른 것에 더 가고, 같은 극이라도 정(情)이 음양이 다르면 아껴주고, 이익 주고

279

사정을 보아주며 克하지만 같은 음양끼리는 인정사정 볼 것 없이 무자비하게 克해서 말살시키려 하므로 日干을 克해도 음양이 다르면 정관(正官)이 되어 국가 직장 상관, 나를 선의로 다스리는 국법에 해당하는 것이지만 음양이 다르면 나에게 나쁜 일만 주는 칠살(七殺)이 된다.

◎ 정관이나 편관이나 관(官)이라는 뜻이 있어 다 같이 벼슬 직업으로 보는데 정관은 공식적인 관직(시험에 의해 합격된)으로 보고, 편관은 비공식적인 관직(시험에 의한 자격증이 없이 돈으로 관직을 사거나 윗사람의 특채 소개에 의한 관직 등)으로 본다. 그러므로 四柱의 구성(格)이 길한 경우 정관이 있으면 아랫자리에서 서서히 안전성 있게 진급되고, 편관이 있으면 벼락출세 즉 권모술수에 의해 출세하는 것으로 본다.

◎ 그러나 이상은 정·편관의 정(情)이 그렇다는 것이지 반드시 그런 것은 아니다. 정관 편관은 五行生克 관계상 日干(나)을 克하는 것은 마찬가지로 정관도 너무 많으면 칠살(七殺)로 化하여 나(日干)를 괴롭히고, 칠살도 희신(喜神) 노릇을 하면 정관 보다 더 유익하게 여기는 것이니 가장 중요한 것은 정·편의 구분이 아니라 四柱 구성이 어떻게 되었느냐에 따라 정·편관의 희기(喜忌)가 정해진다는 점을 알아야 한다.

- 정관의 특성＝신사적, 합리적, 준법정신, 체계적, 양심적, 공식적인 관직, 정당성
- 편관의 특성＝혁명적, 횡적출세, 투쟁, 목적을 위해서는 사소한 것 불사, 비공식적
◎ 정관이나 편관은 干과 支 각각 하나씩만 있으면 귀한 사주다.
◎ 정관·편관이 많으면 아래와 같은 운이 작용된다.
- 정관도 있고 편관도 있으면 이중관직 즉 두 직업을 가지는 수가 있다.
- 정관 편관이 혼합되어 있으면 남자는 두 여자의 몸에 자식을 두고, 여자는 두 남자 이상을 섬길 운이라 한다. (남자는 편관이 아내의 자식, 정관이 첩의 자식으로 보고, 여자는 정관을 정식결혼한 남편, 편관을 재혼한 남편, 혼인 이외의 남편으로 보기 때문이다. 그래서 여자는 사주에 관살혼잡을 가장 꺼린다)
- 여자는 관살(官殺)이 많으면 여러 번 시집가거나, 화류계 팔자(八字)다. (여자는 관살을 모두 자기와 인연 있는 남자로 보기 때문이다)
- 관살이 미약한 중 식상(食傷)이 태왕하면 남자는 관운과 자식운이 나쁘고, 여자는 과부가 되거나 남편이 무능력하거나, 능력이 있더라도 문이 막혀 되는 일이 없다. 이러한 여자는 남편이 없이 혼자 살 경우 의식의 구애는 받지 않는다. (식상이 왕하면 미약한 관살은 식상의 극을 받아 맥을 못춘다. 때문에 위와 같은 운이 작용되는데 남자는 관살을 관직, 자식으로 보고, 여자는 남편으로 보기 때문이다)

281

○ 편관(偏官) { 남 = 정식 결혼한 아내에게서 난 자녀(그러나 그냥 친자녀로 보면 된다)
여 = 비공식적인 남편, 재혼한 남편 정부(情夫), 자기와 관계 있는 남자, 며느리

○ 정관(正官) { 남 = 서자, 조카, 의자(義子)(그러나 그냥 子女로 보면 된다)
여 = 정식 남편, 재혼이라도 정식 결혼한 남편(많으면 정부), 며느리

• 남자의 경우 정관으로 서자 조카 의자로 삼고, 편관으로 정식 子女로 삼는 것은 자식은 자신의 몸에서 직접 生한 게 아니라 간접적으로 처첩이나 기타 관계한 여자가 生한 자를 子女로 삼는 원칙이므로, 자기(日干)의 정식 아내는 정재요, 비공식 아내는 편재다. 자식의 입장에서는 편관이 공식 子女이고 정관이 비공식 子女이지만 꼭 그런 것은 아니니 정·편관을 막론하고 그냥 자녀로 보면 된다.

• 여자의 경우 자기(日干)를 克하는 자(지배하는 자) 남편뻘이 된다는 원칙에 따라 관성(정·편관)이 남편인데 정(正)이란 의미가 있어 正官이 공식적인 남편 즉 재혼한 남성, 기타 몸을 준 남자로 본다. 그리고 편관(偏官)은 비공식적인 남편 즉 재혼한 남성, 기타 몸을 준 남자로 본다. 그리고 편관(偏官)은 비공식적인 남편 즉 재혼한 남성, 기타 몸을 준 남자로 본다. 그리고 편관(偏官)은 비공식적인 남편 즉 재혼한 남성, 기타 몸을 준 남자로 본다. 그리고 관성을 며느리로 보는 것은 며느리는 자식의 아내라 여자는 식상이 자식이므로 식상을

의 아내(식상이 克하는 자)가 정관 편관이 되는 까닭이다.

(5) 인성(印星)

인성(印星)은 정인(正印)·편인(偏印)의 합칭이다. 혹은 합칭하여 인수(印綬)라고도 하는데 필자는 인수를 정인(正印)만 칭하고, 정·편인의 합칭을 그냥 인성(印星)으로 하고 싶다. 즉 인성(정인·편인)은 나(日干)를 생해주는 干支니 日干과 음양이 같은 것을 편인(偏印)이라 하고, 日干과 음양이 다른 것을 정인(正印)이라 한다.

日干	甲	乙	丙	丁	戊	己	庚	辛	壬	癸
편인(偏印)	壬·亥	癸·子	甲·寅	乙·卯	丙·巳	丁·午	戊·辰戌	己·丑未	庚·申	辛·酉
정인(正印)	癸·子	壬·亥	乙·卯	甲·寅	丁·午	丙·巳	己·丑未	戊·辰戌	辛·酉	壬·癸

◎ 육친(六親)과의 生克관계 = 인성은 日干과 비겁(比劫)을 생하고, 관살의 생을 받으며, 식상을 克하고 재성(財星)을 克한다.

◎ 정인(正印)으로 인수(印綬)를 삼고 편인으로 도식(倒食)·효신살(梟神殺)의 흉성(凶星)으로 삼는 것은 정인은 日干을 진심으로 생해주는 친어머니요(음양이 같으므로 正이 되는 까닭) 한편 식신을 克하지만 식신의 상관격이 되어 적당히(견딜 수 있

게) 극하므로 吉星이 되고, 편인은 日干과 음양이 같아(음양 조화가 안되어) 日干을 生해주는 모친격이 되어도 마지못해(가면으로) 생해준다는 의미가 있고, 한편 나의 식신 즉 수복시신(壽福之神―식상에서 설명한 바 있음)의 칠살(七殺)이 되어 식신을 무자비하게 尅하므로 나의 수복을 손상시킨다 해서 붙여진 이름이다. 그러나 이것도 정(情) 관계이지 실질상의 生克에 미치는 영향력은 꼭 정인이 좋고 편인이 나쁘다는 단정을 내려서는 안된다.

• 편인의 특성＝편벽성, 변태적, 꿍한 마음, 훼방, 비뚤어진 사고방식

• 정인의 특성＝신사, 군자풍, 명예존중, 자비심, 학자풍 종교적 도덕적 신의

◎ 사주에 편인을 놓거나 편인이 용신(用神)되거나 편인이 왕하면 의사 학자, 예술가 이발사, 특별한 지식 기술(세무사 계리사 화가 디자이너 발명가 연구가 등)에 의한 직업 등 편업(혼자 가진 직업)에 종사하게 되고, 그래야만 성공한다.

◎ 年이나 月에 인수(정인)가 있어 타에 손상(형·충·극·공망·절)되지 않으면 부모 덕이 있고 성격도 온후 단정 원만하며 신사적 군자풍이 있어 남의 존경을 받게 되며 명예가 높고 학자 교육자 등 고상한 직업으로 생애한다.

◎ 사주에 편인·정인이 많으면?

• 어머니가 많은 상이다.(편인은 서모·계모로 보고, 정인은 生母로 보는데 正印이

284

生母라 하지만 正印도 많으면 生母가 둘이 될 수 없듯이 어머니가 있다는 상이다)

• 편인이 너무 많거나 太旺하면 남녀를 막론하고 박복하다. 여자는 자식의 실패가 있거나 자식이 있어도 병약하거나 창달하지 못한다. (편인은 倒食이라 밥그릇을 엎는다는 의미의 흉신인데 까닭은 財를 生하는 財의 근원 기반이요 보급로 격인 식상(食傷)을 克하기 때문에 박복한 것이고, 여자는 식상이 자식인바 자식되는 식상을 편인이 克하는 까닭이다)

• 편인뿐 아니라 정인(正印)도 너무 太旺하거나 많으면 위 편인과 똑같은 작용을 하되 식상을 克하는 강도가 편인보다는 약간 덜하는 감이 있는 정도다.

◎ 사주에 편인 정인이 많으면 안하무인(眼下無人)이어서 버르장머리가 없다. (까닭은 편·정인은 부모(특히 어머니)라 편·정인이 日干을 심히 生해주니 어머니가 자식을 지나치게 받들어주어 기고만장한 상이 되어서다)

◎ 편인이나 정인이 있어 미약하고, 관살이 없으며, 재성이 太旺하거나 많으면 아내가 나의 부모를 구박하는 상이요, 또 아내로 인해 불효자가 된다.

○ 편인(偏印) { 남＝서모·계모·이모·조부
             여＝서모·계모·이모·조부·손자녀 }

○ 정인(正印) { 남＝친어머니·손자
             여＝친어머니·손자 }

• 나를 生하는 자 生母라 내가 되는 日干을 生하는 자는 인성(印星)인데 진정(眞正) 生한 자는 정인(正印)이므로 정인(正印)이 친어머니다. 고로 비진정으로 生하는 자 편인이라 당연히 친어머니가 아닌 어머니뻘 즉 서모·계모·이모가 되는 것이다. 또 여자는 인성을 손자녀로 보는 것은 식신이 아들이라 식신인 아들의 아들은 손자로서 즉 식신의 정관 편관격이 인성이므로 인성이 손자가 되는 것이다.

[참고]

◎ 육친간의 生克에 의한 관계를 다시 간단히 줄여 설명해 본다.

• 비겁이 너무 많으면 버르장머리가 없고, 곤궁하며 부친이나 처첩을 극한다. (식상이 없거나 미약)

• 식상이 너무 많으면 남자는 관운 자식운이 나쁘고, 여자는 남편을 극한다. (재가

- 재가 너무 많으면 어머니가 일찍 죽거나 아내의 학대를 받는다.(관살이 없거나 미약)
- 관살이 너무 많으면 몸이 허약하고, 형제자매가 없이 고독하다.(인성이 없거나 미약)
- 인성이 너무 많으면 버릇이 없고 곤궁한데 여자는 자식 두기가 어렵다.
- 여자는 日柱가 미약하고 식상이 태왕하면 제왕절개 수술해야 애를 낳는다.

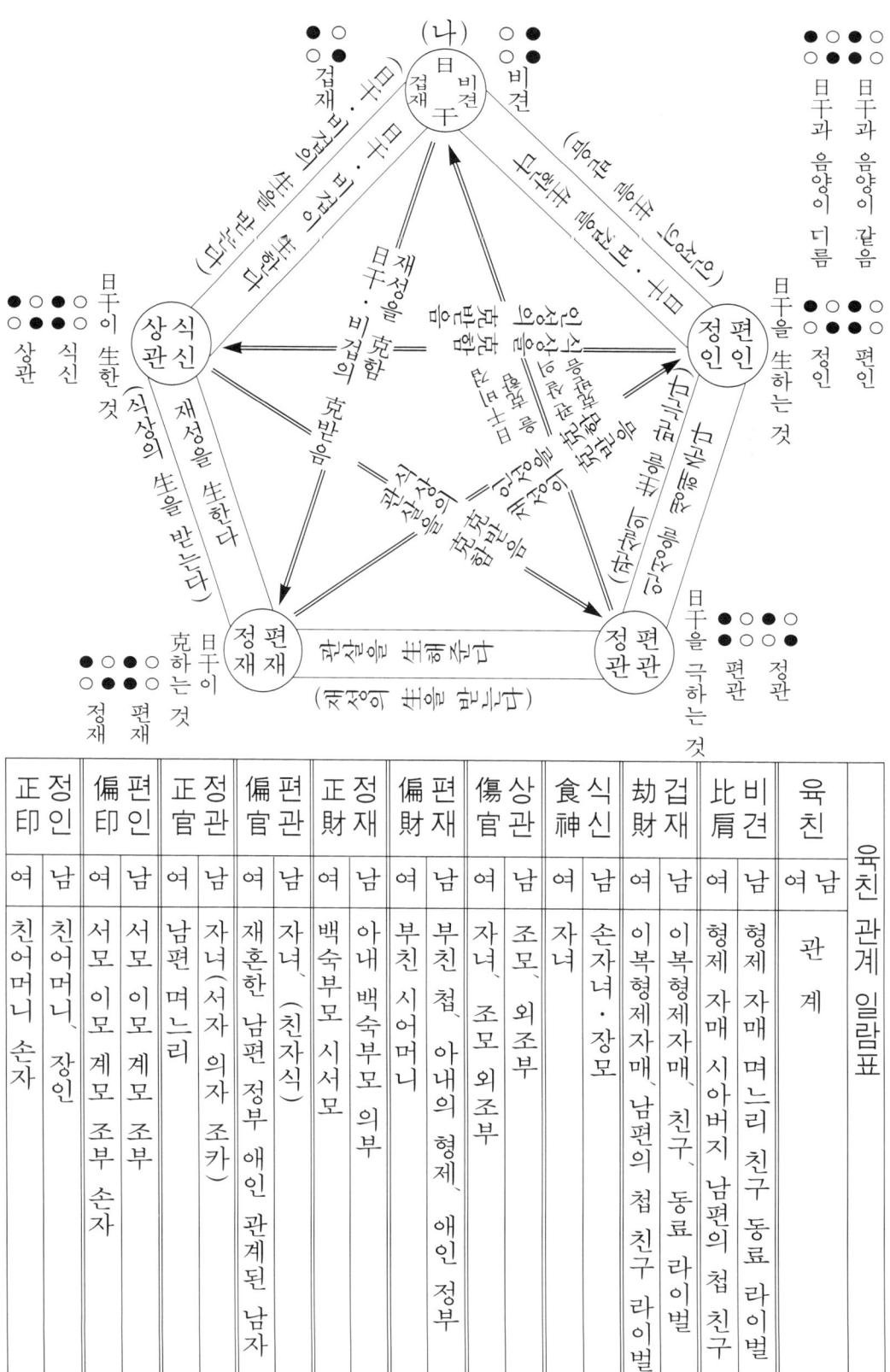

육친	육친 관계 일람표																			
	비비견		겁겁재		식식신		상상관		편편재		정정재		편편관		정정관		편편인		정정인	
남여	남	여	남	여	남	여	남	여	남	여	남	여	남	여	남	여	남	여	남	여
관계	형제자매 친구 동료 라이벌	형제자매 며느리 친구 동료 라이벌	이복형제자매 친구 동료 라이벌	이복형제자매 시아버지 남편의 첩 친구	손자녀·장모	손자녀	자녀	조모, 외조부	아내 백숙부모 의부	부친 시어머니	부친 첩, 아내의 형제, 애인	백숙부모 시서모	자녀 (친자식)	재혼한 남편 정부 애인 관계된 남자	자녀	남편 며느리	서모 이모 계모 조부	서모 이모 계모 조부 손자	친어머니, 장인	친어머니 손자

288

제 5 부 남녀궁합

1. 납음궁합(納音宮合)

(1) 육십갑자 병납음(六十甲子 竝納音)

甲子
乙丑 海中金(해중금)

丙寅
丁卯 爐中火(노중화)

戊辰
己巳 大林木(대림목)

庚午
辛未 路傍土(노방토)

壬申
癸酉 劍鋒金(검봉금)

甲戌
乙亥 山頭火(산두화)

丙子
丁丑 澗下水(간하수)

戊寅
己卯 城頭土(성두토)

庚辰
辛巳 白鑞金(백랍금)

壬午
癸未 楊柳木(양류목)

甲申
乙酉 泉中水(천중수)

丙戌
丁亥 屋上土(옥상토)

戊子
己丑 霹靂火(벽력화)

戊申
己酉 大驛土(대역토)

庚寅
辛卯 松栢木(송백목)

壬辰
癸巳 長流水(장류수)

甲午
乙未 沙中金(사중금)

丙申
丁酉 山下火(산하화)

戊戌
己亥 平地木(평지목)

庚子
辛丑 壁上土(벽상토)

壬寅
癸卯 金箔金(금박금)

甲辰
乙巳 覆燈火(복등화)

丙午
丁未 天河水(천하수)

庚申
辛酉 石榴木(석류목)

壬子
癸丑 桑柘木(상자목)

甲寅
乙卯 大溪水(대계수)

丙辰
丁巳 沙中土(사중토)

戊午
己未 天上火(천상화)

庚戌
辛亥 釵釧金(차천금)

壬戌
癸亥 大海水(대해수)

289

○ 宮合相克中 相生法
(궁합상극중 상생법)

사중금(沙中金)과 차천금(釵釧金)은 불을 만나야 성취하고,

霹靂火・天上火・山下火는 물을 얻어야 복록과 영화가 있고,

平地 一秀木은 금이 없으면 성취하지 못하고,

天河水・大海水는 흙을 만나면 자연히 형통하고,

路傍土・大驛土・沙中土는 나무가 아니면 평생을 그르치게 되나니라.

(右法은 官星制化之妙法也니라)

(2) 남녀납음궁합 해설(男女納音 宮合 解說)

男金女金 = 남녀가 같이 거한즉 불길하니 평생을 무익하게 지내고 우마와 재물이 자연히 없어지고 관재수

男金女木 = 龍變化魚…용이 고기로 변한 격
와 재앙이 많이 생기리라.

男金女水 = 游魚失水…고기가 물을 잃은 격
금극수하니 관재와 재난이 있으며 가내가 화목 치 못할 것이요 우마와 재산이 사라지고 부부 이별하여 독수공방할 운이로다.

男金女火 = 馴馬得駄…사마가 짐을 얻은 격
금생수하니 부부 하목하고 자손이 번창 울을 지난 초목이니 자손이 만당하여 효도하고 영화가 무궁하리라.

男金女土 = 仙得土木…신선이 토목을 얻은 격
토생금이니 부귀 공명할 격이로다. 자손이 번 성하고 노비 전답이 많으며 거룩한 이름을 세상에 떨치니 평생 근심이 없으리라.

男木女金 = 瘦馬重駄…병든 말의 무거운 짐
금극목하니 백년을 조심할 격이라 재물이 자연히 패할 것이요 이별수가 있고 혹 자손을 두었으나 기르기 어려우리라.

男木女木 = 臥牛負草…누운 소가 풀을 진 격
금극목하니 불길하도다. 부부간에 오래 동거치 못할 것이요 재산이 풍족하지 못하며 자손의 근심이 있으며 재액이 많으리라.

男木女木 = 主失鷄犬…닭과 개를 잃은 격
평생에 길흉이 상반하리라. 부부 화목하여 생 남 생녀할 것이요, 재산이 풍족하나 일 생 굶주리지는 아니하리라.

男木女水 = 수생목하니 부부 금슬이 지극하고 자손이 효성하며 친척 화목하고 복록이 가득할 것이요 수명을 누리고 이름도 떨치게 되리라.

男木女火 = 목생화하니 자손이 만당하고 복록이 창성할 격이라. 평생을 금의 옥식으로 부러울 것이 없으며 복이 오고 재앙은 사라지리라.

男木女土 = 三夏逢扇…여름에 부채를 얻은 격 목극토하니 부부 불합할 것이요 자손이 불효하며 패가망신하기 쉬우리라.

男木女金 = 入冬裁衣…겨울에 옷을 만드는 격 금극목하니 부부 금슬이 불합할 것이요 친척과 화목치 못하고 자손이 불효하며 패가망신하기 쉬우리라.

男水女金 = 三客逢弟…삼객이 동생을 만난 격 금생수하니 재산이 흥왕하며 영화가 무궁하고 일가가 창성하여 일생 안락하리라.

男水女木 = 鮫變爲龍…상어가 용이 된 격 수상합하니 부귀할 격이요 부부 금슬이 중하고 공명이 또한 겸비하여 사면에 가득하고 자손이 창성하여 일생 안락하리라.

男水女水 = 病馬逢針…병든 말이 침을 만난 격 수 일가가 화순하며 전답이 사면에 가득하고 자손이 창성하여 일생 안락하리라. 공명이 겸비하여 족해지고 친척이 화목하며 노비 전답이 많으리라.

男水女火 = 龍變爲魚…용이 변하여 고기가 된 격 수화 상극하니 부부 불목하며 불효하고 자손이 자연히 재액이 일가 친척하니 화목치 못하며
르매 패가하리라.

男水女土 = 花落逢暑…꽃이 떨어지고 여름을 만난 격 수토가 상극하니 금슬이 화목치 못하고 자손이 불효하여 가도가 자연히 패하고 재물이 없고 상부(喪夫)할 격이로다.

男火女金 = 萬物逢霜…만물이 서리를 만난 격 화극금하니 불 가운데 눈같이 사라지고 믿을 것이 없도다. 자손이 극귀하고 일류이 어지러워 재앙이 많고 재물이 사라지리라.

男火女木 = 龍失明珠…용이 여의주를 잃은 격 목생화하니 만사 대길하고 부부 화합하여 자손이 효행하고, 사방에 이름을 떨치어 석숭 같은 부자에 고관의 벼슬을 얻으리라.

男火女水 = 鳥變成鶴…새가 변하여 학이 되는 격 수극화하니 만사 대흉하여 상처할 격이요, 일가 친척이 불화하고 재물이 없으리라.

男火女火 = 老脚渡橋…늙은이가 다리 건너는 격 양화가 서로 만나니 길한 것이 적고 흉액이 많도다. 재물이 흩어지고 부부 불화하고 자손이 없으며 화재로 패를 보리라.

男火女火 = 龍變爲魚…용이 변하여 고기가 된 격

男水女火 = 鳥變成鷹…새가 매로 변하는 격

291

男火女土 = 화생토하니 재물이 풍족하고 자손이 창성하며 일생 근심이 없고 부귀 복록이 자연히 이르며 도처에 이름을 떨치리라.

人變成仙…사람이 신선으로 변하는 격

男土女木 = 목극토하니 부부가 서로 불화하고 관재 구설이 빈번하게 이르며 겉은 비록 부유하나 안으로 가난할 것이요, 백년을 근심하리라.

枯木逢秋…마른 나무가 가을을 만난 격

男土女金 = 토생금하니 부부 해로하여 자손이 창성하고 부귀 공명이 겸전하여 재물이 산과 같고 노비가 집안에 가득하니 태평하리라.

鳥變成鷹…새가 변하여 매가 된 격

男土女水 = 토극수하니 자손이 비록 있어도 동서로 흩어질 것이요, 부부지간에 생이별하고 가산도 탕진하리라.

飮酒悲歌…술 마시며 슬픈 노래를 부르는 격

男土女火 = 화생토하니 부부간의 금슬이 중하고 자연히 부귀할 것이요, 효자 효부를 두어 즐거움을 누리고 노비 전답이 즐비하리라.

魚變成龍…고기가 용이 된 격

男土女土 = 양토가 상합하니 자손이 창성할 격이요, 부귀

할지로다. 금의 옥식에 풍류객이 되어 고루 거각에 앉아 영화를 누리리라.

開花滿枝…가지마다 꽃이 핀 격

○ 相生

金生水 = 금은 물을 생하고,
水生木 = 물은 나무를 생하고,
木生火 = 나무는 불을 생하고,
火生土 = 불은 흙을 생하고,
土生金 = 흙은 금을 생한다.

○ 相克

金克木 = 금은 나무를 극하고,
木克土 = 나무는 흙을 극하고,
土克水 = 흙은 물을 극하고,
水克火 = 물은 불을 극하고,
火克金 = 불은 금을 극한다.

2. 가취멸문법(嫁娶滅門法)

(오행과 궁합이 상생이 될지라도 이 가취멸문법에 해당되면 불길하니라.)

正月生女와 九月生男 二月生女와 八月生男
三月生女와 五月生男 四月生女와 六月生男
五月生女와 正月生男 六月生女와 十二月生男
七月生女와 三月生男 八月生女와 十月生男
九月生女와 四月生男 十月生女와 十一月生男

3. 원진법(怨嗔法)

(오행이 상생하고 가취멸문법에 해당이 안될지라도 원진살이 되면 혼인에 불길하니라.)

鼠忌羊頭角‥쥐는 양의 뿔을 싫어하고 (子未),

牛憎馬不耕‥소는 말이 밭갈지 않음을 미워한다(丑午).

虎憎鷄嘴短‥호랑이는 닭의 부리 짧음을 미워하고(寅酉),

兎怨猴不平‥토끼는 잔나비의 불평을 원망한다(卯申).

龍嫌猪面黑‥용은 돼지의 낯이 검음을 혐오하고(辰亥),

蛇驚犬吠聲‥뱀은 개짖는 소리에 놀란다 (巳戌).

제 6 부 택일문(擇日門)

1. 생기복덕법

무릇 어떠한 부분을 막론하고 택일에 앞서 生氣 福德을 맞추어 길한 日辰을 가린 뒤에 다음에 列記한 각 吉日과 凶日을 택일하고자 하는 部門에 대조하여 가리는 것이다.

○ 生氣·福德一覽表

예를 들어 本 大韓民曆 내용의 擇日에 관한 기록에 宜祭祀·祈福·婚姻·建屋 등이라 하였으면 이와 같은 일(行事)에 적합한 日辰이라는 뜻인데 이는 오직 日辰에 따른 吉日이므로 비록 좋다는 日辰이라도 主人公의 나이에 따라 적합치 않을 경우가 있다. 즉 위 吉日에 生氣·福德·天醫日에 해당하면 大吉이고, 絶體·遊魂·歸魂日이면 그런대로 行事에 可하며, 만약 禍害日이나 絶命日이면 宜라고 記錄된 行事라도 主人公

과 맞지 않는 日辰이므로 쓰지 말아야 한다.

나이를 붙여 一上生氣 二中天醫 식으로 生氣福德을 따져 보는 法式인데 男子는 一歲를 離宮에 붙여 二歲에 坤을 건너(二歲 이후 건너지 않음) 兌에 三歲, 乾에 四歲, 이렇게 계속 八方을 돌려나가고(順行), 여자는 一歲를 坎宮에 붙여 二歲乾, 三歲兌, 四歲坤, 五歲離, 六歲巽, 七歲震, 八歲는 艮을 건너(이후는 건너지 않음) 坎宮에 이렇게 八方을 時計 반대방향(逆行)으로 돌려나간다. 그리하여 남녀 共히 主人公에 해당되는 年齡까지 돌려 年齡 머무는 곳이 本宮이라 한다.

一上生氣 二中天醫 三下絶體 四中遊魂 五上禍害 六中福德 七下絶命 八中歸魂

(손으로 생기복덕 돌려짚는 요령은 복잡하므로 생략하고 아래 조건표로 나타낸다)

男女年齡 / 生氣八神 및 吉凶	
男子의 年齡	一 八 十六 二十四 三十二 四十 四十八 五十六 六十四 七十二
	九 十七 二十五 三十三 四十一 四十九 五十七 六十五 七十三
	二 十 十八 二十六 三十四 四十二 五十 五十八 六十六 七十四
	三 十一 十九 二十七 三十五 四十三 五十一 五十九 六十七 七十五
	四 十二 二十 二十八 三十六 四十四 五十二 六十 六十八 七十六
	五 十三 二十一 二十九 三十七 四十五 五十三 六十一 六十九 七十七
	六 十四 二十二 三十 三十八 四十六 五十四 六十二 七十 七十八
	七 十五 二十三 三十一 三十九 四十七 五十五 六十三 七十一 七十九
女子의 年齡	一 八 十六 二十四 三十二 四十 四十八 五十六 六十四 七十二
	二 九 十七 二十五 三十三 四十一 四十九 五十七 六十五 七十三
	三 十 十八 二十六 三十四 四十二 五十 五十八 六十六 七十四
	四 十一 十九 二十七 三十五 四十三 五十一 五十九 六十七 七十五
	五 十二 二十 二十八 三十六 四十四 五十二 六十 六十八 七十六
	六 十三 二十一 二十九 三十七 四十五 五十三 六十一 六十九 七十七
	七 十四 二十二 三十 三十八 四十六 五十四 六十二 七十 七十八
	十五 二十三 三十一 三十九 四十七 五十五 六十三 七十一 七十九

2. 백기일(百忌日)

생기(生氣) 大吉한 日辰	천의(天醫) 大吉한 日辰	절체(絶體) 사용가능한 日辰	유혼(遊魂) 사용가능한 日辰	화해(禍害) 大凶이니 사용불可	복덕(福德) 大吉한 日辰	절명(絶命) 大凶이니 사용불可	귀혼(歸魂) 사용가능한 日辰
卯	酉	子	未申	丑寅	辰巳	戌亥	午
丑寅	辰巳	戌亥	午	卯	酉	子	未申
戌亥	午	丑寅	辰巳	子	未申	卯	酉
酉	卯	未申	子	辰巳	丑寅	午	戌亥
辰巳	丑寅	卯	戌亥	午	子	未申	子
未申	子	酉	丑寅	卯	午	未申	丑寅
午	戌亥	辰巳	卯	酉	戌亥	酉	卯
子	未申	丑寅	酉	未申	卯	丑寅	辰巳
辰巳	丑寅	酉	午	戌亥	卯	未申	子
酉	卯	戌亥	丑寅	午	辰巳	午	戌亥
戌亥	午	卯	丑寅	辰巳	酉	卯	酉
丑寅	辰巳	午	戌亥	子	酉	子	未申
卯	酉	戌亥	未申	丑寅	辰巳	辰巳	午
子	未申	丑寅	子	午	丑寅	丑寅	辰巳
午	戌亥	辰巳	辰巳	未申	丑寅	酉	卯
未申	子	酉	卯	酉	午	辰巳	丑寅

丁不剃頭 = 丁日에 머리를 빗지 아니하며

戊不受田 = 戊日에 수전을 아니하며

己不破券 = 己日에 문서를 파하지 아니하며

庚不經絡 = 庚日에 뜸을 뜨고 침을 맞지 아니하며

辛不合醬 = 辛日에 장을 담그지 아니하며

甲不開倉 = 甲日에 창고를 열지 아니하며

乙不栽植 = 乙日에 나무를 재배하거나 심지 아니하며

丙不修窰竈 = 丙日에 조왕을 고치지 아니하며

3. 택일신살

(1) 월가길신(月家吉神)

壬不決水 = 壬日에 물을 가두지 아니하며
癸不詞訟 = 癸日에 송사하지 아니하느니라.
子不問卜 = 子日에 점치지 아니하며
丑不冠帶 = 丑日에 관대를 매지 아니하며
寅不祭祀 = 寅日에 제사지내지 아니하며
卯不穿井 = 卯日에 우물을 파지 아니하며
辰不哭泣 = 辰日에 곡하지 아니하며

巳不遠行 = 巳日에 먼 출행을 아니하며
午不苫盖 = 午日에 지붕을 덮지 아니하며
未不服藥 = 未日에 약을 먹지 아니하며
申不安牀 = 申日에 평상을 만들지 아니하며
酉不會客 = 酉日에 빈객을 초대하지 아니하며
戌不乞狗 = 戌日에 개를 들이지 아니하며
亥不嫁娶 = 亥日에 혼인을 아니하느니라.

이 월가길신은 月別로 日辰의 吉凶을 찾기 쉽도록 되어 있으니 택일의 조목대로 사용한다. 예: 正月 丙日이면 月德, 二月 亥日이면 生氣가 된다.

月家吉神		日辰 月別	正月	二月	三月	四月	五月	六月	七月	八月	九月	十月	十一月	十二月
天德	造葬上官百事皆亨 (조장 및 상관 백사 형통)	日辰	丁	申	壬	辛	亥	甲	癸	寅	丙	乙	巳	庚
月德 (월덕)	修作 萬福咸至 (수작 만복이 모두 이름)	日辰	丙	甲	壬	庚	丙	甲	壬	庚	丙	甲	壬	庚

天德合 (천덕합)	月德合 (월덕합)	月德合 (월덕합)	月空 (월공)	月恩 (월은)	月財 (월재)	生氣 (생기)	天醫 (천의)	旺日 (왕일)	相日 (상일)	解神 (해신)	五富 (오부)	玉帝赦日 (옥제사일)	天赦神 (천사신)
天德同用 (천덕과 같이 씀)	月德同用 (월덕과 한가지로 씀)	月德同用 (월덕과 한가지로 씀)	上章修造取土俱吉 (상상 취토 수조 모두 길)	與天恩同 (천은과 같음)	移居造葬橫財大吉 (이사 장사 횡재에 대길)	一名天喜 만사대길 (일명천희)	求醫治病針藥皆驗 (구의 치병 침약 모두 효험)	宜卜樑下棺, 忌動土 (상량하관 길 동토는 흉)	上同 (상동)	能解諸殺百事大吉 (능히 모든살을 풀고 백사길)	宜造葬作倉庫 (조장에나 창고에 길함)	任意作事吉 (임의 작사에 길)	天赦神來身罪宥赦 (천사신이 오면 죄를 사함)
日辰	日辰	日辰	日辰	日辰	日辰	日辰	日辰	日辰	日辰	日辰	日辰	日辰	日辰
壬	辛	壬	丙	九	戌	丑	寅	巳	申	亥	丁	巳	戌
巳	己	庚	丁	三	亥	寅	寅	巳	申	寅	甲	子	丑
丁	丁	丙	庚	四	子	卯	寅	巳	戌	巳	乙	丑	辰
丙	乙	甲	己	二	丑	辰	巳	申	戌	申	丙	寅	未
寅	辛	壬	戊	七	寅	巳	巳	申	亥	子	辛	卯	戌
己	己	庚	辛	六	卯	午	巳	申	寅	子	壬	辰	丑
戊	丁	丙	壬	九	辰	未	申	亥	巳	寅	丁	亥	辰
亥	乙	甲	癸	三	巳	申	申	亥	寅	申	甲	午	未
辛	辛	壬	庚	四	午	酉	申	亥	辰	亥	乙	未	戌
庚	己	庚	乙	二	未	戌	亥	寅	辰	寅	丙	申	丑
申	丁	丙	甲	七	申	亥	亥	寅	午	巳	辛	酉	辰
乙	乙	甲	辛	六	酉	子	亥	寅	午	申	壬	戌	未

(2) 사대길일(四大吉日)

구분	설명	日辰
皇恩大赦 (황은대사)	皇恩來赦消炎彌患 (재앙이 사라지고 이환이 나음)	戌 丑 寅 巳 酉 卯 子 午 亥 辰 申 未
要安日 (요안일)	獲福受生益後續世 (획복수생익후속세)	寅 申 卯 酉 辰 戌 巳 亥 午 子 未 丑
萬通四吉 (만통사길)	轉禍爲福居安同榮 (전화위복거안동영)	午 亥 申 丑 戌 卯 子 巳 寅 未 辰 酉
天貴 (천귀)	宜祭祀上官入學 (제사 벼슬 입학에 길)	春—甲乙 / 夏—丙丁 / 秋—庚辛 / 冬—壬癸
四相 (사상)	嫁娶百事大吉 (혼인과 백사에 길)	午 未 申 酉 戌 亥 子 丑 寅 卯 辰 巳
三合 (삼합)	회의、화합에 길	戌午 亥未 子申 丑酉 寅戌 卯亥 辰子 巳丑 午寅 未卯 申辰 酉巳
六合 (육합)	우동	亥 戌 酉 申 未 午 巳 辰 卯 寅 丑 子
時德 (시덕)	結婚會友 (결혼과 친우모임에 길)	春在午 夏在辰 秋在子 冬在寅
靑龍 (청룡)	出行行船 (출행과 배 떠나는 데 길)	子壬 丑癸 寅艮 卯甲 辰乙 巳巽 午丙 未丁 申坤 酉庚 戌辛 亥乾

○ 사시길일(四時吉日)

(혼인과 百事吉)

春(봄)—戊寅日　夏(여름)—甲午日
秋(가을)—戊申日　冬(겨울)—甲子日

○ 천은상길일(天恩上吉日)
(수작 벼슬 혼인 및 백사대길)

甲子日 乙丑日 丙寅日 丁卯日 戊辰日 己
卯日 庚辰日 辛巳日 壬午日 癸未日 己
酉日 庚戌日 辛亥日 壬子日 癸丑日

○ 대명상길일(大明上吉日)
(안장, 집수리, 만사대길)

辛未日 壬申日 癸酉日 丁丑日 己卯日
壬午日 甲申日 丁亥日 壬辰日 乙未日
壬寅日 甲辰日 乙巳日 丙午日 己酉日
庚戌日 辛亥日

○ 모창상길일(母倉上吉日)
(가옥 및 창고건축 백사대길)

春(봄) ─ 亥子日   夏(여름) ─ 寅卯日
秋(가을) ─ 辰戌丑未日   冬(겨울) ─ 申酉日
土王(토왕) ─ 후 첫 巳午日

(3) 월가흉신(月家凶神)

이 월가흉신은 모두 흉일이니 각 택일의 부문에 의하여 보나니라.

月家凶神		月別 日辰	正月	二月	三月	四月	五月	六月	七月	八月	九月	十月	十一月	十二月
天罡(천강)	忌百事 黃道可用 (기백사 황도가용)	日辰	巳	子	未	寅	酉	辰	亥	午	丑	申	卯	戌
河魁(하괴)	忌百事 黃道可用 (기백사 황도면 가용)	日辰	亥	午	丑	申	卯	戌	巳	子	未	寅	酉	辰
地破(지파)	忌動土 金井 (기동토 금정)	日辰	亥	子	丑	寅	卯	辰	巳	午	未	申	酉	戌

羅網(나망)	滅沒(멸몰)	重喪(중상)	天狗(천구)	天賊(천적)	往亡(왕망)	披麻殺(피마살)	紅紗殺(홍사살)	瘟瘟殺(온황살)	土瘟(토온)	天隔(천격)	地隔(지격)	山隔(산격)
忌婚姻 出行 訴訟(기혼인 출행 소송)	忌婚姻 出行(기혼인 출행)	忌安葬 成服 制服(기안장 성복 제복)	開日同 忌祭祀(개일동 기제사)	忌出行 移居(기출행 이거)	忌開倉 出行 百事凶(기개창 출행 백사흉)	忌嫁娶 入宅(기가취 입택)	忌嫁娶(기가취)	忌療病 修造 移徙(기치료 수조 이사)	忌動 土(기 동토)	忌出行 求官(기출행 구관)	忌栽植安葬(기재식안장)	忌入山 敗獵 伐木(기입산 수렵 벌목)
日辰	日辰	日辰	日辰	日辰	日辰	日辰	日辰	日辰	日辰	日辰	日辰	日辰
子	丑	甲	子	寅	辰	子	酉	未	辰	寅	辰	未
申	子	乙	巳	巳	酉	酉	巳	戌	巳	子	寅	巳
巳	亥	己	寅	申	寅	午	丑	辰	午	戌	子	卯
辰	戌	丙	卯	亥	未	卯	酉	寅	未	申	戌	丑
戌	酉	丁	辰	卯	子	子	巳	午	申	午	申	亥
亥	申	己	巳	午	酉	酉	丑	子	酉	辰	午	酉
丑	未	庚	酉	午	戌	午	酉	戌	戌	寅	辰	未
申	午	辛	未	子	卯	卯	巳	申	亥	子	寅	巳
未	巳	己	申	辰	申	子	丑	巳	子	戌	子	卯
子	辰	壬	酉	未	丑	酉	酉	亥	丑	申	戌	丑
巳	卯	癸	戌	戌	午	午	巳	寅	寅	午	申	亥
申	寅	己	亥	丑	亥	卯	卯	卯	卯	辰	午	酉

水隔(수격)	陰錯(음착)	陽錯(양착)	天火(천화)	氷消瓦解(빙소와해)	受死(수사)	歸忌(귀기)	血支(혈지)	飛廉殺(비염살)	血忌(혈기)	獨火(독화)	地囊日(지낭일)	短星(단성)
忌入水 漁獵 行船(기입수 어렵 행선)	忌嫁娶 造葬(기가취 조장)	右 同(우 동)	天獄同 忌修造 盖屋(천옥동 기수조 개옥)	忌入宅 起造(기입택 기조)	忌嫁娶 移徙 上官 宜漁獵(기가취 이사 상관 의어렵)	忌移徙 入宅 婚姻 遠回(기이사 입택 혼인 원회)	忌針灸 刺血(기침구 자혈)	六畜血財專損(육축혈재전손)	忌針灸 刺血(기침구 자혈)	忌起造 盖屋 作竈(기기조 개옥 작조)	忌動土 穿井 開池(기동토 우물 연못)	忌嫁娶 赴任 求謀(기가취 부임 구모)
日辰	日辰	日辰	日辰	日辰	日辰	日辰	日辰	日辰	日辰	日辰	日辰	日辰
戌	庚戌	甲寅乙卯甲辰丁巳丙午丁未庚申辛酉庚戌癸亥	子	巳	戌	丑	戌	丑	巳	庚子癸丑甲寅己丑戊辰癸未丙寅丁卯戊辰庚子辛酉乙未	廿一十九十六廿五廿五廿一廿一十九十六十七十四廿三廿五
申	辛酉		卯	子	寅	巳	未	辰				
午	庚申		午	丑	卯	午	寅	寅				
辰	丁未		酉	申	巳	辰	未	申				
寅	丙午		子	子	申	巳	卯	卯				
子	丁巳		卯	戌	午	子	午	酉				
戌	甲辰		午	亥	丑	丑	辰	辰				
申	己卯		酉	午	未	寅	亥	戌				
午	甲寅		子	未	子	酉	申	巳				
辰	癸丑		卯	申	寅	戌	丑	亥				
寅	壬子		午	酉	卯	亥	寅	申				
子	癸亥		酉	辰	酉	子	酉	午				

(4) 기타 길흉신

長星 (장성)	百事凶 但宜上壽 (백사흉 단의상수)		七日 四日 十五日 二日 三日 六日 九日 八日 十日 四日 十七日 九日
月殺 (월살)	忌福神 立柱 上樑 (기복신 입주 상량)	日辰	丑 戌 未 辰
月厭 (월염)	忌嫁娶 出行 (기가취 출행)	日辰	戌 酉 申 未 午 巳 辰 卯 寅 丑 子 亥
四廢 (사폐)	百事凶 (백사흉)		春=庚辛申酉夏=壬癸亥子秋=甲寅乙卯冬=丙丁巳午
四離 (사리)	忌婚姻百事凶 (기혼인백사흉)		春 分·夏 至·秋 分·冬 至·俱 前 一 日
四絶 (사절)	百事凶 (백사흉)		立 春·立 夏·立 秋·立 冬·俱 前 一 日
四破 (사파)	忌月忌 時德 (기월기 시덕)		申 酉 戌 亥 子 丑 寅 卯 辰 巳 午 未

○ 십악대패일(十惡大敗日)
(백사흉)

甲己年＝三月 戊戌日、 七月 癸亥日
乙庚年＝四月 壬申日、 九月 乙巳日
丙辛年＝三月 辛巳日、 九月 庚辰日
丁壬年＝無忌
戊癸年＝六月 丑日

○ 복단일(伏斷日)
(忌 혼인 이사 출행 諸事不吉)

子日＝虛宿(허수)　　丑日＝斗宿(두수)
寅日＝室宿(실수)　　卯日＝女宿(여수)
辰日＝箕宿(기수)　　巳日＝房宿(방수)

午日＝角宿(각수)
未日＝張宿(장수)
申日＝鬼宿(귀수)
酉日＝觜宿(자수)
戌日＝胃宿(위수)
亥日＝壁宿(벽수)

○ 천상천하대공망일(天上天下大空亡日)
甲戌 甲申 甲午 乙亥 乙酉
壬辰 壬寅 壬子 癸未 癸巳 癸卯

○ 왕망일(往亡日)
(百事凶)
立春 뒤 七日　　驚蟄 뒤 十四日
淸明 뒤 廿一日
芒種 뒤 十六日　　小暑 뒤 廿四日
立秋 뒤 九日　　白露 뒤 十八日
寒露 뒤 廿七日　　立冬 뒤 十日
大雪 뒤 二十日　　小寒 뒤 三十日

○ 천롱지아일(天聾地啞日)
(百事宜 造作修厠)
乙丑 乙未 丙寅 丙子 丙申 丙辰
丁卯 戊辰 己卯 己亥 庚子 辛巳
辛丑 辛亥 辛酉 壬子 癸丑

○ 천지개공일(天地皆空日)
戊戌 己亥 庚子 庚申

○ 오공일(五空日)
(百事大通)
戊戌日午時＝諸神上天 己亥 庚子
辛丑日＝太歲及諸神上天

304

4. 각 택일법

(1) 혼인택일

혼인택일에 앞서 前記한 생기복덕 및 월가길신 월가흉신 기타 길일을 택하고 흉일을 피하여 아래와 같이 吉凶日을 가리어 택일하나니라.

① 합혼개폐법 (合婚開閉法)
(혼인의 운을 본다.)

女子의 나이로 보나니 大開는 부부 화목하고, 半開는 부부 불화하고, 閉開는 부부 이별이니라.

子午卯酉生女 ┬ 大開 十三、十六、十九、二十二、二十五、二十八、三十一、三十四
　　　　　　 ├ 半開 十五、十八、二十一、二十四、二十七、三十、三十三、三十六
　　　　　　 └ 閉開 十六、十九、二十二、二十五、二十八、三十一、三十四、三十七

寅申巳亥生女 ┬ 大開 十四、十七、二十、二十三、二十六、二十九、三十二、三十五
　　　　　　 ├ 半開 十四、十七、二十、二十三、二十六、二十九、三十二、三十五
　　　　　　 └ 閉開 十五、十八、二十一、二十四、二十七、三十、三十三、三十六

② **가취월(嫁娶月)**
(여자의 생년으로 달을 가린다)

辰戌丑未生女 ⎰ 大開 十二、十五、十八、二十一、二十四、二十七、三十、三十三
　　　　　　⎨ 半開 十三、十六、十九、二十二、二十五、二十八、三十一、三十四
　　　　　　⎩ 閉開 十四、十七、二十、二十三、二十六、二十九、三十二、三十五

（子午生）（丑未生）（寅申生）（卯酉生）（辰戌生）（巳亥生）

（大利月） 吉
（대리월）
六月 十二月 正月 七月 四月 十月 三月 九月 二月 八月 五月 十一月
혼인에 대길한 달이니 이 달을 가린다.

（妨媒氏） 平
（방모씨）
正月 七月 四月 十月 三月 九月 二月 八月 五月 十一月 六月 十二月
大利月이 맞지 않으면 이 달도 무관하다.

（妨翁姑） 平
（방옹고）
二月 八月 三月 九月 四月 十月 五月 十一月 六月 十二月 正月 七月
시부모에게 불리한 달이나 부득이하면 무관하다.

（妨女父母） 平
（방녀부모）
三月 九月 二月 八月 五月 十一月 四月 十月 七月 正月 六月 十二月
여부모에게 불리한 달이나 역시 사용할 수 있다.

(妨夫主(방부주)) 凶

四月　正月　六月　二月　三月
十月　七月　十二月　八月　九月
　　　　　　　　　　　　　十一月　五月

신랑에 흉하니 혼인을 못한다.

(妨女身(방녀신)) 凶

五月　十一月　正月　三月　二月
六月　十二月　七月　九月　四月
　　　　　　　　　　　　　八月　十月

신부에 흉하니 혼인을 못한다.

○ 살부대기월(殺夫大忌月)

子生＝正、二月　丑生＝四月
寅生＝七月　　　卯生＝十二月
辰生＝四月　　　巳生＝五月
午生＝八、十二月　未生＝六、七月
申生＝六、七月　　酉生＝八月
戌生＝十二月　　亥生＝七、八月

(가취월의 좋은 달을 가린 후 살부대기월을 피함이 가하다. 단 여자의 생년으로 보나니라.)

③ 혼인에 나쁜 해

○ 남혼흉년(男婚凶年)
(혼인하면 男子에게 凶한 해)

子生―未年、丑生―申年、寅生―酉年、卯生―戌年、辰生―亥年、巳生―子年、午生―丑年、未生―寅年、申生―卯年、酉生―辰年、戌生―巳年、亥生―午年

○ 여혼흉년(女婚凶年)
(女子가 혼인하면 흉한 해)

子生―卯年、丑生―寅年、寅生―丑年、卯生―子年、辰生―亥年、巳生―戌年、午生―酉年、未生―申年、申生―未年、酉生―午年、戌生―巳年、亥生―辰年

307

④ 가취흉일

○ 상부상처살(喪夫喪妻殺)
(이날에 혼인하면 不吉하다.)

春(봄)三月=丙午、丁未日(상처)
冬(겨울)三月=壬子、癸亥日(상부)

○ 고과살(孤寡殺)
(이날은 역시 고신 과숙이 되는 살이 있다.)

亥子丑生―寅戌日、寅卯辰生(상부)
巳午未生―申辰日、申酉戌生―亥未日

○ 가취대흉일(嫁娶大凶日)

春=甲子、乙丑日　夏=丙子、丁丑日
秋=庚子、辛丑日　冬=壬子、癸丑日

正、五、九月=庚日
三、七、十一月=丙日　四、八、十二月=癸日
二、六、十月=乙日

⑤ 혼인에 좋은 일진

○ 음양부장길일(陰陽不將吉日)

陰陽不將吉日은 결혼에 대길인바 아래는 음양부장길일 중에서 천적(天賊) 수사(受死) 홍사(紅紗) 피마(披麻) 월염(月厭) 염대(厭對)의 흉일을 뺀 길일이니 화해(禍害) 절명(絶命) 복단(伏斷) 월기일(月忌日)이 五合日이면 무방 월파(月破) 월살(月殺)을 피하여 택일하면 혼인에 가장 길한 날이다. 만일 이날이 마땅치 않으면 다음의 각 吉日을 가리라.

月別 吉日	正月	二月	三月	四月	五月	六月	七月	八月	九月	十月	十一月	十二月
〃	丁卯	丙子	甲子	甲子	甲申	乙未	己巳	甲辰	辛卯	庚寅	丁丑	丙子
〃	辛卯	戊子	丙子	丙子	丙申	癸未	癸巳	壬辰	癸卯	壬寅	己丑	戊子
〃	丙寅	庚子	戊子	戊子	戊申	甲申	乙未	壬午	庚辰	癸卯	辛丑	庚子
〃	庚寅	乙丑	乙酉	甲申	乙未	丙申	癸未	甲午	壬辰	辛卯	庚寅	丙寅
〃	戊寅	丁丑	丁酉	丙申	癸未	甲戌	甲申	癸未	辛巳	壬辰	壬寅	戊寅
〃	己卯	己丑	己酉	戊申	乙酉	丙戌	壬申	辛未	癸巳	庚辰	庚辰	庚寅
〃	丁丑	丙寅	甲戌	甲戌	癸酉	壬戌		甲申	辛未	辛巳	壬辰	戊辰
〃	己丑	戊寅	丙戌	丙戌	甲戌	壬申		壬申	癸未	癸巳		庚辰
〃	辛丑	庚寅	戊戌	戊戌	丙戌				庚午	壬午		丙辰
〃		丙戌	（河魁申）	戊戌					壬午 （河魁寅）			（河魁辰）
〃		戊戌										
〃		庚戌										

309

○ 오합일(五合日)
(婚姻 및 百事吉 但 祭祠 穿井不吉)

甲寅
乙卯 日月合(일월합)

丙寅
丁卯 陰陽合(음양합)

戊寅
己卯 人民合(인민합)

庚寅
辛卯 金石合(금석합)

壬寅
癸卯 江河合(강하합)

○ 통용길일(通用吉日)
(음양부장길일의 다음가는 吉日)

乙丑 丙子 丁卯 丁丑 辛卯 癸卯
乙巳 壬子 癸丑 己丑 癸巳 壬午
乙未 丙辰 辛酉 庚寅

○ 납징정친일(納徵定親日)
(納采 및 四柱에 吉함)

乙丑 丙寅 丁卯 辛未 戊寅 己卯 庚辰 丙
戊子 己丑 壬辰 癸巳 乙未 戊戌 辛丑

壬寅 癸卯 甲辰 丙午 丁未 庚戌 壬子 癸
丑 甲寅 乙卯 丙辰 丁巳 戊午 己未 黃道
三合 五合 六合 月恩(월은) 天喜(천희)
定, 成, 開日

○ 송례천복길일(送禮天福吉日)
(예물을 보낼 때 길함 = 납폐)

己卯 庚寅 辛卯 壬辰 癸巳 己亥 庚子 辛
丑 乙巳 丁巳 庚辛

○ 관계일(冠笄日)
(관대 속발에 吉함)

甲子 丙寅 丁卯 戊辰 辛未 壬申 丙子 戊
寅 壬午 丙戌 辛卯 壬辰 癸巳 甲午 丙申
癸卯 甲辰 乙巳 丙丁 丁未 庚戌 甲寅 乙
卯 丁巳 辛酉 壬戌 天德 月德 天恩 天喜
(忌 天罡 河魁 月厭 受死 丑日 破日)

○ 생갑 병갑 사갑(生甲 病甲 死甲)

年	生甲旬	病甲旬	死甲旬
子午卯酉年	甲子·甲午旬	甲寅·甲申旬	甲戌·甲辰旬
辰戌丑未年	甲戌·甲辰旬	甲子·甲午旬	甲寅·甲申旬
寅申巳亥年	甲寅·甲申旬	甲戌·甲辰旬	甲子·甲午旬

生甲旬은 吉하고 病甲旬은 平하며 死甲旬은 不利하다.

⑥ 혼인에 적용되는 길흉신

○ 월염 염대일(月厭 厭對日)
(혼인에 불길함)

正、七月 = 辰戌日　二、八月 = 卯酉日
三、九月 = 寅申日　四、十月 = 亥巳日
五、十一月 = 子午日　六、十二月 = 丑未日

○ 세간길신(歲干吉辰)
(혼인에 길함)

年으로日	甲	乙	丙	丁	戊	己	庚	辛	壬	癸
歲德合(세덕합)	己	乙	辛	丁	癸	己	乙	辛	丁	癸

○ 세지길신(歲支吉辰)
(혼인에 길함)

年으로日	子	丑	寅	卯	辰	巳	午	未	申	酉	戌	亥
歲天德(세천덕)	巽	庚	丁	坤	壬	辛	乾	甲	癸	艮	丙	乙
天德合(천덕합)	申	乙	壬	巳	丁	丙	寅	己	戊	亥	辛	庚

歲德(세덕)	天官貴人(천관귀인)	太極貴人(태극귀인)
甲	未	子
庚	辰	午
丙	巳	酉
壬	寅	卯
戊	卯	巳
甲	酉	午
庚	亥	寅
丙	申	亥
壬	戌	巳
戊	午	申

歲月德(세월덕)	壬庚丙甲壬庚丙甲
月德合(월덕합)	丁乙辛己丁乙辛己
驛馬(역마)	寅亥申巳寅亥申巳

○ 황흑도(黃黑道)
(혼인 및 諸事에 吉함 但 혼인 시간을 황도시로 정한다)

보는 법은 月로 日辰을 가리고 일진으로 시간을 가린다. 黃道는 吉하고 黑道는 凶하니라.

黃黑道 \ 月日	寅申月日	卯酉月日	辰戌月日	巳亥月日	午子月日	未丑月日
靑龍黃道(청룡황도)	子	寅	辰	午	申	戌
明堂黃道(명당황도)	丑	卯	巳	未	酉	亥
天刑黑道(천형흑도)	寅	辰	午	申	戌	子
朱雀黑道(주작흑도)	卯	巳	未	酉	亥	丑
金貴黃道(금귀황도)	辰	午	申	戌	子	寅
大德黃道(천덕황도)	巳	未	酉	亥	丑	卯
白虎黑道(백호흑도)	午	申	戌	子	寅	辰
玉堂黃道(옥당황도)	未	酉	亥	丑	卯	巳
天牢黑道(천로흑도)	申	戌	子	寅	辰	午
玄武黑道(현무흑도)	酉	亥	丑	卯	巳	未
司命黃道(사명황도)	戌	子	寅	辰	午	申
句陳黑道(구진흑도)	亥	丑	卯	巳	未	酉

○ 칠살일(七殺日)
(혼인 및 諸事不吉)

각일(角日) 항일(亢日) 규일(奎日) 누일(婁日) 귀일(鬼日) 우일(牛日) 성일(星日)

⑦ 혼인총기일(婚姻總忌日)

혼인 총기일은 혼인에 꺼리는 날이니 이 날은 除外하고 혼인할 날을 택일함이 可

하다.

월염(月厭), 월대(月對), 남녀본명일(男女本命日=甲子生이면 甲子日), 화해(禍害), 절명(絶命), 매월 해일(每月亥日), 홍사살일(紅紗殺日), 피마살일(披麻殺日), 천적(天賊), 수사(受死), 월살일(月殺日=正·五·九月=丑日 二·六·十月=戌日 三·七·十一月=午日 四·八·十二月=辰日), 월기일(月忌日=每月 五、十四、二十三日)

月破日 正二三四五六七八九十十一十二(월파일) 申酉戌亥子丑寅卯辰巳午未

십악(十惡), 복단일(伏斷日), 동지(冬至), 하지(夏至), 단오(端午), 사월팔일(四月八日)

○ 연옥녀살(年玉女殺)
(忌 新行方=신행방을 꺼린다)
봄(春)=동방(寅卯辰方)
여름(夏)=남방(巳午未方)
가을(秋)=서방(申酉戌方)
겨울(冬)=북방(亥子丑方)

⑧ 기타

○ 삼지불수법(三地不受法)

혼인 신행에 가리나니 지고 오면 오는 사람에 해가 되고 안고 오면 집안에 해가 되나니라.

申子辰年=亥子丑(北)方
寅午戌年=巳午未(南)方
巳酉丑年=申酉戌(西)方
亥卯未年=寅卯辰(東)方

○ 좌향일(坐向日)
(신부가 앉는 방향)

甲己日 = 東北、乙庚日 = 西北、丙辛日 = 西南、丁壬日 = 正南 戊癸日 = 東南

○ 신부입문법(新婦入門法)
(신부가 신랑집에 처음 들어올 때 가리니라.)

금성(金姓)이 北문으로 들어오면 흉하고,
목성(木姓)이 西문으로 들어오면 흉하고,
수성(水姓)이 北문으로 들어오면 흉하고,
화성(火姓)이 南문으로 들어오면 흉하고,
토성(土姓)이 西문으로 들어오면 흉하니라.

○ 신행주당도(新行周堂圖)
(신행일에 주당을 보는 법)

```
    竈  門
  婦      路
    竈  廚
```

大月은 竈자로부터 堂字를 향하여 세어 나가고 小月은 廚字로부터 路子를 향하여 세어 나가니라. 死睡廚竈를 사용하라.

○ 혼인주당도(婚姻周堂圖)
(혼인당일에 주당을 보는 법)

```
    姑  夫
  婦      第
    竈  堂
   翁  廚
```

大月은 夫字로부터 姑字로 順行하고 小月은 婦字로부터 逆行하나니 第堂廚竈日을 擇하되 翁姑가 없는 사람은 이를 써도 無妨하니라.

○ 신부입택일(新婦入宅日)

丙寅 庚寅 丙子 辛酉 辛卯 天德合月德合

(2) 이사문(移徙門)

① 이사택일

○ 이사 및 입택일(移徙及入宅日)

생기 복덕을 맞추어 모든 흉일을 피하여 이사 혹은 입택하나니라.

甲子 乙丑 丙寅 庚午 丁丑 乙酉 庚寅
壬辰 癸巳 乙未 壬寅 癸卯 丙午 庚戌
癸丑 乙卯 丙辰 丁巳 己未 庚申 역마
(驛馬) 월은(月恩) 사상(四相)

忌=천적일(天賊日) 수사일(受死日) 월
염(月厭) 가주본명일(家主本命日) 충일
(沖日) 건파평수일(建破平收日—책력에
있음)

○ 철소법(鐵掃法)

辰巳子生=五月　寅卯午生=十一月
申酉丑生=八、九月　戌亥未生=十二月

○ 인동일(人動日)
（사람 들이는 것을 꺼림）

每月=一日 三日 八日 十三日 十八日
二十三日 二十四日

○ 인격일(人隔日)

正月=酉日　二月=未日　三月=巳日
四月=卯日　五月=丑日　六月=亥日
七月=酉日　八月=未日　九月=巳日
十月=卯日　十一月=丑日　十二月=亥日

② 이사방위도(移徙方位圖)

一 천록(天祿)　　二 안손(眼損)
三 식신(食神)　　四 증파(甑破)
五 오귀(五鬼)　　六 합식(合食)
七 진귀(進鬼)　　八 관인(官印)
九 퇴식(退食)

※ 천록 식신 합식 관인방은 길하고 其外는 모두 흉하니라.

◎ 移徙方位 一覽表

[참고] 이사방위법을 모르는 사람들은 무조건 東이 大將軍方이고, 北이 三殺方이라 해서 (가령) 東이나 北으로 절대 이사를 못하고 그外 方位는 나쁘지 않은 줄로만 안다. 그러나 그렇지 않은 것은 年神의 凶方보다 主人公의 年齡에 맞추어 移徙方位를 보는 게 원칙이다. 三殺方이 아니라도 主人公에게 나쁜 方位면 不利하고, 三殺方이라도 主人公에게 좋은 방위면 무방한 方位라 하겠다.

○方位의 吉凶 = 天祿·食神·合食·官印方은 大吉하고, 眼損·甑破·五鬼·進鬼·退食方은 不利한 方位다. 즉 天祿·官印方은 官職과 祿俸이 오르는 吉方이고, 合食과 食神方은 財物이 생긴다는 吉方이며, 眼損方은 眼疾과 損財, 甑破方은 損財와 失敗, 五鬼·進鬼方은 우환과 질병·손재, 退食方은 재산이 줄어드는 凶方이라 한다.

區分 / 年齡	1,10,19,28,37,46,55,64,73	2,11,20,29,38,47,56,65,74	3,12,21,30,39,48,57,66,75	4,13,22,31,40,49,58,67,76	5,14,23,32,41,50,59,68,77	6,15,24,33,42,51,60,69,78	7,16,25,34,43,52,61,70,79	8,17,26,35,44,53,62,71,80	9,18,27,36,45,54,63,72,81
男子의 年齡									
천록(天祿) 길함	東	西南	北	南	東北	西	西北	中	東南
안손(眼損) 흉함	東南	東	西南	北	南	東北	西	西北	中
식신(食神) 길함	中	東南	東	西南	北	南	東北	西	西北
징파(徵破) 흉함	西北	中	東南	東	西南	北	南	東北	西
오귀(五鬼) 흉함	西	西北	中	東南	東	西南	北	南	東北
합식(合食) 길함	東北	西	西北	中	東南	東	西南	北	南
진귀(進鬼) 길함	南	東北	西	西北	中	東南	東	西南	北
관인(官印) 길함	北	南	東北	西	西北	中	東南	東	西南
퇴식(退食) 흉함	西南	北	南	東北	西	西北	中	東南	東
女子의 年齡									
천록(天祿) 길함	東南	東	西南	北	南	東北	西	西北	中
안손(眼損) 흉함	中	東南	東	西南	北	南	東北	西	西北
식신(食神) 길함	西北	中	東南	東	西南	北	南	東北	西
징파(徵破) 흉함	西	西北	中	東南	東	西南	北	南	東北
오귀(五鬼) 흉함	東北	西	西北	中	東南	東	西南	北	南
합식(合食) 길함	南	東北	西	西北	中	東南	東	西南	北
진귀(進鬼) 길함	北	南	東北	西	西北	中	東南	東	西南
관인(官印) 길함	西南	北	南	東北	西	西北	中	東南	東
퇴식(退食) 흉함	東	西南	北	南	東北	西	西北	中	東南

※ 忌=三殺方 太白殺方(一·二日東、三·四日南、五·六日西、七·八日北、九·十日天)

○ 이사일주당도(移徙日周堂圖)

大月은 安字로부터 利 字로 순행하고

小月은 天字로부터 利 字로 역행한다.

利安天富師는 吉하 고 災害殺은 不吉하 니라.

冰災師

天富

年害殺

丁酉 乙巳 丙午 丁未 戊申 丁酉 庚戌
乙卯 丙辰 丁巳 戊午 己未 辛酉 癸亥

○ 기복일(祈福日) (고사에 吉함)

壬申 乙亥 丙子 丁丑 壬午 癸未 丁亥
己丑 辛卯 壬辰 甲午 乙未 丁酉 壬子
甲辰 戊申 乙卯 丙辰 戊午 壬戌 癸亥

황도(黃道) 천은(天恩) 천사(天赦) 천덕 (天德) 천덕합(天德合) 월덕(月德) 모창상 길일(母倉上吉日) 정성개일(定 成 開日)

(忌=天狗日 寅日 天狗下食時)

(3) 기타 택일

① 제사 및 고사일

○ 제사길일(祭祀吉日)

甲子 乙丑 丁卯 戊辰 辛未 壬申 癸酉
甲戌 丁丑 己卯 庚辰 壬午 甲申 乙酉
丙戌 丁亥 己丑 辛卯 甲午 乙未 丙申
　　　　　　　　　　　　　　辛酉 癸卯

○ 불공일(佛供日)

甲子 甲戌 甲午 甲寅 乙丑 乙酉 丙寅
甲申 丁未 戊寅 戊子 己丑 庚午 辛卯

318

○ 산제길일(山祭吉日)

甲子 乙亥 乙酉 乙卯 丙子
丙戌 庚戌 辛卯 壬申 甲申

○ 산신하강일(山神下降日)
(산신제에 吉함)

甲子 甲戌 甲午 甲寅 乙丑 乙亥 乙未
乙卯 丁卯 丁亥 戊辰 己巳 己酉 庚辰
庚戌 辛卯 辛亥 壬寅 癸卯

三月＝三日、七日、十五日、二十二日、
四月＝三日、七日、八日、十五日、二十
五月＝三日、七日、八日、十五日、二十
六月＝三日、七日、八日、十五日、二十
七月＝三日、二十六日、二十七
八月＝三日、七日、八日、十五日、二十
九月＝三日、七日、八日、十五日、二十
十月＝三日、七日、八日、十五日、二十
二月＝三日、七日、八日、十五日、二十
二日、二十七日、二十八

○ 칠성하강일(七星下降日)
(칠성제에 吉함 忌＝伏斷、受死、天賊)

正月＝三日、七日、十日、十五日、二十
二月＝三日、二十五日、二十六日、二十七
二月＝三日、七日、八日、十五日、二十
二日、二十六日、二十七

319

十一月＝三月、七일、八日、十五日、二十七日

十二月＝三月、七日、八日、十五日、二十七日

十六日、二十七日

○수신제(水神祭) 지내는 날

庚午 辛未 壬申 癸酉 甲戌 庚子

○천구하식시(天狗下食時)
(이 시간에 제사나 고사를 지내면 무효니라)

子日亥時　丑日子時　寅日丑時　卯日寅時
辰日卯時　巳日辰時　午日巳時　未日午時
申日未時　酉日申時　戌日酉時　亥日戌時

② 출행일

출행이란 나들이에서 먼길 여행까지 포함되지만 여기에서는 장거리여행에 한한다.

출행에 좋은 날은 다음과 같다.

宜＝甲子 乙丑 丙寅 丁卯 戊辰 庚午 辛未 甲戌 乙亥 丁丑 己卯 甲申 丙戌 己丑
庚寅 辛卯 甲午 乙未 庚子 辛丑 壬寅 癸卯 丙午 丁未 己酉 壬子 癸丑 甲寅 乙卯
庚申 辛酉 壬戌 癸亥日 그리고 驛馬 四相 天月德 및 合日 滿 成 開日

이상의 길일에 해당하더라도 아래의 흉살일을 피해야 한다.

忌＝往亡 四離 四絶 天賊 受死 巳日 月破 伏斷 破 平 收日 주인공의 禍害、絶命日

○ 행선길일

행선일(行船日)이란 뭍에 머물러 있던 선박이 항해하기 시작하는 날이다. 선박을 건조하여 진수식(進水式)하는 데도 행선길일을 사용하면 좋다.

宜 = 乙丑 丙寅 丁卯 戊辰 丁丑 戊寅 壬午 乙酉 辛卯 甲午 乙未 庚子 辛丑 壬寅 辛亥 丙辰 戊午 己未 辛酉 天恩普護 複日 滿 成 開日

忌 = 風波 河伯 天賊 受死 月破 水隔 伏斷 觸水龍日 往亡 危日

○ 제갈공명 출행법

아래는 제갈공명이 사용했다는 출행길일과 흉일이다. 참고하기 바란다.

月別	吉 日 (숫자는 음력날짜)
正四七十月	1 3 4 6 7 9 10 12 13 15 16 18 19 21 22 24 25 27 28 30
二五八十一月	2 3 4 6 8 10 11 12 14 16 18 19 20 22 24 26 28 30
三六九十二月	2 3 6 7 10 11 14 15 18 19 22 23 26 27 30

③ 사람 들이는 날

가정부 운전기사 정원사 신입사원 등 필요한 인원을 채용하거나, 기숙인 양자 등을 처음 들이는 데 좋은 날은 다음과 같다.

④ 입학일

입학(入學)이란 초・중・고등・대학교 및 학원의 강의신청 등이지만 이미 정해진 학교 학원 등은 날짜를 가릴 수 없고 자신의 의사에 따라 개인지도 및 강의에 들어가는 날은 아래 길일을 사용하면 효과적이라 하겠다.

宜=甲子 乙丑 丙寅 丁卯 戊辰 壬申 乙亥 戊寅 己卯 甲申 丙戌 辛卯 癸巳 甲午 乙未 己亥 庚子 癸卯 丙午 丁未 辛亥 壬子 甲寅 乙卯 己未 辛酉日에 天德日 德 月恩 黃道 收 滿 執日 겸하라.

忌=月害 歸忌 受死 月破 天罡 河魁 正月酉日 二月未日 三月巳日 四月卯日 五月丑日 六月亥日 七月酉日 八月未日 九月巳日 十月卯日 十一月丑日 十二月亥日 또는 매월 一日 三日 八日 十三日 十八日 二十三日 二十四日을 꺼린다.

宜=丙寅 己巳 甲戌 乙亥 丙子 戊寅 辛巳 癸未 甲申 丁亥 己丑 庚寅 辛卯 壬辰 癸巳 乙未 丙申 己亥 壬寅 癸卯 甲辰 乙巳 丙午 丁未 戊申 庚戌 辛亥 甲寅 乙卯 丙辰 庚申 辛酉 癸亥 天月德과 合日 六合 定 成 開日

忌 = 受死 四廢 陰陽錯 伏斷 破 開日

⑤ 상장길일

상장(上章)이란 옛날에는 상소문을 올리거나 윗사람에게 글을 올리는 일인데 길일을 사용하였던바 현재는 원고 논문의 제출, 진정서 탄원서 제출, 민원신청 등에 이 날을 사용하는 게 좋다.

宜 = 甲子 丙寅 丁卯 壬申 丙子 丁丑 己卯 壬午 丙戌 己丑 庚寅 辛卯 壬辰 甲午 丙申 丁酉 戊戌 庚子 壬寅 甲辰 丙午 戊申 己酉 庚戌 壬子 甲寅 丙辰 戊午 庚申 辛酉 壬戌日 및 黃道 福德 月空 聖心 福生 解神 天願日

忌 = 天賊 受死 黑道 伏斷 月破 開日

⑥ 취임일

취임(就任)이란 고위관직인이 임지(任地)에 부임(赴任)하는 것으로 길일과 기일(忌日)은 다음과 같다.

宜 = 甲子 丙寅 丁卯 戊辰 己巳 乙亥 丙子 己卯 壬午 甲申 乙酉 丙戌 戊子 癸巳 己亥 庚子 壬寅 丙午 戊申 庚戌 辛亥 壬子 癸丑 庚申 辛酉 및 天赦 天

⑦ 구의요병

구의요병(求醫療病)이란 병을 치료하기 위해 주치의를 구하거나 마땅한 병원을 구하여 치료에 들어가는 것을 말한다. 길일과 꺼리는 날은 다음과 같다.

宜 = 己酉 丙辰 壬戌日 天醫日, 수술에는 月破 普護 除 開日

忌 = 受死 伏斷 收 滿 危日 一日 八日 十五日 二十三日

⑧ 복약일

복약(服藥)은 질병치료를 위하거나 보신(保身)을 목적으로 약을 복용하는 일인데 맨 처음 약을 복용하기 시작하는 날을 말한다. 길일과 꺼리는 날은 다음과 같다.

宜 = 乙丑 壬申 癸酉 乙亥 丙子 丁丑 壬午 甲申 丙戌 己丑 壬辰 癸巳 甲午 丙申 丁酉 戊戌 己亥 庚子 辛丑 戊申 己酉 辛酉 除 破 開日

忌 = 未日

恩 月恩 黃道 天月德과 合日 驛馬 旺日 官·民日 相日 守日

忌 = 受死 伏斷 獄日 往亡 破 平 閉日 伏斷日

⑨ 개업일

개업(開業)에 좋은 날은 다음과 같다.

宜=甲子 乙丑 丙寅 己巳 庚午 辛未 甲戌 乙亥 丙子 己卯 壬午 癸未 甲申 辛卯 壬辰 癸巳 乙未 庚子 癸卯 丁未 戊申 壬子 甲寅 乙卯 己未 辛酉日 天月德 및 天月德合日 三合 五合 月恩 天恩 月財 滿 執 收 成日

忌=天賊 空亡 伏斷 月害 月破 大耗 小耗 除日

○ 상고흥판일

상고흥판일(商賈興販日)이란 장사가 잘 된다는 날이다. 다음과 같다.

己卯 丙戌 壬寅 丁未 己酉 甲寅 天月德合 三合 五合 六合 滿·成·開日

⑩ 입권교역일

입권교역(立券交易)이란 물품의 흥정거래를 위한 계약 약정과 흥정거래하고 무역반출 반입하는 등의 일을 말한다. 길일과 꺼리는 날은 다음과 같다.

宜=甲子 辛未 甲戌 丙子 丁丑 庚辰 辛巳 壬午 癸未 甲申 辛卯 壬辰 癸巳 乙

未 庚子 癸卯 丁未 戊申 壬子 甲寅 乙卯 己未 辛酉 三合 五合 天月德合 執 成日

忌＝天賊 空亡 大小耗 月破 伏斷日

⑪ 연회일

연회(宴會)를 개최하는 데 길일과 꺼리는 날은 다음과 같다.

宜＝天德 月德 天恩 金堂 五合·六合·定·成 滿·開·執日

忌＝月忌 酉日 一日 建·破·收·閉日

⑫ 신상 모시는 날

불상(佛像) 등 신상(神像) 및 신화(神畵)를 모시는 데 길한 날이다.

宜＝癸未 乙未 丁酉 甲辰 庚戌 辛亥 丙辰 戊午日

제 7 부 음양택

1. 양택문(陽宅門)

(1) 성조운

성조운(成造運)이란 몇 살에 집을 지으면 좋고 나쁜가와 어느 해 무슨 좌향의 집을 지을 수 있는 것과 어느 출생년이 어느 좌향의 집에 거주하면 좋은가와 집수리 등에 관한 운을 말한다.

① 사각법

사각법(四角法)은 집을 짓는 데 연령적으로 길하고 흉한 나이를 알아보는 방법인데 八卦方向의 乾·巽·艮·坤을 사각(四角)이라 한다. 연령이 坎·離·震·兌의 四正方에 닿으면 길하고 乾·巽·艮·坤에 닿으면 불길이라 하는데 이 四角法에는 금루사각

(金樓四角)과 성조사각(成造四角) 두 가지 방법이 있다.

○ 금루사각

금루사각법(金樓四角法)의 연령배치는 다음과 같다.

(四角)巽	離	坤(四角)
震	中	兌
艮(四角)	坎	乾(四角)

8 18 28 38(四柱) 48 58 68	9 19 29 39 49 59 69	10 20 30 40(四柱) 50 60 70
7 17 27 37(正) 47 57 67	4 5 14 15 24 25 34 35 44 45 54 55 64 65	1 11 21 31 41 51 61 71
6 16 26 36(四柱) 46 56 66	3 13 23 33 43 53 63 73	2 12 22 32 42(四柱) 52 62 72

남녀 다 같이 연령 1세를 兌에 붙여 八方을 순행(順)을 순행(順)하되 단 4세와 5세는 中宮에 넣고 기타는 계속 순행한다. 그리하여 연령이 坎·離·震·兌 등 四正에 들면 성조(成造)에 大吉이고 乾·巽·艮·坤에 들면 四角에 해당하므로 성조불리라 한다.

○ 성조사각

성조사각법(成造四角法)은 남녀 다 같이 연령 1세를 坤宮에 붙여 역시 八方을 순행하되 단 연령 5세(15·25·35·45세 등)와 50세에 이르면 中宮에 넣고 기타는 계속 돌려나간다. 이 법 역시 연령이 坎·離·震·兌의 四正方에 들면 성조에 대길하고

（妻子四角）	（牛馬四角）	
1 10 19 28 37 46 56 64	9 18 27 36 44 54 63 72 （吉）	8 17 26 34 43 53 62 71
（吉）	（蠶四角）	
2 11 20 29 38 47 57 66	5 15 25 35 45 50 55 65 75	7 16 24 33 44 52 61 70 （吉）
（父母四角）	（吉）	（自四角）
3 12 21 30 39 48 58 67	4 13 22 31 40 49 59 68	6 14 23 32 41 51 60 69

가능하며, 우마사각(牛馬四角)은 축사(畜舍) 짓는 데만 꺼리며, 잠사각(蠶四角—즉 中宮)과 자사각(自四角—艮宮)과 처자사각(妻子四角—坤宮)에 닿으면 불길하므로 집을 짓지 말아야 한다.

[참고] 이상과 같이 사각법(四角法)이 두 가지가 있어 어느 법을 취해야 좋은지 선택이 곤란할 것 같다. 그러나 두 가지 법이 모두 의미가 있는만큼 두 가지 법을 다 맞추면 大吉이겠고, 두 법을 맞추기 어려울 때는 둘 중 한 가지 법만 맞추면 될 것이다.

乾·巽·艮·坤 등 四角 方에 들면 성조(집 짓는 것) 불길이다. 그런데 부모가 없는 사람은 부모사각에 닿아도 성조가

② 성조길년

연령을 막론하고 성조(成造)에 길한 해는 다음과 같은데 성조에 길한 나이와 길년을 맞추어 건축하면 대길하다.

乙丑 戊辰 庚午 乙酉 丙戌 己丑 庚寅 辛卯 癸巳 乙未 戊戌 庚子 乙卯 丙辰 己

未 庚申 辛酉 癸亥年이 大吉

또는 生年에 따라 길한 해가 있으니 다음과 같다. 위 성조운(사각법 중 하나)에 맞추어 아래 법을 함께 적용하면 더욱 좋을 것이다.

亥子生 = 甲己丁壬戊癸年이 吉함
丑寅生 = 丙辛丁壬戊癸年이 吉함
卯辰生 = 乙庚丙辛丁壬年이 吉함
巳午生 = 甲己庚丙辛丁年이 吉함
未申生 = 甲己乙庚癸年이 吉함
酉戌生 = 甲己乙庚戊癸年이 吉함

③ 좌향운

좌향운(坐向運)이란 가옥의 좌향과 태세(太歲)를 맞추는 법인데 다음과 같다.

辰戌丑未乙辛丁癸坐向 = 子午卯酉年이 大吉
寅申巳亥乾坤艮巽坐向 = 辰戌丑未年이 大吉
子午卯酉壬丙庚甲坐向 = 寅申巳亥年이 大吉

330

④ 길향법

길향법(吉向法)이란 주인공의 생년으로 운에 맞는 주택의 좌향을 보는 법인데 아래와 같다.

申子辰年生 = 申・戌・亥向(西北向도 吉)
巳酉丑年生 = 巳・未・申向(西南向도 吉)
寅午戌年生 = 寅・辰・巳向(東南向도 吉)
亥卯未年生 = 亥・丑・寅向(東北向도 吉)

(2) 집수리하는 운

이미 지은 건물을 개축(改築) 증축(增築)하거나 부조건물을 짓거나 낡은 곳을 고치는 일 등도 ①②③의 성조운을 적용하면 더욱 좋다. 그러나 비록 성조운법에 맞지 않더라도 아래에 기록하는 신황(身皇)・정명살(定明殺)과 소아살(小兒殺)을 피하고 吉日 吉方을 택해야 한다.

① 수조흉방

수조흉방(修造凶方)은 신황・정명살 방위와 소아살 방위 그리고 삼살(三殺)・대장군(大將軍)·정음부(正陰符) 등의 방위다.

○ 신황·정명살

신황(身皇)·정명살(定明殺)은 집수리 못하는 흉방으로 아래와 같다.

연령\남녀	남 자	여 자
1 10 19 28 37 46 55 64 73	안방(中)	동북·서남(艮·坤)
2 11 20 29 38 47 56 65 74	서북·동남(乾·巽)	서·동(兌·震)
3 12 21 30 39 48 57 66 75	서·동(兌·震)	서북·동남(乾·巽)
4 13 22 31 40 49 58 67 76	동북·서남(艮·坤)	안방(中)
5 14 23 32 41 50 59 68 77	남·북(離·坎)	동·서(震·兌)
6 15 24 33 42 51 60 69 78	동·서(震·兌)	동남·서북(巽·乾)
7 16 25 34 43 52 61 70 79	서남·동북(坤·艮)	서남·동북(坤·艮)
8 17 26 35 44 53 62 71 80	동·서(震·兌)	북·남(坎·離)
9 18 27 36 45 54 63 72 81	동남·서북(巽·乾)	남·북(離·坎)

예를 들어 연령 2·11·20·29·38세 등은 남자는 서북방이 신황살(身皇殺)이고

332

○ 소아살

소아살(小兒殺)은 15세 이전의 어린이에게 불리한 살이니 이러한 어린이가 있는 가정은 반드시 이 살이 범하지 않는 연월 방위를 선택해서 수리하라.

大月小의 年 \ 月	正	二	三	四	五	六	七	八	九	十	十一	十二
小月 子寅辰午申戌年	안방	서북	서	동북	남	북	서남	동	동남	서북	서	서
小月 丑卯巳未酉亥年	남	서	서남	동	남	서남	서	동북	남	안방	서북	서
大月 甲癸丁庚年	동북	북	서북	안방	동남	안방	서북	서	동북	남	북	서남
大月 乙辛戊年	안방	동남	서	서남	북	동	서남	북	서	서북	동북	서
大月 丙壬己年	서남	동북	남	동북	서	서북	안방	동남	동	서남	북	남

음력 달의 大小月을 알아 小月이면 태세의 支를 위주하고 大月이면 태세의 干을 위주한다. 예를 들어 丁丑年 五月은 大月이므로 태세의 干을 위주(甲癸丁庚年에 해당) 하여 五月의 난을 본즉 동남이라 기록되었다. 즉 丁丑年 五月에는 동남방에 소아살이 해당하므로 이 방위의 증축 개축 및 수리를 못한다.

○ 삼살・대장군

삼살방(三殺方)과 대장군방(大將軍方)은 땅을 파거나 집을 개수하거나 달아내지 못한다. 다음과 같다.

(年)	子丑寅	卯辰巳	午未申	酉戌亥
三殺方	南東	東北	西南	北西
大將軍	西西北	北北東	東東南	南南西

○ 정음부

정음부(正陰符)는 건물의 좌(坐－向이 아님)와 개축 증축 등을 꺼리는데 아래와 같다.

甲己年－艮巽, 乙庚年－乾兌, 丙辛年－坤坎, 丁壬年－離, 戊癸年－震方

태세가 甲年이거나 己年이 되는 해는 건물 艮坐가 정음부살이고 또 艮方・巽方이 정음부살방이니 이 방위의 坐를 놓거나 손질하는 것을 꺼린다.

② 수조길일

건물의 개수, 증축 개축하는 데 길한 날과 꺼리는 날은 다음과 같다.

宜 = 甲子 乙丑 丙寅 己巳 庚午 辛未 癸酉 甲戌 丁丑 癸未 甲申 丙戌 庚寅 壬辰 乙未 丁酉 庚子 壬寅 癸卯 丙午 丁未 癸丑 甲寅 丙辰 乙未日

忌 = 大將軍方 太歲方 三殺方 身皇・定命方 小兒殺方 正陰符 伏斷 月破 天賊 受死 轉殺 土瘟 土忌 土禁 土符 地囊日

○ 투수일방

투수일방(偸修日方)이란 日辰에 따른 집수리 개축 등에 길한 방위로 아래와 같다.

甲子 乙丑 丙寅日은 乾亥壬子癸丑艮寅方이 吉하다.

丁卯 戊辰 己巳日은 丙午丁未坤申庚酉辛戌方이 吉하다.

庚午 辛未 壬申日은 乾亥壬子癸丑艮寅甲卯乙方이 吉하다.

癸酉日은 甲卯乙辰巽巳方이 吉하다.

甲戌乙亥日은 이십사방위가 모두 吉하다.

丙子 丁丑 戊寅日은 坤申庚酉辛戌方이 吉하다.

己卯 庚辰 辛巳日은 坤申庚酉辛戌方이 吉하다.

壬午 癸未 甲申日은 丙午丁未乾方이 吉하다.

己酉 丙戌 丁亥日은 巽巳丙午丁未坤方이 吉하다.

335

③ 동토일

동토(動土)란 땅을 파고, 흙을 운반하고 흙을 건물에 바르는 일인데 길일과 꺼리는 날은 다음과 같다.

戊子 己丑 庚寅日은 亥壬子癸丑方이 吉하다.
辛卯 壬辰 癸巳日은 丙午丁未坤申庚酉方이 吉하다.
甲午 乙未 丙申日은 辛戌乾亥壬子癸丑艮方이 吉하다.
丁酉 戊戌 己亥日은 이십사방위가 모두 길하다.
庚子 辛丑 壬寅日은 坤申庚酉辛戌乾亥方이 모두 吉하다.
癸卯 甲辰 乙巳日은 坤申庚酉辛戌乾方이 吉하다.
丙午 丁未 戊申日은 未坤申庚酉辛戌乾方이 吉하다.
己酉 庚戌 辛亥日은 巽巳丙午丁未坤申庚酉辛戌乾方이 吉하다.
壬子 癸丑 甲寅日은 乾亥壬子癸丑艮寅方이 吉하다.
乙卯 丙辰 丁巳日은 丙午丁未坤申庚酉辛方이 吉하다.
戊午 己未 庚申日은 壬子癸丑艮寅甲卯方이 吉하다.
辛酉 壬戌 癸亥日은 辰巽巳丙午丁方이 吉하다.

吉日 = 甲子, 癸酉, 戊寅, 己卯, 庚辰, 辛巳, 甲申, 丙戌, 己亥, 庚子, 甲辰, 丙午, 丁未, 癸丑, 戊午, 庚午, 辛未, 丙辰, 丁巳, 辛酉, 黃道, 月空, 天德, 月德, 天恩, 四相, 生氣, 玉宇, 金堂, 益後, 甲乙, 戊己, 庚辛日,

除・定・執・危・成・開日(이상의 日辰에 黃道 이하 諸吉星 一二個와 부합함이 吉하다.)

忌日 = 玄武黑道, 天賊, 受死, 天瘟, 土忌, 土痕, 地破日, 月破, 地囊, 九土鬼, 正四廢, 天地轉殺, 天轉地轉, 月建, 三殺, 土公, 建・破・收日, 土旺節

④ 기지일

기지(基地)란 건물을 짓기 위해 기초공사를 하는 일인데 길일과 꺼리는 날은 다음과 같다.

吉日 = 甲子, 乙丑, 丁卯, 戊辰, 庚午, 辛未, 己卯, 辛巳, 甲申, 乙未, 丁酉, 己亥, 丙午, 丁未, 壬子, 癸丑, 甲寅, 乙卯, 庚申, 辛酉

忌日 = (動土와 같음)

⑤ 정초일

정초(定礎)는 옛날 건축식으로 주춧돌을 놓는 일인바 현재는 기초 콘크리트하는 일

337

에 비유된다. 길일과 꺼리는 날은 다음과 같다.

吉日=甲子、乙丑、丙寅、戊辰、己巳、庚午、辛未、乙亥、戊寅、己卯、辛巳、壬午、癸未、甲申、丁亥、戊子、己丑、庚寅、癸巳、乙未、丁酉、戊戌、己亥、庚子、壬寅、癸卯、丙午、戊申、己酉、壬子、癸丑、甲寅、乙卯、丙辰、己未、庚申、辛酉、黃道、天德、月德 및 定・成日 諸吉星値日

忌日=正四廢、天賊、建・破日

⑥ 상량일

상량식(上樑式)에 길한 날과 꺼리는 날은 다음과 같다.

吉日=甲子、乙丑、丁卯、戊辰、己巳、庚午、辛未、壬申、甲戌、丙子、戊寅、庚辰、壬午、甲申、丙戌、戊子、庚寅、甲午、丙申、丁酉、戊戌、己亥、庚子、辛丑、壬寅、癸卯、乙巳、丁未、己酉、辛亥、癸丑、乙卯、丁巳、己未、辛酉、癸亥、黃道、天德、月德、成・開日 및 諸吉神(起造日과 同日에 上樑하여도 無妨함)

忌日=朱雀黑道、天牢、獨火、天火、水消互解、天賊、月破、大耗、天罡、河魁、受死、陰錯、陽錯、伏斷、正四廢、五行忌、月建、天地轉殺、火星、天災(定礎와 같음)

⑦ 조문

조문(造門)이란 출입문을 만들어 다는 일이다. 길한 날과 꺼리는 날은 다음과 같다.

吉日 = 甲子、乙丑、辛未、癸酉、甲戌、壬午、甲申、乙酉、戊子、己丑、辛卯、癸巳、乙未、己亥、庚子、壬寅、戊申、壬子、甲寅、丙辰、戊午、黄道、生氣、天德、月德、天德合、月德合、満・成・開日

忌日 = 春에 東門, 夏에 南門, 秋에 西門, 冬에 北門 (修理도 同一함)

(3) 출입문과 주방

아래는 건물의 좌향에 의하여 출입문과 주방(장독대 화장실 창고 등도 본다)이 길방으로 되었는가 아닌가를 알아보는 법이다.

坐\方	坎	艮	震	巽	離	坤	兌	乾
坎	伏吟	五鬼	天乙	生氣	延年	絶命	禍害	六殺
艮	五鬼	伏吟	六殺	絶命	禍害	生氣	延年	天乙
震	天乙	六殺	伏吟	延年	生氣	禍害	絶命	五鬼

坐로 門과 廚房의 방위를 대조하고, 또는 門方位로 坐와 廚房方位의 吉凶을 본다.

- 東四宅 — 坎・離・震・巽坐, 西四宅 — 乾・坤・艮・兌坐

巽	生氣	絕命	延年	天乙	五鬼	六殺	禍害	伏吟
離	絕命	生氣	禍害	延年	伏吟	天乙	五鬼	六殺
坤	延年	禍害	生氣	天乙	六殺	五鬼	伏吟	絕命
兌	禍害	延年	天乙	絕命	六殺	五鬼	伏吟	生氣
乾	六殺	天乙	五鬼	禍害	絕命	延年	生氣	伏吟

東四宅은 生氣方이 上吉하고 延年方이 中吉하며 天乙方이 小吉하다. 西四宅은 延年方이 上吉이요 天乙方이 中吉하며 生氣方이 小吉이라 한다. 五鬼·六殺·禍害·絕命方은 凶하며 伏吟은 半凶半吉이다. 그러므로 東西四宅을 막론하고 坐와 門과 廚房의 方位가 生氣 天乙 延年이 되도록 맞춰야 吉하다.

震―甲卯乙 同方　　巽―辰巽巳 同方
坎―壬子癸 同方　　艮―丑艮寅 同方　　離―丙午丁 同方　　乾―戌乾亥 同方
兌―庚酉辛 同方　　坤―未坤申 同方

○ 문로길방

여기에서 문로(門路)란 단독주택은 대문(大門)이고, 빌라나 아파트일 경우 건물로 들어서는 入口다. 건물의 좌(坐―向의 뒤쪽)를 알아서 入口의 방위가 이 법에 맞는가를 참고하라.

壬坐―午門은 귀한 아들을 낳고 亥乾門은 官祿에 이른다.

子坐＝巳丙門은 부귀하고, 未坤門은 及第하는 인물이 나아고 六畜이 잘 크며, 戌乾門은 만사가 모두 吉하다.

癸坐＝巳丙門은 총명한 수재가 출생하고, 未坤門은 及第와 횡재를 하고, 戌乾門은 집안이 화평하고 孝順하여 만사가 모두 吉하다.

丑坐＝巳丙門은 수재가 나오고, 未坤門은 관록과 재물을 얻고, 戌乾門은 만사가 형통하다.

艮坐＝午丁門은 급제할 사람을 낳고, 申庚門은 횡재하고, 六畜이 왕성한다.

寅坐＝申庚門은 官錄이 높아지고 재물이 늘어나며, 午丁門은 六畜과 田蠶이 왕성한다.

甲坐＝甲庚門은 六畜과 田蠶이 풍성하고, 午丁門은 豪强之人이 생기고, 戌乾門은 가족이 화평하나 訟事가 있다.

卯坐＝子癸門은 부귀하고 巳丙門은 食祿과 人丁이 흥하고, 戌乾門은 관록이 높아지고 재산이 풍족하다.

乙坐＝子癸門은 총명하고, 戌乾門은 美麗多才한 文章이 나타난다.

辰坐＝戌乾門은 비범한 인재가 나타나고, 子癸門은 人丁과 六畜이 왕성하며, 申庚門은 효자와 賢婦를 얻게 한다.

巽坐＝戌乾門은 효성의 의리가 많은 사람이 나오고, 申庚門은 총명한 인재가 생기고, 子癸門은 橫財로 富를 얻는다.

巳坐＝丑艮門은 牛馬가 잘 크고, 子門은 異人이 생기고, 未坤門은 예술로써 재물을 얻는다.

丙坐＝丑艮門은 횡재하고, 壬門은 집안이 화목하며 孝順하고, 未坤門은 귀인으로 인해 富貴한다.

午坐＝丑艮門은 妻로 인해 부귀하고, 辰巽門은 부부가 화목한다.

丁坐＝艮寅門은 총명한 인재를 낳고, 子癸門은 文武를 겸전한 인물을 낳는다.

未坐＝辰巽門은 妻로 인해 富를 얻고, 丙申門은 훌륭한 아이를 낳고, 艮寅門은 사람과 소가 함께 늘어간다.

坤坐＝寅甲門은 文武를 겸한 훌륭한 人才가 나오고, 戌乾門은 지기지사(志氣之士)가 나오고, 子巽門은 六畜이 잘 자란다.

申坐＝戌乾門은 부귀하고, 辰巽門은 총명한 수재가 나오고, 寅甲門은 사람으로 인해 진관(進官)한다.

庚坐＝戌乾門은 의기지인(義氣之人)이 나오고, 辰巽門은 훌륭한 아이를 낳으며, 寅甲門은 진록득재(進祿得財)한다.

酉坐＝未坤門은 효성과 의리가 많은 사람이 나오고, 辰巽門은 妻로 인해 富를 얻고

2. 음택(陰宅)

(1) 초상(初喪) 때의 상식

① 장례일

寅甲門은 진전(進田)하고 人丁이 성한다.
辛坐＝寅甲門은 관록이 높아지고 재물이 늘며, 子癸門은 人丁과 田庄이 풍성하고,
戌坐＝辰巽門은 美兒奇童이 생겨난다.
辰巽門은 강개지사(慷慨之士)가 나오고, 午丁門은 전잠(田蠶)이 풍성하고,
寅甲門은 횡재한다.
乾坐＝壬艮門은 예술로써 成家하고, 未坤門은 忠孝具全한다.
亥坐＝丑艮門은 수재가 나고, 辛戌門은 田蠶이 풍성하고 未庚門은 아들이 효자가 되고, 부인이 현부가 된다.

장례(葬禮)란 초상이 나서 시신을 땅에 안장(安葬)하는 일이다. 초상에는 길년 길

월 길일 길시를 가릴 여유가 없으므로 다른 것은 보지 않고 오직 중상일(重喪日)과 중복일(重復日)만 피한다. 요즈음은 보통 삼일장인데 三日째 되는 날이 중상이나 중복일에 해당하면 二日장이나 四日장을 치르는 게 좋다.

○ 重喪日·復日·重日

葬禮式은 凶死라 거듭되어서는 안된다. 重喪은 喪이 거듭난다는 뜻이 있고 重日·復日은 무엇이든지 거듭된다는 뜻이 있으므로 이날을 꺼리는 것이다. 다음 표와 같다.

구분 \ 月支	寅	卯	辰	巳	午	未	申	酉	戌	亥	子	丑
重喪日	甲	乙	己	丙	丁	己	庚	辛	己	壬	癸	己
復日	庚	辛	戊	壬	癸	戊	甲	乙	戊	丙	丁	戊
重日	巳亥	巳亥	巳亥	巳亥	巳亥	巳亥	巳亥	巳亥	巳亥	巳亥	巳亥	巳亥

간단히 기억하는 요령은,

正·七月=甲庚巳亥日
二·八月=乙辛巳亥日
三·九月=戊己巳亥日
四·十月=丙壬巳亥日
五·十一月=丁癸巳亥日
六·十二月=戊己巳亥日

즉 正甲 二乙 三己 四丙 五丁 六己 七庚 八辛 九己 十壬 十一癸 十二己日이 重喪日이고, 正七月甲庚、二八月乙辛、三六九十二月戊己、四十月壬丙 五十一月丁癸日이 復日이며 每月 巳亥日이 重日이다.

② 입관시간

입관(入棺)이란 사망한 시신을 염습(斂襲)한 뒤 관(棺)에 모시는 일이다. 아래에 해당하는 길한 시간을 맞추려면 길한 시간 1시간 전에 염습으로 들어가면 될 것이다. 이를 적용하는 사람들이 있어 수록하는 바다.

子日 — 甲庚時, 丑日 — 乙辛時, 寅日 — 乙癸時, 卯日 — 丙壬時, 辰日 — 丁甲時
巳日 — 乙庚時, 午日 — 丁癸時, 未日 — 乙辛時, 申日 — 甲癸時, 酉日 — 丁壬時
戌日 — 庚壬時, 亥日 — 乙辛時

이를 알기 쉽게 나타내면 다음과 같다.

甲子日 — 午戌時　　乙丑日 — 巳酉時　　丙寅日 — 巳未時　　丁卯日 — 寅午時
戊辰日 — 寅巳時　　己巳日 — 亥午時　　庚午日 — 未亥時　　辛未日 — 卯未時
壬申日 — 辰卯時　　癸酉日 — 巳戌時　　甲戌日 — 午申時　　乙亥日 — 巳未時
丙子日 — 寅午時　　丁丑日 — 巳亥時　　戊寅日 — 卯亥時　　己卯日 — 寅申時
庚辰日 — 亥申時　　辛巳日 — 寅未時　　壬午日 — 卯未時　　癸未日 — 卯酉時
甲申日 — 酉戌時　　乙酉日 — 午亥時　　丙戌日 — 寅辰時　　丁亥日 — 巳亥時

③ 하관시간

戊子日 — 寅申時
己丑日 — 未亥時
庚寅日 — 未酉時
辛卯日 — 辰申時
壬辰日 — 辰未時
癸巳日 — 卯申時
甲午日 — 卯酉時
乙未日 — 未亥時
丙申日 — 巳午時
丁酉日 — 寅未時
戊戌日 — 申戌時
己亥日 — 未亥時
庚子日 — 辰中時
辛丑日 — 卯未時
壬寅日 — 卯亥時
癸卯日 — 辰戌時
甲辰日 — 卯戌時
乙巳日 — 辰未時
丙午日 — 巳酉時
丁未日 — 巳亥時
戊申日 — 戌亥時
己酉日 — 卯申時
庚戌日 — 辰午時
辛亥日 — 午戌時
壬子日 — 辰戌時
癸丑日 — 卯酉時
甲寅日 — 酉亥時
乙卯日 — 午戌時
丙辰日 — 午酉時
丁巳日 — 巳戌時
戊午日 — 巳亥時
己未日 — 未亥時
庚申日 — 未中時
辛酉日 — 辰酉時
壬戌日 — 寅戌時
癸亥日 — 卯酉時

하관(下棺)이란 장지(葬地)에서 광중작업이 완료된 뒤 시신을 광중에 안치하는 일인데 가장 간단한 요령은 황도시(黃道時)를 적용하는 게 좋다.

子午日은 午申時, 丑未日은 巳申時, 寅申日은 辰巳申時, 巳亥日은 辰午未時.
卯酉日은 午未時, 辰戌日은 辰巳申時, 巳亥日은 辰午未時。

④ 정상기방

정상(停喪)이란 상여나 영구차를 대기시키는 일인데 꺼리는 방위가 있다. 尸身을 墓地로 운반하기 위해 喪輿나 靈柩車를 待期시킬 경우(病院에서는 不要) 안 방을 기준 상여나 영구차를 세워두는 것을 꺼리는 방위이다. 또 墓地에서는 壙中을 기준 상여 및 棺을 安置하지 않는 方位도 된다.

巳酉丑年日―艮方(東北)　申子辰年日―巽方(東南)
寅午戌年日―乾方(西北)　亥卯未年日―坤方(西南)

⑤ 제주불복방

제주(祭主) 즉 상주(喪主)가 절하는 방위가 아래에 해당하면 피하여 상(床)을 설치한다.

三殺方＝申子辰年日―巳午未方(南)　巳酉丑年日―寅卯辰方(東)
寅午戌年日―亥子丑方(北)　亥卯未年日―申酉戌方(西)

羊刃方＝甲年日―卯方、乙年日―辰方、丙年日―午方、丁年日―未方、戊年日―午方、
己年日―未方、庚年日―酉方、辛年日―戌方、壬年日―子方、癸年日―丑方

⑥ 하관시에 피하는 법

하관(下棺)이란 시신을 광중에 안치하는 일로 陽界에 있던 사람이 맨 처음 陰地와 접촉하는 순간에 이를 보지 않고 피해야 될 사람이 있다. (三分 정도 다른 곳으로 피한다)

正沖 = 葬日의 日干이 같고 日支만 沖하는 사람(가령 甲子日이면 甲午生, 乙丑日이면 乙未生, 戊寅日이면 戊申生이 피한다)

旬沖 = 葬日 同旬中에 해당 生年과 日支가 沖하는 사람(가령 甲子日이면 庚午年, 丙子日이면 壬午生, 간단한 法은 葬日과 天干 地支가 모두 沖하는 사람)

太歲壓本命 = 葬事하는 해의 太歲를 中宮에 넣고 九宮을 順行 中宮에 드는 사람(예를 들어 丙子年이면 丙子 乙酉 甲午 癸卯 壬子 辛酉生이 中宮에 드니 下棺 때 잠시 避해야 한다)

(2) 이장・사초・입비

이장(移葬)은 무덤을 옮겨 쓰는 일이고, 사초(莎草)는 수묘(修墓) 즉 무덤의 영역과 봉분을 개수하고 떼 입히는 등의 일이며, 입비(立碑)는 묘역에 비석 세우고 상석(床石)을 안치하는 일인데 모두 운(運)을 보아야 한다.

348

① 동총운

동총운(動塚運)이란 어느 해에 이장(이장·이장·사초·입비)의 일을 할 수 있고 못하는 가의 운을 보는 법이다. 이장·사초·비석·상돌·합장 등에 아래 표를 참고하라.

大利·小利가 닿는 해는 移葬·莎草(떼 입히고 축대 쌓고 봉분 고치는 일) 비석 세

坐　　向	大利(吉)	小利(小吉)	重喪(凶)
壬子癸丑丙午丁未坐向	辰戌丑未年 利大	子午卯酉年 利小	寅申巳亥年 喪重
乙辰巽巳辛戌乾亥坐向	寅申巳亥年 利大	辰戌丑未年 利小	子午卯酉年 喪重
艮寅甲卯坤申庚酉坐向	子午卯酉年 利大	寅申巳亥年 利小	辰戌丑未年 喪重

우는 일을 할 수 있으나 重喪運이 되는 해는 이장과 같은 일을 못한다. 또는 먼저 쓴 墓에 重喪運이 되면 그 묘에 新墓를 함께 쓰거나, 그 묘를 옮겨 新墓로 合窆을 못한다. 大利 小利運이라야 가능하다.

② 좌운

좌운(坐運)이란 묵은 묘를 새로 옮겨 쓰는 곳의 좌향이 연운(延運)에 맞는가를 보는 법이다. 아래는 천기대요(天機大要)에 수록된 萬年圖로 새로 쓰는 묘는 오직 이 법을 사용한다. 이 萬年圖는 新山의 坐를 정하여 그 坐의 山運의 吉凶을 보는 것이다.

年\坐	子坐	癸坐	丑坐	艮坐	寅坐	甲坐	卯坐	乙坐	辰坐	巽坐	巳坐	丙坐	午坐	丁坐	未坐
甲子	年克	向年殺克	年克	陰府	年克	年克	炙退	大利	地年官克	陰年府克	三殺	方坐殺陰	歲三破殺	坐殺	年三克殺
乙丑	炙退	浮天	傍陰	年克	三殺	坐傍殺陰	年三克殺	坐殺	三殺	大利	地年官克	大利	小利	方陰	歲破
丙寅	陰三府殺	方坐陰殺	三殺	年克	小利	大利	年克	方陰	方陰	大利	年天克官	向殺	地官	向殺	小利
丁卯	小利	大利	小利	大利	方天陰官	小利	向年殺克	小利	小利	大利	年克	大利	炙退陰府年克	大利	地官
戊辰	年克	向年殺克	年克	大利	年克	陰炙府退	小利	年克	三殺	坐殺	三殺	坐殺	三殺	坐殺	殺年方克陰三
己巳	炙退	大利	大利	陰年府克	三殺	坐殺	三年殺克	坐殺	三殺	陰府	年克	方陰	小利	大利	小利
庚午	歲三破殺	坐殺	方三陰殺	大利	大利	陰府	小利	大利	小利	大利	天方官陰	向殺	大利	向年殺克浮方天陰	大利
辛未	年陰克府	方年陰克	歲年破克	大利	天年官克	向年殺克	小利	向方殺陰	方年陰克	年克	大利	浮天	炙退	大利	年克
壬申	地官	向殺	小利	大利	歲方破陰	浮天	炙退	大利	小利	小利	三殺	坐殺	陰三府殺	坐殺	三殺
癸酉	炙退	大利	地官	小利	三殺	坐殺	三殺	破三坐陰殺府歲浮天	三殺	大利	大利	大利	小利	年克	方陰

年	坤坐	申坐	庚坐	酉坐	辛坐	戌坐	乾坐	亥坐	壬坐	子坐	癸坐	丑坐	艮坐	寅坐
甲戌	年克	年克	年克	小利	方陰年克	年克	小利	天官	浮天向殺	三殺	三殺	三殺	陰府	地官
乙亥	大利	天官	陰府向殺	陰府向殺	小利	小利	陰府	大利	大利	年克	浮天年克	方陰年克	小利	天官年克
丙子	陰府	歲破方陰	大利	炙退	浮天	大利	大利	三殺	坐殺	陰府	方陰向殺	小利	大利	小利
丁丑	大利	三殺	坐殺浮天	坐殺	歲破三殺	三殺方陰	大利	小利	方陰	炙退年克	年克	年克	大利	三殺方陰年克
戊寅	浮天年克	地官	方陰年克	小利	年克	歲破年克	大利	天官方陰	向殺	三殺	坐殺	三殺	大利	小利
己卯	大利	天官	向殺	地官	方陰向殺	小利	浮天	歲破	大利	小利	大利	小利	陰府	天官
庚辰	大利	小利	小利	陰府炙退年克	大利	地官	年克陰府	三殺年克	坐殺	小利	向殺	方陰	年克	大利
辛巳	大利	天官	坐殺方陰年克	坐殺年克	三殺	坐殺年克	三殺年克	地官	大利	陰府炙退	方陰	小利	大利	三殺
壬午	大利	大利	大利	小利 冬至後不利	大利	方陰	小利	天官	向殺方陰	歲破三殺	坐殺	三殺	大利	方陰
癸未	大利	天官	向殺方陰	年克	向殺	大利	年克	方陰年克	大利	年克	年克	歲破年克	小利	天官年克

戌坐	辛坐	酉坐	庚坐	申坐	坤坐	未坐	丁坐	午坐	丙坐	巳坐	巽坐	辰坐	乙坐	卯坐	甲坐
小利	方陰	年克炙退	大利	小利	大利	小利	向年殺克	小利	向方殺陰	天官	陰府	歲破	大利	小利	大利
三年殺克	坐殺	陰府三殺	坐年三殺克	年三殺	年克	年克	方陰	炙退	大利	歲方破陰	年克	年克	向殺	地官	陰向年殺克傍
大利	浮天	年克	大利	方陰	陰府	三殺	年坐克殺	歲三破殺	坐殺	三殺	大利	地方官陰	傍陰	炙退	大利
方年陰克	向年殺克	大利	殺年克浮天向	年克天官	年克	歲年破克	大利	陰府	大利	地官	年克	年三克殺	坐殺	三殺	年坐克殺
大利	小利	炙退	方陰	歲破	浮天	方陰	向殺	年地克官	年向克殺	天官	大利	大利	年克	陰府	大利
三殺	方坐陰殺	歲三破殺	坐殺	三殺	大利	地官	大利冬後不利至	炙退	方陰	大利	陰府	大利	向殺	大利	向殺
歲破	大利	陰府	大利	地官	大利	三殺	陰坐殺浮天方	三殺	坐殺	克三殺年方陰	大利	小利	大利	年炙克退	傍大陰利
小利	向殺	地官	向殺	天方官陰	陰府	大利	大利	年克	浮年天克	大利	大利	方三陰殺	年坐克殺	三殺	坐殺
地方官陰	大利	年炙克退	小利	大利	大利	大利	年向克殺	陰府	向殺	天官	小利	小利	大利	小利	浮天
年三克殺	年坐克殺	三殺	陰坐殺年方	年三克殺	陰府年克	年克	大利	炙退	大利	大利	年克	年克	浮向天殺	陰府	年向克殺

坐/年	子坐	癸坐	丑坐	艮坐	寅坐	甲坐	卯坐	乙坐	辰坐	巽坐	巳坐	乾坐	亥坐	壬坐
甲申	地官	向殺	小利	陰府	歲破	大利	炙退	年克	大利	陰府	三殺	年克	三殺坐克	浮天殺
乙酉	炙退	浮天	地官陰	小利	三殺	方坐陰殺	歲破三殺	坐殺	三殺	大利	方陰	陰府	大利	小利
丙戌	府三殺年克陰	陰坐殺年方	年克三殺	大利	年克地官	年克	小利	方陰	破方陰克歲年	年克	天官	年克	天年官克	向殺
丁亥	大利	大利	大利	年克	天官方陰	向殺	地年官克	向殺	小利	大利	歲年破克	大利	小利	方陰
戊子	小利	向殺	大利	大利	小利	大利	陰府炙退	大利	地官	大利	三殺	大利	方三殺陰	坐年殺克
己丑	炙退	大利	大利	陰府	三殺	坐殺	坐殺	三殺	陰府	地官		浮天	小利後冬至不利	大利
庚寅	三殺	坐殺	方三殺陰	大利	方陰	大利	小利	年克	小利	大利	天官方陰	陰府	天官	向殺
辛卯	陰府	方陰	小利	大利	天官	向殺	小利	方向陰殺	方陰	大利	大利	小利	歲破	年克
壬辰	年克	向殺	年克	大利	方年陰克	炙退	浮天	大利	年克	年克	三殺	年克	三殺年克陰	坐殺方陰
癸巳	炙退	大利	小利	年克	三殺	坐殺	三殺年克陰	浮天坐殺	三殺	大利	年克	大利	地官方陰	大利

353

子坐	坐/年	壬坐	亥坐	乾坐	戌坐	辛坐	酉坐	庚坐	申坐	坤坐	未坐	丁坐	午坐	丙坐
三年克歲破	甲午	天向年殺克浮	天官	大利	小利	方陰	小利	大利	大利	大利	三殺	坐殺	年三殺克	年陰克坐殺方
小利	乙未	大利	大利至後不利冬	陰府	大利	向殺	陰府	向殺	天官	大利	小利	方陰	小利	大利
地陰官府	丙申	坐殺	三殺	大利	年克	年克天	炙退	年克	年克陰	年克府	年克	向殺	小利	向殺
炙退	丁酉	方陰	小利	方三陰	坐殺	三殺	浮坐天殺	三殺	大利	小利	大利	陰府炙退	大利	大利
年三克殺	戊戌	向殺	天方官陰	小利至後不利冬	大利	大利	小利至後不利冬	方陰	小利	浮天	方三陰殺	坐殺	歲三破殺	坐殺
小利	己亥	大利	年克	年浮克天	小利	方向陰殺	年克	向殺	天官	大利	歲破	年克	小利	方陰
大利	庚子	年坐克殺	三殺	陰府	大利	小利	陰炙府退	大利	歲破	大利	小利	陰向浮殺天方	地年官克	向年殺克
府炙年退克陰	辛丑	大利	大利	小利至後不利冬	三殺	坐殺	歲三破殺	坐殺	方三陰殺	陰府	地官	大利不利冬至後	炙退	浮天
三殺	壬寅	方向陰殺	天官	大利	破方陰年克歲	年克	小利	年克	年地克官	年克	年三克殺	坐殺	陰府三殺	坐殺
小利	癸卯	大利	歲方破陰	小利	小利	向殺	地官	方向陰殺	天官	小利	方陰	大利	大利	大利

申坐	坤坐	未坐	丁坐	午坐	丙坐	巳坐	巽坐	辰坐	乙坐	卯坐	甲坐	寅坐	艮坐	丑坐	癸坐
年克	年克	年克	向殺	小利	方向陰殺	天官	年陰殺	年克	大利	小利	年克	年克	陰府	年三克殺	坐年克殺
三殺	大利	小利	方陰	炙退	大利	年方克陰	大利	小利	向殺	年克	向方殺陰	天官	年克	歲方破陰	浮天
方陰	陰府	三殺	坐殺	三殺	坐年克殺	年三克殺	大利	方陰	方陰	年炙克退	大利	歲破	年克	小利	方向陰殺
天官	大利	小利	小利	陰年府克	年克	大利	大利	三殺	年坐克殺	歲三破殺	坐方三陰殺	大利	大利	地官	大利
年克	浮年天克	年方克陰	向殺	小利	向殺	天官	年克	歲年破克	大利	陰府	年克	年地克官	大利	年三克殺	年坐克殺
三殺	大利	小利	大利	炙退	方陰	歲年破克	陰府	小利	向殺	年地克官	向殺	天官	年陰克府	大利	大利
小利	小利	三殺	坐天殺方陰浮	歲三破殺	坐殺	方三陰殺	大利	地官	大利	炙退	方陰	大利	大利	方陰	向殺
官方年陰克天	陰年府克	歲年破克	大利	小利	浮天	地官	年克	陰三殺年克方	坐方殺陰	三殺	年坐克殺	年三克殺	大利	年克	年方克陰
歲破	大利	小利	向殺	地陰官府	向殺	天官	小利	小利	大利	小利	浮天	方陰	大利	三殺	坐殺
三殺	大利	方地陰官	年克	炙退	大利	大利	大利	浮向天殺	陰府	向殺	天官	小利	小利	大利	大利

坐＼年	子坐	癸坐	丑坐	艮坐	寅坐	甲坐	卯坐	庚坐	酉坐	辛坐	戌坐	乾坐	亥坐	壬坐
甲辰	小利	向殺	小利	陰府	大利	大利	灸退	年克	灸退	年方克陰	年地克官	小利	三殺	坐殺浮天
乙巳	灸退年克	年浮克天	方年克陰	小利	年三殺	坐殺方陰克年	三殺	坐殺	陰府三殺	陰府三殺	坐殺	陰府	地官	大利
丙午	三殺陰府破歲	方陰坐破殺	三殺	大利	小利	大利	小利	大利	小利	浮天	大利	大利	天官	向殺
丁未	年克	年克	歲年破克	大利	方天官年克陰	年向克殺	小利	浮天向殺	小利	向陰	方陰	大利	小利	年方克陰
戊申	地官	向殺	小利	大利	歲破	大利	灸陰退府	年方克陰	灸退	年克	年克	大利	三方殺陰	坐殺
己酉	灸退	大利	大利	地官	三殺	坐殺	三殺歲破	坐殺	方坐陰殺	方坐陰殺	浮天	浮天	大利	大利
庚戌	三殺	坐殺	方三陰殺	年克	地官	方陰	年克	大利	年陰克府	大利	年陰克府	大利	年天克官	向殺
辛亥	陰府	方陰	小利	大利	天官	向殺	地官	年向克殺	大利	年克	大利	小利	大利	大利
壬子	小利	向殺	大利	大利	方陰	浮天	灸退	大利	灸退	小利	大利	大利	三殺	方坐陰殺
癸丑	灸退年克	年克	年克	小利	年坐克殺	年三克殺	陰府三殺	方坐陰殺	破三年殺歲克	三殺	年克	年克	年方克陰	大利

亥坐	乾坐	戌坐	辛坐	酉坐	庚坐	申坐	坤坐	未坐	丁坐	午坐	丙坐	巳坐	巽坐	辰坐	乙坐
年天克官	年克	歲破	方陰	年克	大利	地官	大利	三殺	年坐克殺	三殺	方坐陰殺	三殺	陰府	大利	大利
歲破	陰府	年克	年向克殺	地陰官府	年向克殺	年天克官	年克	年克	方陰	大利	大利	方陰	年克	年三克殺	坐殺
年三克殺	年克	地官	浮天	年炙克退	小利	方陰	陰府	大利	年向克殺	小利	向殺	天官	大利	方陰	方陰
地官	大利	克方三殺陰年	年坐克殺	三殺	坐浮克天年殺	年三克殺	年克	大利	陰府炙退	大利	大利	年克	年克	向殺	
天方官陰	大利	大利	大利	小利	方陰	小利	浮天	方三陰殺	坐殺	年三克殺	年坐克殺	三殺	大利	大利	年克
至後大利不利冬	浮天	小利	方向陰殺	至後小利不利冬	向殺	天官	大利	小利	至後小利不利冬	小利	方陰	大利	陰府	三殺	坐殺
三殺	陰府	大利	大利	陰炙府退	大利	小利	小利	向陰浮殺天方	大利	向殺	官方年陰克天	大利	歲破	大利	
大利	小利	三殺	坐殺	三殺	坐殺	方三陰殺	陰府	小利	大利	年炙克退	浮年天克	歲破	大利	方陰	克方陰年向殺
年天克官	年克	方陰	大利	年克	大利	大利	小利	三殺	年坐克殺	破三陰殺府歲	坐殺	三殺	小利	地官	大利
方陰	小利	年克	年向克殺	小利	陰向年殺克方	年天克官	年克	破方年陰克歲	大利	小利	大利	地官	年克	年三克殺	浮坐天殺

午坐	丙坐	巳坐	巽坐	辰坐	乙坐	卯坐	甲坐	寅坐	艮坐	丑坐	癸坐	子坐	坐/年	壬坐
地官年克	陰向年殺克方	天官	陰府	大利	年克	小利	大利	大利	陰府	三殺	坐殺	三殺	甲寅	浮向天殺
灸退	大利	方陰	大利	小利	向殺	大利	方陰向殺	天官	小利	方陰	浮天	小利	乙卯	大利
三殺	坐殺	三殺	年方克陰	方陰	灸退	年克	年克	大利	年克	陰向年殺克方	年陰克府	年陰克府	丙辰	坐殺
陰府	大利	年克	大利	三殺	年克三殺	坐殺	方三陰殺	年克	大利	大利	灸退	大利	丁巳	方陰
小利	向殺	天官	大利	大利	陰府	大利	小利	大利	三殺	坐殺	歲三破殺	歲三破殺	戊午	向年殺克
灸退	方陰	大利	陰府	小利	向殺	大利	向殺	天官	陰府	歲破	大利	小利	己未	大利
年三克殺	年坐克殺	方三陰殺	大利	小利	年克	灸退	方陰	歲破	大利	方陰	向殺	地官	庚申	坐殺
小利	浮天	大利	大利	方三陰殺	方坐陰殺	歲三破殺	坐殺	三殺	大利	地官	方陰	陰府灸退	辛酉	年克
陰府	向殺	天官	年克	歲年破克	大利	小利	年浮克天	克地官方陰年	大利	三年殺克	年坐克殺	年三克殺	壬戌	向方殺陰
灸退	大利	歲年破克	大利	小利	浮向天殺	官陰年克府地	向殺	天官	年克	小利	大利	小利	癸亥	大利

丁坐	未坐	坤坐	申坐	庚坐	酉坐	辛坐	戌坐	乾坐	亥坐	壬坐
向殺	小利	大利	歲破	大利	灸退	方陰	小利	大利	三殺	坐殺浮天年克
方陰	地官	大利	三殺	坐殺	三殺陰府歲破	坐殺	三殺	陰府	小利至後不利冬	大利
坐殺	年三克殺	年陰克府	克方陰地官年	年克	小利	年浮年克天	歲年破克	大利	天官	向殺
大利	小利	大利	天官	浮向天殺	地官	向殺	方陰	小利	歲破	方陰
向殺	方陰	小利	浮天	方陰	灸退	大利	地官	小利至後不利冬	方三陰殺	坐殺
年克	小利	大利	三殺	坐殺	年三克殺	三殺	浮年天克	年地克官	大利
坐殺浮天陰	三殺	大利	小利	大利	陰府	大利	大利	陰府	天官	年向克殺
小利至後不利冬	小利	陰府	天方官陰	向殺	小利至後不利冬	小利	向殺	小利至後不利冬	大利至後不利冬	大利
向殺	年克	年克	年克	灸退	年克	年方克陰	大利	三殺	方坐陰殺
大利	方陰	大利	三殺	方坐陰殺	三殺	坐殺	三殺	大利	方陰	大利

이 표는 새로 쓰는 墓의 坐運을 보는 법이다. 二十四坐는 地理法에 의하여 결정된다. 단 地理法에 의하여 어떤 위치에 적당한 坐가 결정되었더라도 年運하고 맞아야 한다. 丙子年의 예를 들어 坐가 巳·丙·午·丁·未坐 가운데 해당할 경우 이상의 坐의 墓는 쓰지 못한다. 왜냐하면 巳·午·未坐는 劫殺·災殺·歲殺 등 三殺坐에 해당

하고 丙·丁坐는 坐殺에 해당하기 때문이다.

○ 제살법(制殺法)

三殺=亡人의 生年및 喪主生年의 納音五行으로 制殺한다. 丙子年의 예를 들어 三殺이 巳午未 火方인데 당년 年月日時의 納音五行으로 制殺한다. 丙子年의 예를 들어 三殺이 巳午未 火方인데 亡人의 生年 및 喪主의 生年納音이 水(甲申·乙酉·壬戌·癸亥生 등의 예)이면 水克火로 制殺된다고 한다. 年月日時 納音도 水에 해당하면 마찬가지다. 그리고 向殺·天官符·地官符·炙退殺은 葬埋에 꺼리지 않고 建築에만 꺼린다.

年克=太歲의 納音이 山運(二十四坐는 그해 그해 太歲에 따라 木火土金水 五行의 坐運이 성해진다)의 오행을 극하면 年克이다. 태세가 山運을 극하여 年克이 될 경우 亡人(故人)이나 祭主(喪主)의 生年에 의한 納陰五行으로 극하는 殺을 다시 克하거나, 行事하는 年月日時의 納音五行으로 殺을 극하면 制殺된다. 즉 山運은 火인데 丙子年은 丙子年의 예를 들어 兌(酉) 丁乾亥坐는 己丑火運이다.

移葬新墓는 꺼려도 初喪에는 크게 꺼리지 않는다. 일반적으로 三殺은 거의 쓰지 않으나 만부득이한 경우 다음과 같은 制殺法을 적용하면 무방하다고 하였다.

坐가 大利運이나 小利運에 해당하면 가장 좋고 年克·傍陰符에 해당하면 不利인데

360

納音이 水(澗下水)이므로 太歲(丙子水)가 山運(己丑火)을 克하므로 日 年克이니 不利라 한다. 그러나 亡命、祭主의 納音이 土(庚午·辛未 路傍土, 戊寅、己卯 城頭土 등)이거나 年月日時中 納音이 土이면 土克水하여 水殺을 克할 수 있으니 制殺됨이라 한다.

다음은 山運의 五行이 무엇에 해당하는가를 알아보는 표이다.

年＼坐(五行)	兌丁乾亥(金山)	卯艮巳(木山)	離壬寅戌(火山)	甲寅辰巽戌坎 辛申(水山)	癸丑坤庚未(土山)
甲己年	乙丑金運	辛未土運	戊戌火運	戊辰木運	戊辰木運
乙庚年	丁丑水運	癸未木運	丙戌土運	庚辰金運	庚辰金運
丙辛年	己丑火運	乙未金運	戊戌木運	壬辰水運	壬辰水運
丁壬年	辛丑土運	丁未水運	庚戌金運	甲辰火運	甲辰火運
戊癸年	癸丑木運	己未火運	壬戌水運	丙辰土運	丙辰土運

傍陰符 = 예를 들어 丙子年에는 乙癸申辰 坐가 傍陰符殺이다. 즉 丙火가 傍陰殺이므로 春夏에는 火殺이 生旺되어 不利하고 秋冬에는 火가 衰弱해지는 때이므로 無妨이라 한다. 또는 亡人이나 喪主의 梟殺로 制하는 法이 있다. 예를 들어 丙火가 傍陰符인데 甲木이 梟殺이라 祭主·亡人、年月日時 가운데 甲生이나 甲年月日時에 해당하면 制殺된다.

○ 開塚忌日

移葬을 목적하거나 合葬하려면 이미 쓴 무덤을 헤쳐야 하는데 이를 꺼리는 日時가 있다.

甲乙日 = 辛戌乾亥坐 또는 申酉時
丙丁日 = 坤中庚酉坐 또는 丑午申戌時
戊己日 = 辰戌酉坐 또는 辰戌酉時
庚辛日 = 艮寅甲卯坐 또는 丑辰巳時
壬癸日 = 乙辰巽巳坐 또는 丑未時

예를 들어 移葬·合葬하려는 墓가 辛戌乾亥坐에 해당하면 甲乙日이나 申酉時에 墓를 헐지 못한다.

○ 入地空亡日

甲己亡命은 庚午日에 葬事지내지 않는다
乙庚亡命은 庚辰日에 葬事지내지 않는다
丙辛亡命은 庚寅日에 葬事지내지 않는다

丁壬亡命은 庚戌日에 葬事지내지 않는다

戊癸亡命은 庚申日에 葬事지내지 않는다

(3) 이장택일

① 제신상천일

제신상천일(諸神上天日)이란 지상(地上)의 모든 신(神)들이 하늘로 올라가 이장 사초 입비 등의 일을 해도 아무 탈이 없다는 길일이다.
移葬·合葬하고 비석 세우고, 床石 놓고, 떼 입히고, 封墳 돋우는 일 등에 날을 가리지 않고 무조건 무방한 날이 있다.(단 動塚運에서 重喪運에 해당되지 않을 경우)
즉 다음과 같은 날이다.

寒食日、淸明日、大寒後 五日~立春前 二日

寒食·淸明日은 모든 神이 朝會하러 하늘로 올라가기 때문이고 大寒後 十日 전후일과 立春 前 二日은 新舊歲神들이 交替되는 期間이므로 이 날을 사용해도 무방하다고 한다.

② 주마육임법

주마육임법(走馬六壬法)은 음택에 있어 가장 간편하고도 효과적인 택일법이다. 복잡하게 이것 지것 살피지 않고 移葬運만 맞으면 간단히 좋은 年月日時를 가리는 방법이 있으므로 한 가지만 收錄하여 陰宅法을 잘 모르는 분도 擇日하기에 쉬울 것이다.

陽山 — 陽年, 陽月, 陽日, 陽時를 쓴다
陰山 — 陰年, 陰月, 陰日, 陰時를 쓴다
陽山 = 壬子艮寅乙辰丙午坤申辛戌坐
陰山 = 癸丑甲卯巽巳丁未庚酉乾亥坐

예를 들어 丙子年은 陽年인데 陽山(陽坐)일 경우 子寅辰午申戌의 陽年月時를 가리고 丁丑年은 陰年이므로 陰坐일 경우 丑卯巳未酉亥의 年月日時로만 가려 쓰면 된다.

③ 자백법

자백법(紫白法)으로 택일해도 매우 좋다. 신묘(新墓)의 坐에 年月日時의 자백방(紫白方 — 一白 八白 六白 九紫)이 되면 대길하다.

○ 年·日白九星

年月日時에 해당하는 九星紫白定局은 다음 표와 같다.

현재는 下元甲子임
陽遁 = 冬至後 夏至前
陰遁 = 夏至後 冬至前

太歲 또는 日辰							年白		日白 陽遁(冬至)			日白 陰遁(夏至)		
							一九二四年이후	一九八四年이후	上元	中元	下元	上元	中元	下元
甲子	癸酉	壬午	辛卯	庚子	己酉	戊午	四綠	七赤	一白	四綠	七赤	九紫	三碧	六白
乙丑	甲戌	癸未	壬辰	辛丑	庚戌	己未	三碧	六白	二黑	八白	五黃	八白	二黑	五黃
丙寅	乙亥	甲申	癸巳	壬寅	辛亥	庚申	二黑	五黃	三碧	九紫	六白	七赤	一白	四綠
丁卯	丙子	乙酉	甲午	癸卯	壬子	辛酉	一白	四綠	四綠	一白	七赤	六白	九紫	三碧
戊辰	丁丑	丙戌	乙未	甲辰	癸丑	壬戌	九紫	三碧	五黃	二黑	八白	五黃	八白	二黑
己巳	戊寅	丁亥	丙申	乙巳	甲寅	癸亥	八白	二黑	六白	三碧	九紫	四綠	七赤	一白
庚午	己卯	戊子	丁酉	丙午	乙卯		七赤	一白	七赤	四綠	一白	三碧	六白	九紫
辛未	庚辰	己丑	戊戌	丁未	丙辰		六白	九紫	八白	五黃	二黑	二黑	五黃	八白
壬申	辛巳	庚寅	己亥	戊申	丁巳		五黃	八白	九紫	六白	三碧	一白	四綠	七赤

○月紫白九星表

年支＼月別	子午卯酉年	辰戌丑未年	寅申巳亥年
正月十月	八白	五黃	二黑
二月十一月	七赤	四綠	一白
三月十二月	六白	三碧	九紫
四月	五黃	二黑	八白
五月	四綠	一白	七赤
六月	三碧	九紫	六白
七月	二黑	八白	五黃
八月	一白	七赤	四綠
九月	九紫	六白	三碧

○時紫白九星表

甲己子午卯酉日부터　五日間上元
甲己寅申巳亥日부터　五日間中元
甲己辰戌丑未日부터　五日間下元

						日辰 / 月間 陰陽遁	甲己日－甲子時 乙庚日－丙子時 丙辛日－戊子時 丁壬日－庚子時 戊癸日－壬子時 부터 시작
己丑 庚寅 辛卯 壬辰 癸巳 己未 庚申 辛酉 壬戌 癸亥	甲戌 乙亥 丙子 丁丑 戊寅 甲辰 乙巳 丙午 丁未 戊申	甲申 乙酉 丙戌 丁亥 戊子 甲寅 乙卯 丙辰 丁巳 戊午	己巳 庚午 辛未 壬申 癸酉 己亥 庚子 辛丑 壬寅 癸卯	甲午 乙未 丙申 丁酉 戊戌 甲子 乙丑 丙寅 丁卯 戊辰	甲子 乙丑 丙寅 丁卯 戊辰 己卯 庚辰 辛巳 壬午 癸未		

陰	陽	陰	陽	陰	陽					
六白	四綠	三碧	七赤	九紫	一白	戊午	己酉	庚子	辛卯	壬午	癸酉	甲子
五黃	五黃	二黑	八白	八白	二黑	己未	庚戌	辛丑	壬辰	癸未	甲申	乙丑
四綠	六黑	一白	九紫	七赤	三碧	庚申	辛亥	壬寅	癸巳	甲申	乙亥	丙寅
三碧	七赤	九紫	一白	六白	四綠	辛酉	壬子	癸卯	甲午	乙酉	丙子	丁卯
二黑	八白	八白	二黑	五黃	五黃	壬戌	癸丑	甲辰	乙未	丙戌	丁丑	戊辰
一白	九紫	七赤	三碧	五綠	六白	癸亥	甲寅	乙巳	丙申	丁亥	戊寅	己巳
九紫	一白	六白	四綠	三碧	七赤		乙卯	丙午	丁酉	戊子	己卯	庚午
八白	二黑	五黃	五黃	二黑	八白		丙辰	丁未	戊戌	己丑	庚辰	辛未
七赤	三碧	四綠	六白	一白	九紫		丁巳	戊申	己亥	庚寅	辛巳	壬申

(4) 기타

○ 안장길일(安葬吉日)

正月 = 癸酉 丁酉 乙酉 辛酉 己酉 壬午 丙午
二月 = 丙寅 壬申 甲申 庚寅 壬寅 己未 庚申
三月 = 壬申 甲申 丙申 癸酉 乙酉 丁酉 壬午 庚申
四月 = 乙酉 己酉 丁酉 癸酉 壬午 丙午 庚午
五月 = 甲申 丙申 庚申 壬午 乙丑 庚午 辛酉 庚午
六月 = 癸酉 乙酉 辛酉 壬申 庚申 甲申 丁丑 己丑 甲午
七月 = 戊申 癸未
八月 = 癸酉 丁酉 己酉 壬申 甲申 丙申 乙亥 壬寅 甲寅 庚寅 辛卯 乙未 丙午
九月 = 壬申 甲申 丙申 壬申 庚申 壬午 甲午 丙辰 壬子 壬辰 丙申
十月 = 壬午 丙午 丙寅 甲申 壬申 庚申 甲戌 戊午 辛亥
十一月 = 丙子 甲辰 丙辰 壬午 庚午 甲子 辛未 癸酉 甲午 乙未
十二月 = 庚寅 壬寅 甲寅 丙申 庚申 乙酉 丙寅 戊寅 庚寅
十二月 = 壬申 壬寅 甲寅 癸酉 甲申 丙申 庚申 乙酉 丙寅 戊寅 庚寅

제 8부 취길피흉(就吉避凶)

부 작

● 七星符(칠성부)

〔소원성취 부작〕

● 觀世音符 (관세음부)

● 觀音符(관음부)

독송구불절 염염심부절
화염불능상 도병립최절
南無觀世音菩薩
에노생환희 사자변성활
막언차시허 제불불망설

만사대길(萬事大吉) 만사대길

부 작

● 觀音符 (관음부)

이 관음부작을 집안에 붙이면 모든 신(神)이 열복 하나니라

● 善神守護符 (선신수호부)

선신이 보호해 달라는 부작

● 淨土往生符 (정토왕생부)

정결한 땅에 다시 탄생 하라는 부작

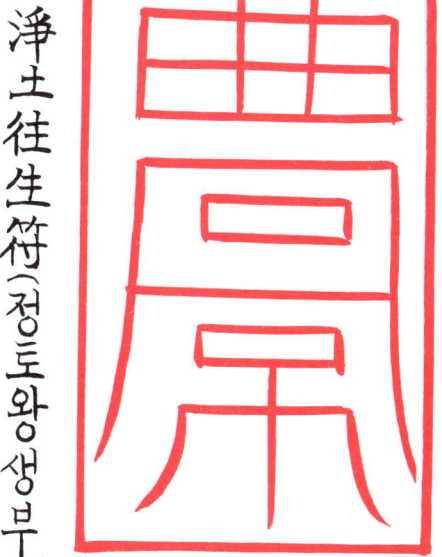

부 작

병고치는 부작

사용 하는 법은 병(病)이 발생(發生)한 날(日字)과 이 부작에 기입한 날자와 마주어 그려서 사용하면 신효하게 낫느니라

初一日 病符 (초하루 병부작)

한장은 태워서 삼키고
한장은 문(門)위에 붙인다

初二日 病符 (초 이틀 병부작)

한장은 태워서 삼키고
한상은 문위에 붙인다

初三日 病符 (초 사흘 병부작)

한장을 태워서 삼키면 길하다

부 작

初四日 病符(초나흘 병부작)
한장은 그려서 태워 마시고
한장은 그려서 문위에 붙인다

初五日病符(초 닷새 병부작)
한장은 그려서 태워 마시고
한장은 그려서 몸에 지닌다

初六日病符(초 육일 병부작)
한장을 그려 문위에 붙이면 좋다

初七日病符(초 칠일 병부작)
한장을 그려서 태워 마신다

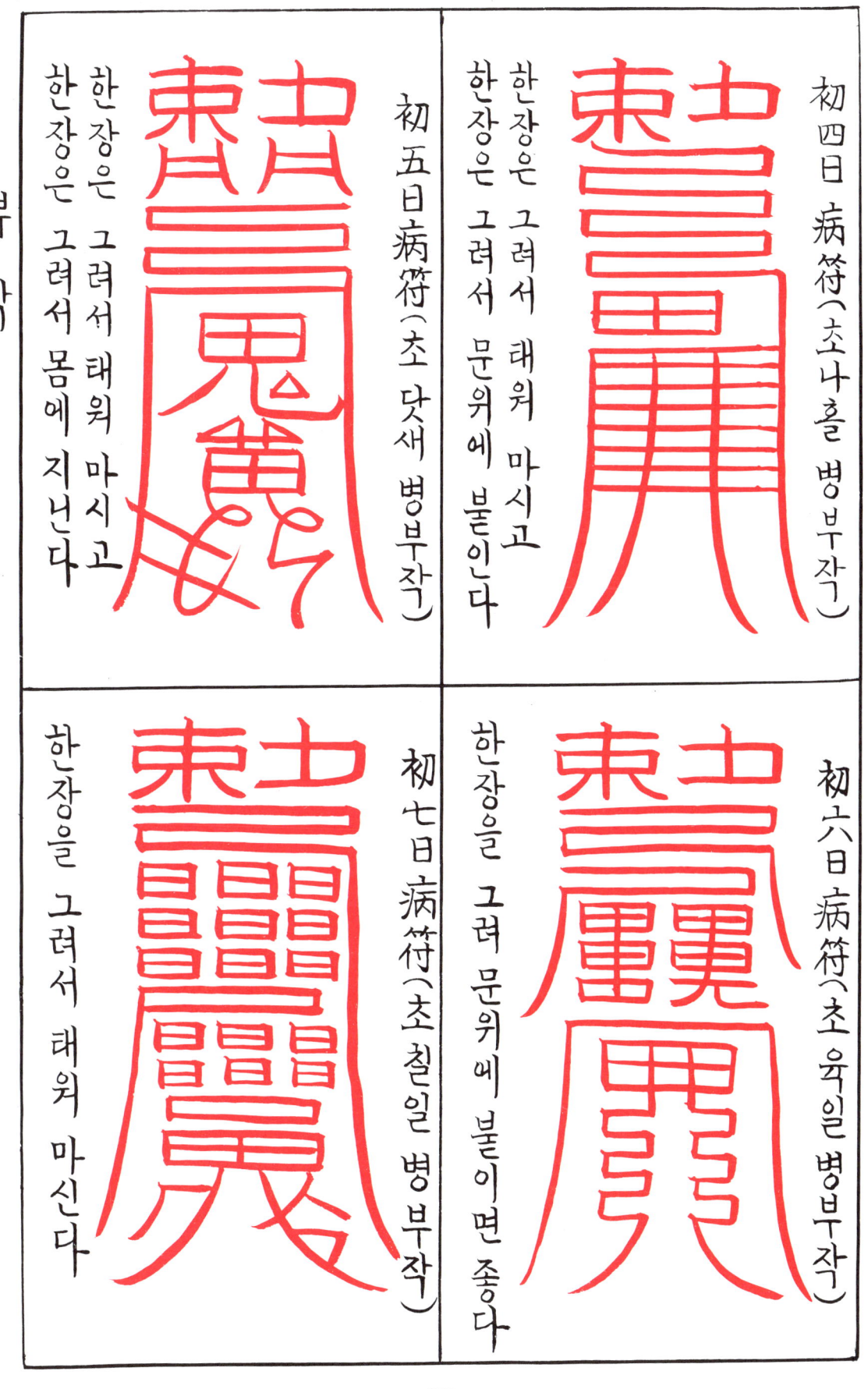

부　작

初八日病符(초팔일 병부작)
한장을 그려 태워 마시면 효험하다

初九日病符(초구일 병부작)
한장은 그려 태워서 마시고
한장은 그려서 문위에 붙인다

初十日病符(초십일 병 부작)
한장을 태워 마시면 좋다

十一日病符(십일일 병 부작)
한장을 방문위에 그려 붙이면 좋다

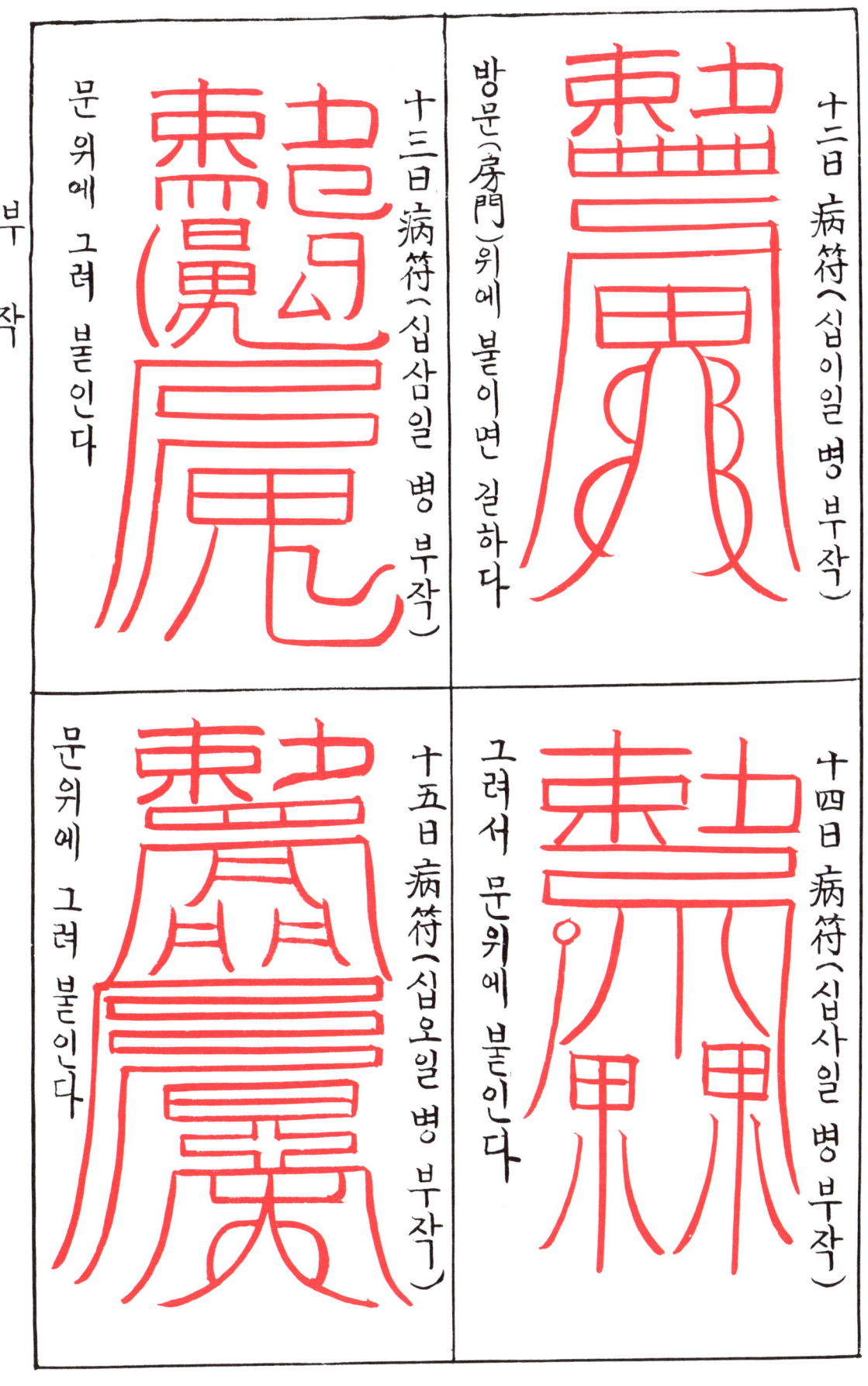

十二日 病符(십이일 병 부작)

방문(房門)위에 붙이면 길하다

十三日 病符(십삼일 병 부작)

문 위에 그려 붙인다

十四日 病符(십사일 병 부작)

그려서 문 위에 붙인다

十五日 病符(십오일 병 부작)

문 위에 그려 붙인다

부 작

부 작

十六日 病符 (십육일 병 부작)
한장은 태워 마시고
한장은 몸에 지닌다

十七日 病符 (십칠일 병 부작)
한장은 태워 마시고
한장은 몸에 지닌다

十八日 病符 (십팔일 병 부작)
한장은 그려 태워 마시고
한장은 그려 머리위에 놓아둔다

十九日 病符 (십구일 병 부작)
한장은 태워 마시고
한장은 머리위에 놓아둔다

二十日 病符 (이십일 병 부작)

한장은 그려서 태워 마시고
한장은 그려서 문위에 붙인다

二十一日 病符 (이십일일 병 부작)

한장을 그려 태워 마신다

二十二日 病符 (이십이일 병 부작)

한장을 태워 마시면 길하다

二十三日 病符 (이십삼일 병 부작)

한장은 그려서 태워 마시고
한장은 그려서 몸에 지닌다

부 작

부 작

二十四日病(이십사일 병 부작)
한장은 태워 마시고
한장은 몸에 지닌다

二十五日 病符(이십오일 병 부작)
한장을 문위에 그려 붙인다

二十六日 病符(이십육일 병 부작)
한장을 그려서 문위에 붙인다

二十七日 病符(이십칠일 병 부작)
한장을 그려 머리에 꽂으면 가장좋다

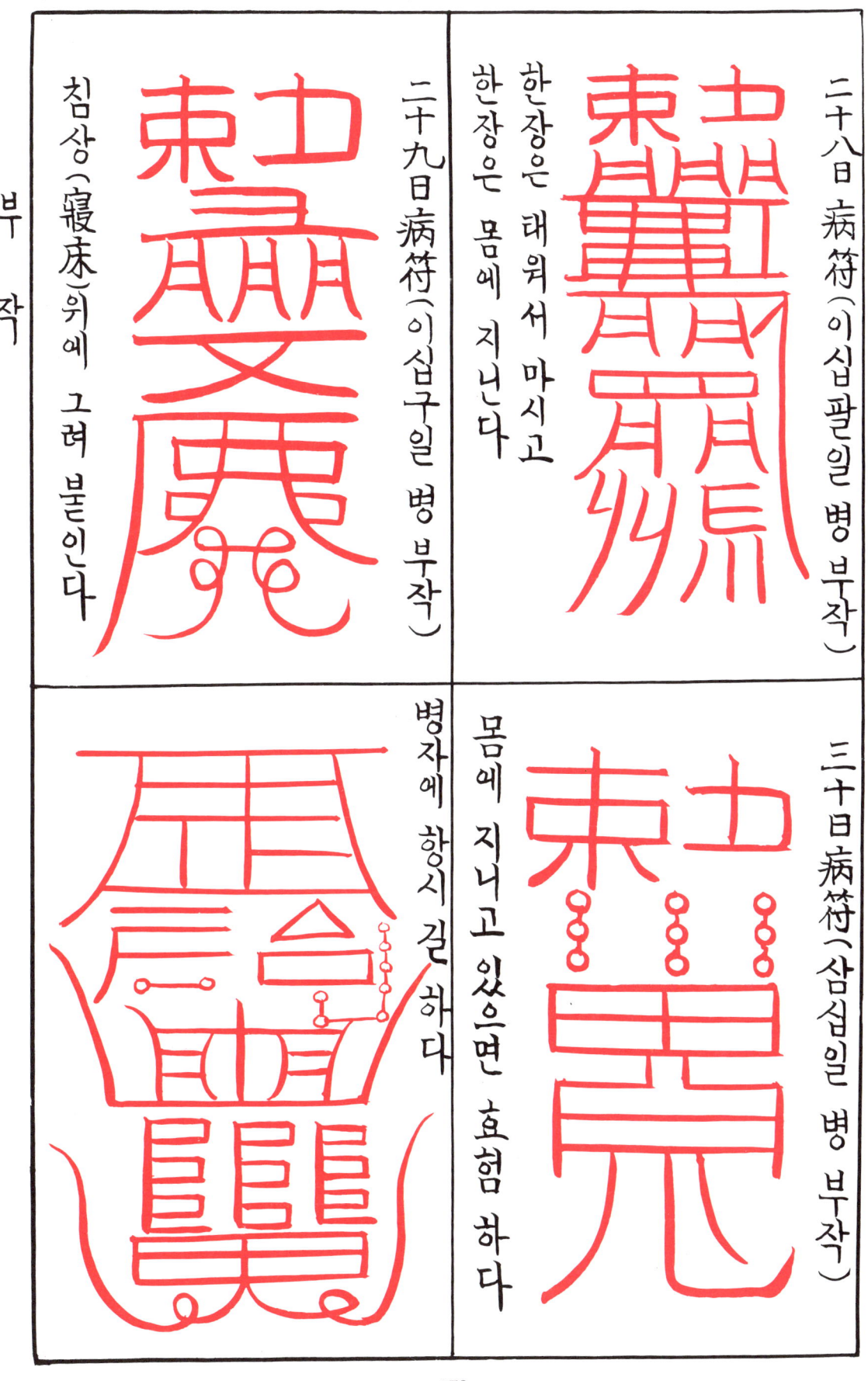

二十八日 病符 (이십팔일 병 부작)
한장은 태워서 마시고
한장은 몸에 지닌다

二十九日病符 (이십구일 병 부작)
침상(寢床)위에 그려 붙인다

三十日病符 (삼십일 병 부작)
몸에 지니고 있으면 효험 하다

병자에 항시 길하다

부 작

부 작

● 所望成就符(소망성취부)

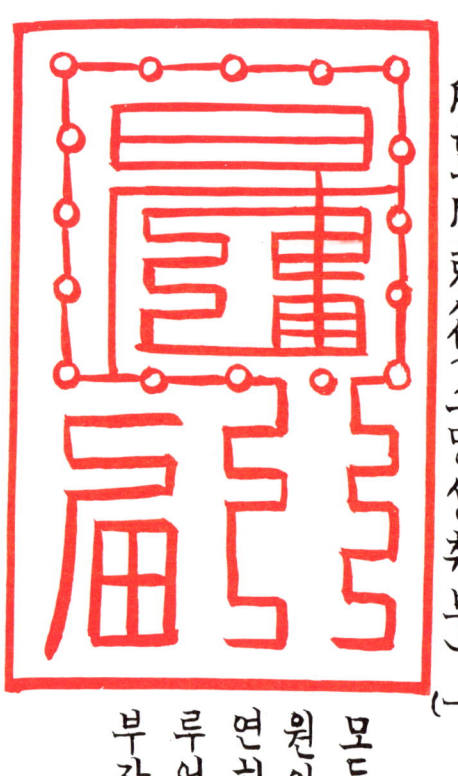
(一)

모든 소
원이 자
연히 이
루어지는
부작

(二)

● 金銀自來符(금은자래부) (一)

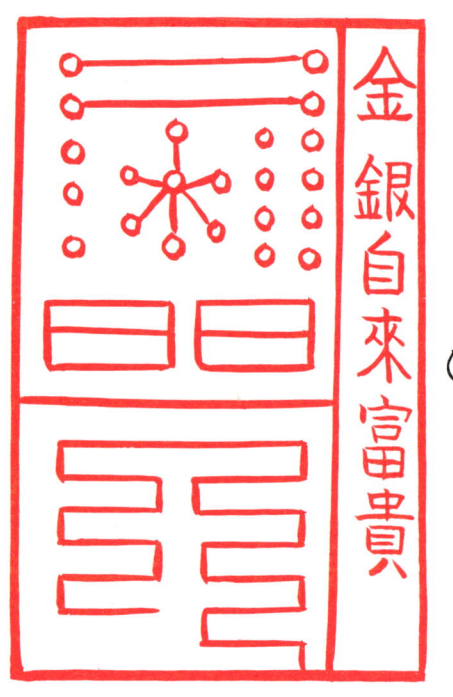

금은과
재산이
자연히
이르는
부작

金銀自來富貴 (二)

부 작

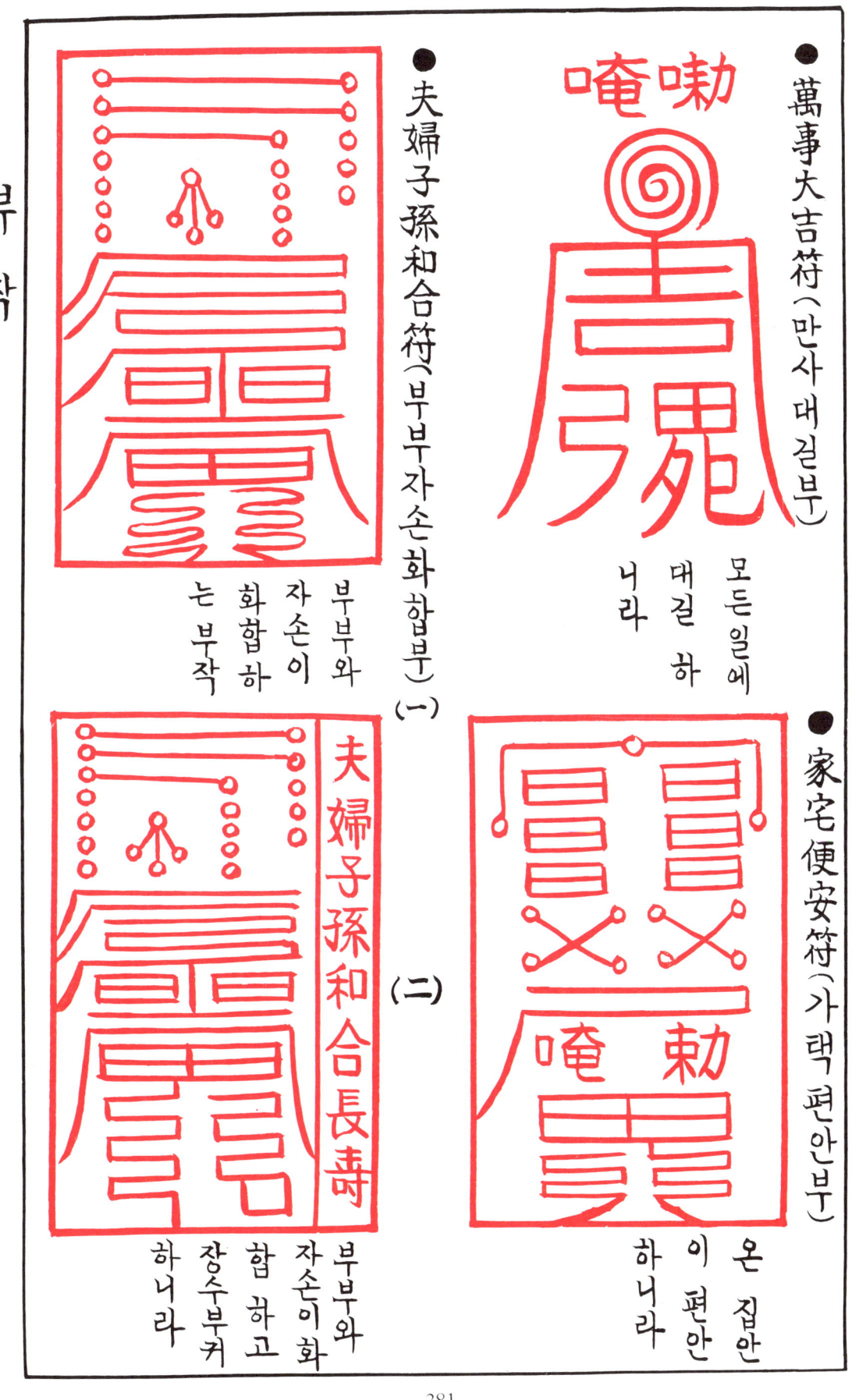

● 萬事大吉符(만사대길부)
모든일에 대길 하 니라

● 夫婦子孫和合符(부부자손화합부)(一)
부부와 자손이 화합하 는 부작

● 家宅便安符(가택편안부)
온 집안 이 편안 하니라

夫婦子孫和合長壽 (二)
부부와 자손이화 합하고 장수부커 하니라

三災符 (삼재부)

부 작

三災法 (삼재법)

巳酉丑生(사유축생)=亥子丑年(해자축년)
亥卯未生(해묘미생)=巳午未年(사오미년)
申子辰生(신자진생)=寅卯辰年(인묘진년)
寅午戌生(인오술생)=申酉戌年(신유술년)

自然遠離三災符(자연원리 삼재부)(二)

삼재가 자연히 멀리 떠나가 버리는 부작

三災消滅符 (삼재소멸부)(一)

三災消滅符除天殺刑星

自然遠離三災 (三)

부 작

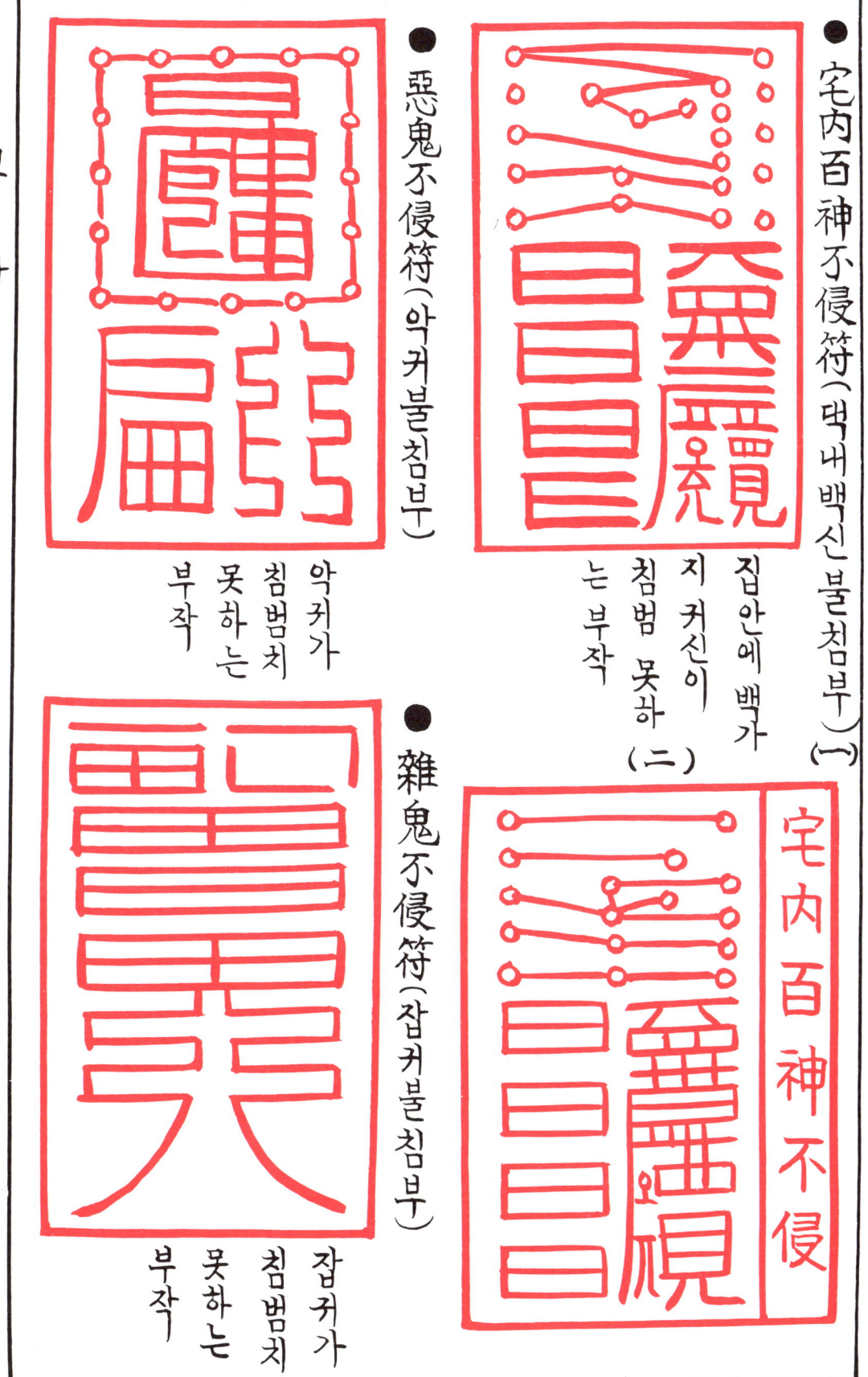

● 宅内百神不侵符(댁내백신불침부)(一)

집안에 백가
지 커신이
침범 못하
는 부작 (二)

● 惡鬼不侵符(악귀불침부)

악귀가
침범치
못하는
부작

● 雜鬼不侵符(잡귀불침부)

잡귀가
침범치
못하는
부작

부 작

● 雜鬼不侵符 (잡귀 불침부) (一)

모든 잡귀가 침범 하지 못 하는 부작

● 憂患消滅符 (우환소멸부)

집안의 질병과 우환을 소멸하 는 부작

● 火災豫防符 (화재예방부) (二)

화재수 를 미리 막는 부 작

부 작

● 三光百靈雷電不侵符 (삼광백령뇌전불침부)
벼락이 침노하지 못하는 부적

● 萬刦不守生死符 (만겁불수생사부)
생명이 위독할 때 사용하는 부작

● 盜賊不侵符 (도적불침부)
도적이 침범치 못하는 부작

● 救産符 (구산부)
난산에 살아서 마신다

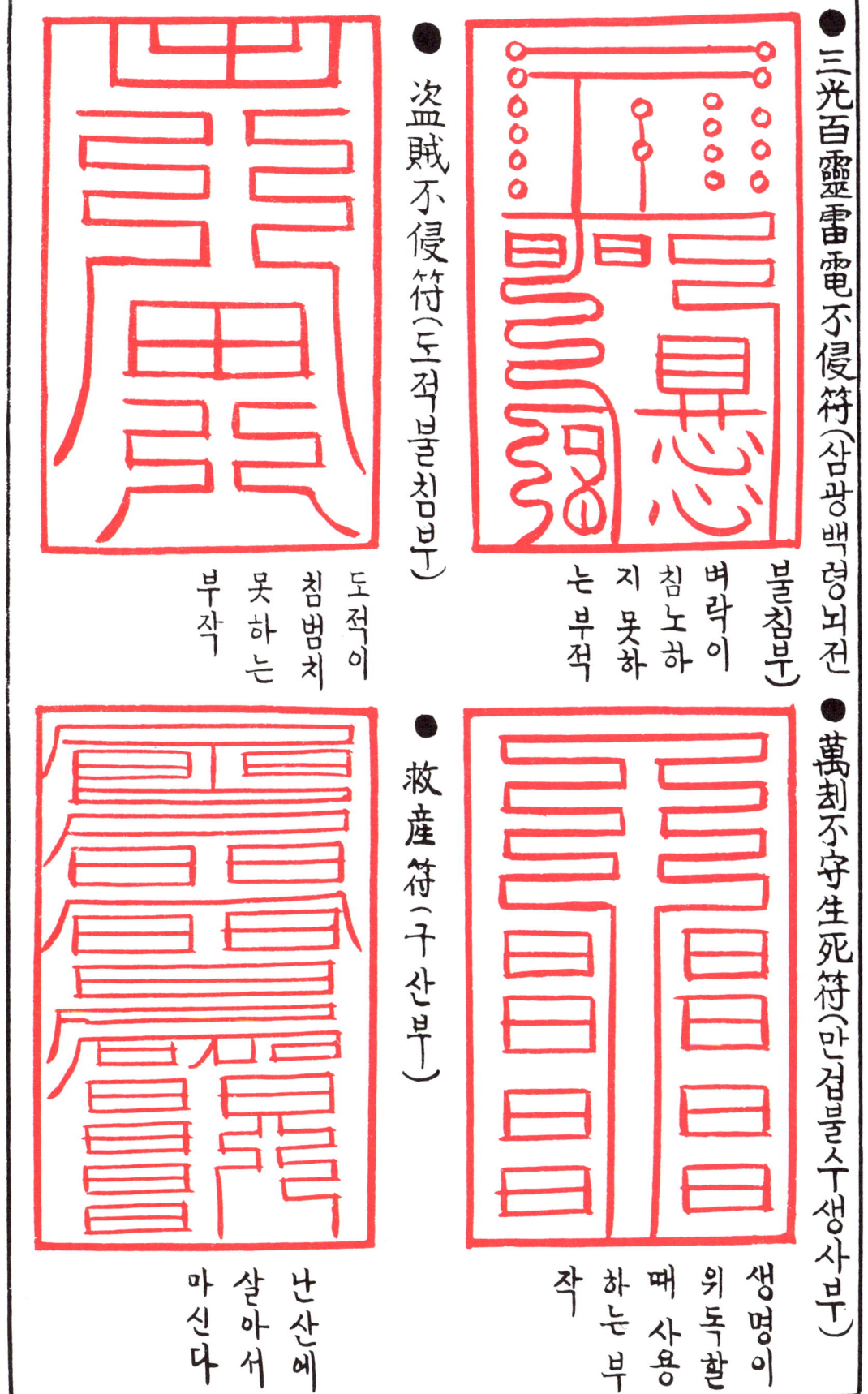

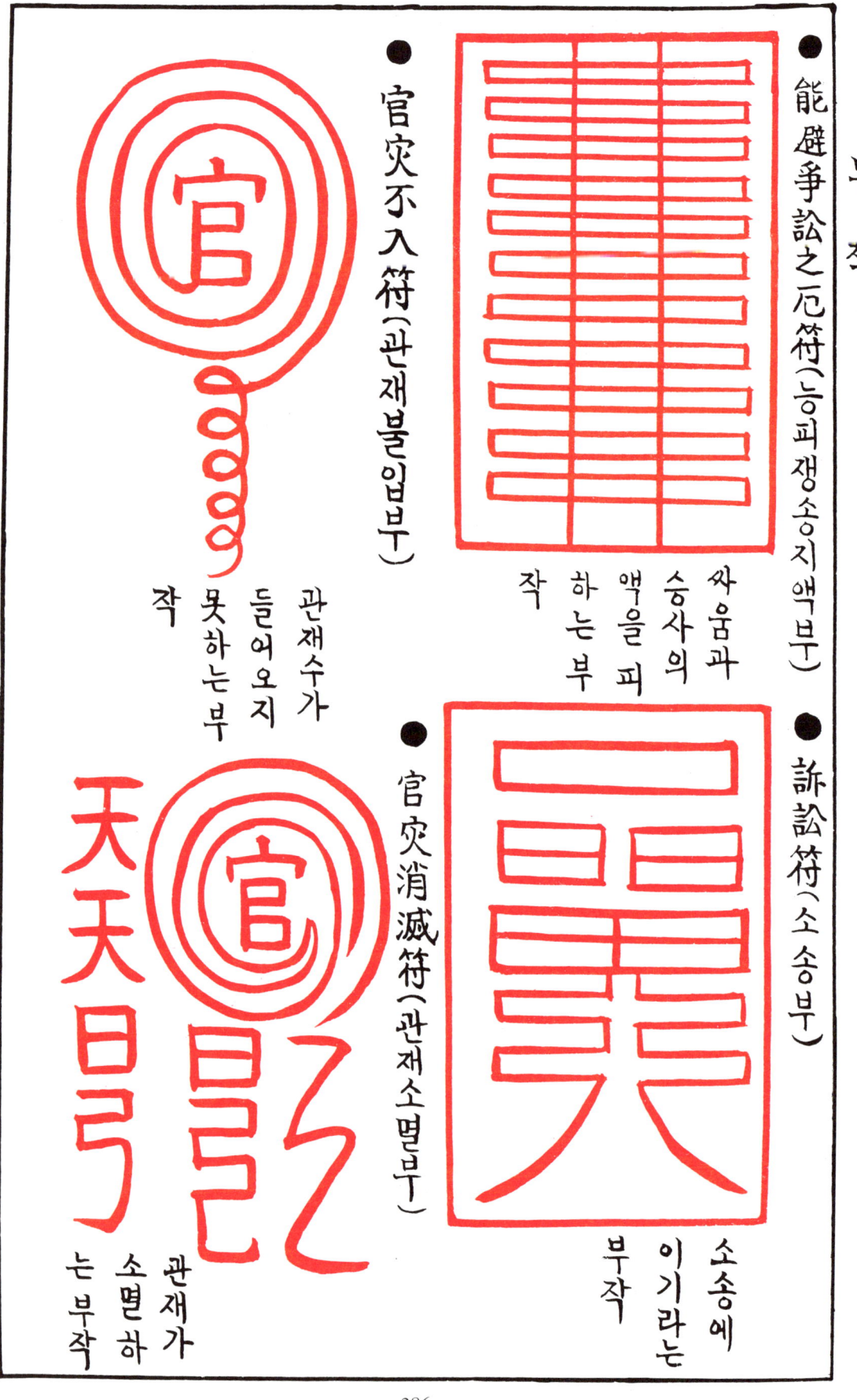

부 작

● 辟邪符(벽사부)

범을 그려서 부적과 같이 문위에 붙이면 학질이나 커신이 침범치 못한다

● 夫婦偕老符(부부해로부)

부부간에 해로 해달라는 부작

● 大招官職符(대초관직부)

관직을 얻고져 할때 사용하는 부작

● 求子孫符(구자손부)

자손을 낳게해 달라는 부작

부 작

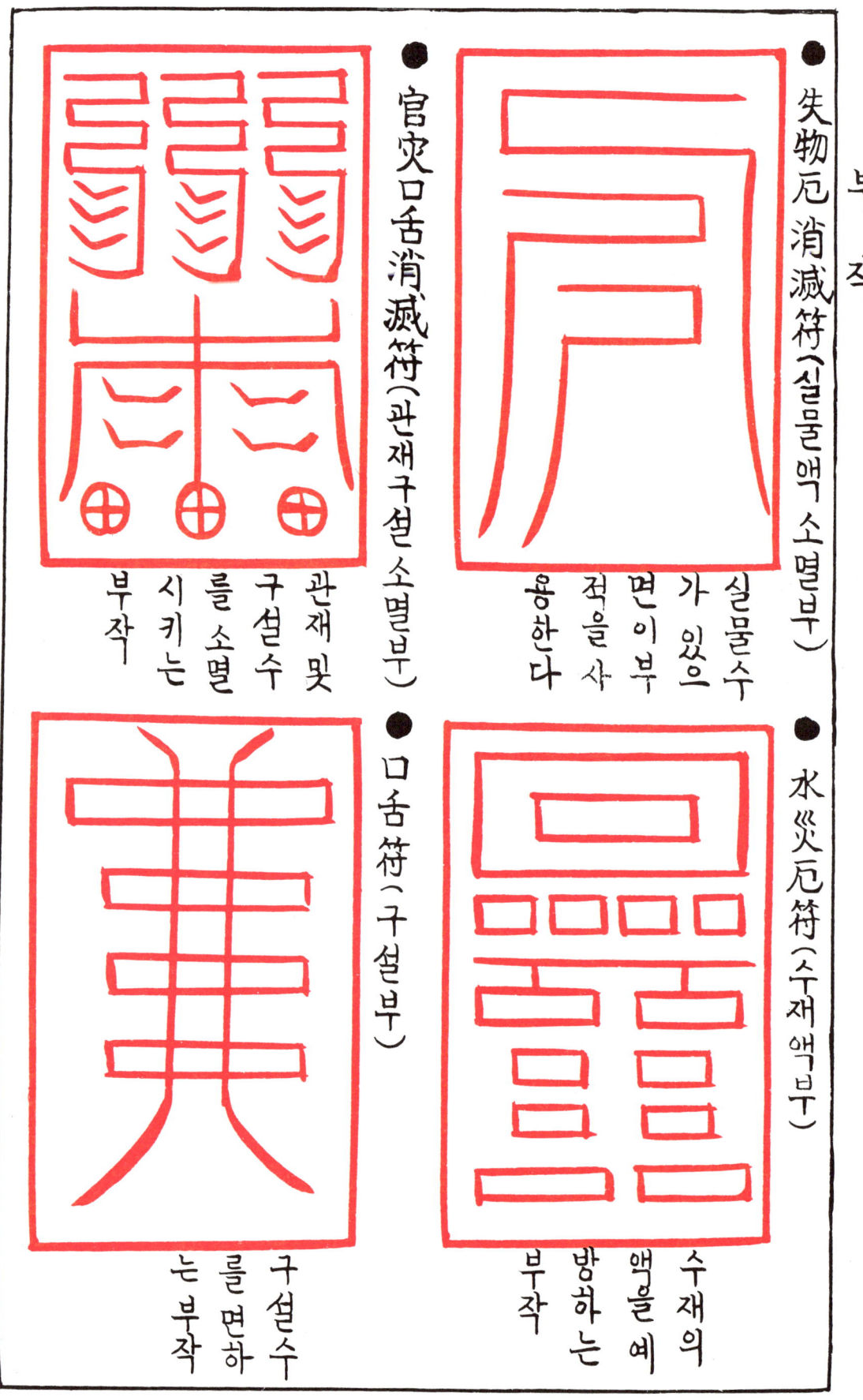

부작

● 安宅符(안택부) 집안을 편하게 하는부작

● 除殺符(제살부) 모든 살을 제거 하는 부작

● 度厄符(도액부) 신수가 불길할 때 사용

● 竈王動土符(조왕동토부) 조왕에 동토부 정이 났을때 사용한다

부 작

● 動土符(동토부)

흙다루는 부정에 사용함

● 木不淨(목부정)

나무다룬 부정에사용한다

石不淨符(돌다룬 부정부작)

● 百事動土符(백사동토부)

모든 동토에 다 사용함

부 작

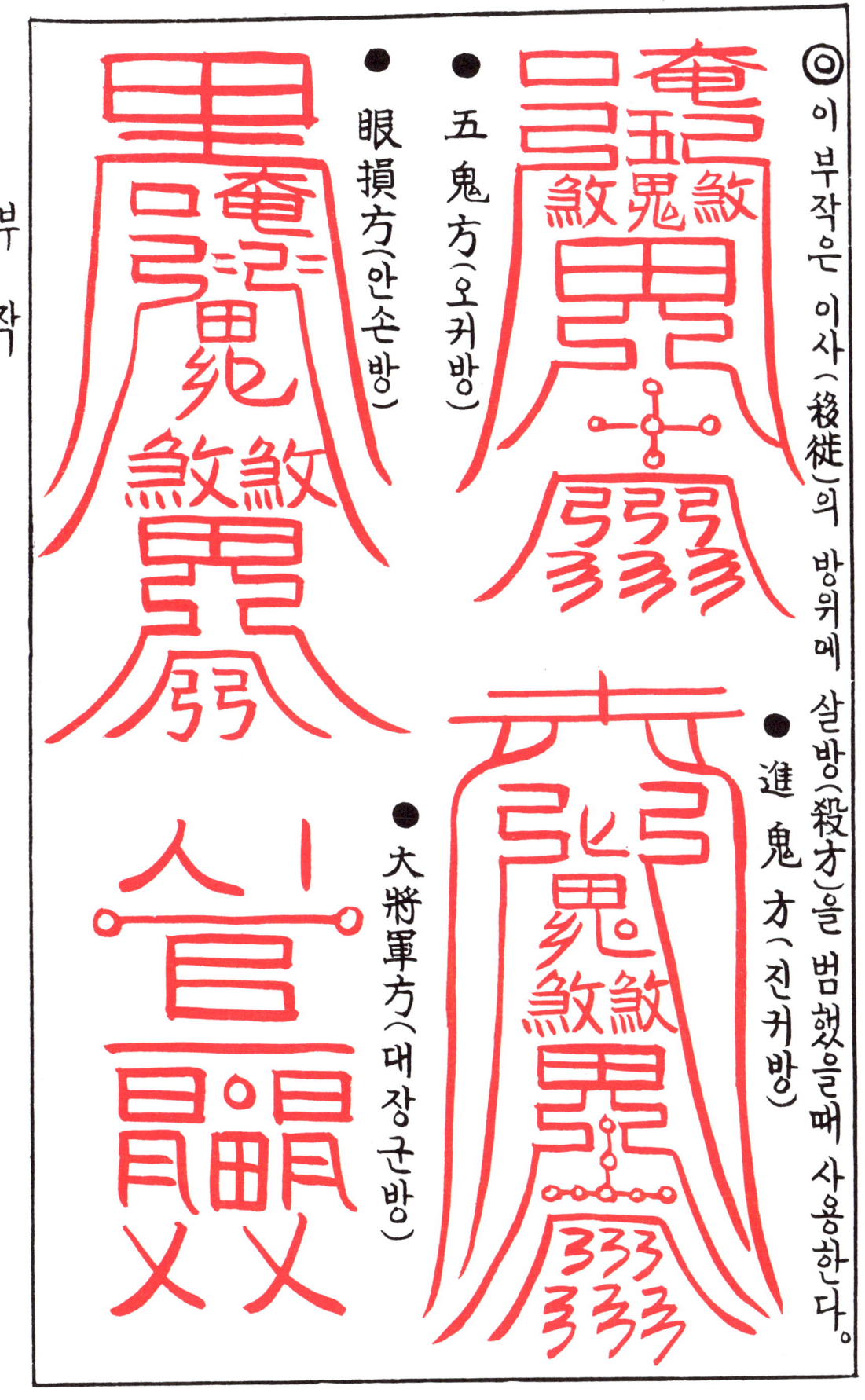

부작

● 退厄符 (퇴액부)

모든 액을 퇴치 하는 부작

● 妾除去符 (첩제거부)

첩을 떼는 부작

● 船舶及車事故防止符 (선박및차사고방지부)

선박 차사고 방지 부작

● 睡眠符 (수면부)

잠을 오게 하는 부작

대신 할머니

명도령

原本秘傳 唐四柱要覽大典

初　版　發　行 ● 1970年　7月　25日
革新增補 1刷 發行 ● 1997年　6月　10日
革新增補 4刷 發行 ● 2020年　8月　13日

共著者 ● 金 赫 濟 · 韓 重 洙
發行者 ● 金 東 求
發行處 ● 明 文 堂 (1923. 10. 1 창립)
　　　　서울특별시 종로구 안국동 17~8
　　　　우체국　010579-01-000682
　　　　전　화　(영) 733-3039, 734-4798
　　　　　　　　(편) 733-4748
　　　　FAX 734-9209
　　　　Homepage www.myungmundang.net
　　　　E-mail mmdbook1@hanmail.net
　　　　등록　1977. 11. 19. 제1~148호

● 낙장 및 파본은 교환해 드립니다.
● 불허복제

정가 45,000원
ISBN 89-7270-814-3　13140

他의 追從을 不許하는 決定版!

曆書

- **陰陽萬歲曆**
  4×6半版 /
- **手帖 陰陽萬歲曆**
  4×6半版 /
- **正統 萬歲曆**
  4×6倍版 /
- **明文 萬歲曆**
  菊版 /
- **正本 萬歲曆**
  新菊版 /
- **萬歲曆**
  4×6倍版 /
- **明文 千歲曆**
  菊版 /
- **正本 千歲曆**
  菊版 /
- **明文 百中曆**
  菊版 /

醫書

- **單方新編**
  菊版 /
- **大方藥合編**
  4×6倍版 /
- **相對性鍼灸法**
  新菊版 /
- **五運六氣治病療法**
  4×6倍版 /

運命學叢書

- **命理運道歌**
  新菊版 /
- **命理正宗精解**
  新菊版 /
- **窮通寶鑑精解**
  新菊版 /
- **淵海子平精解**
  新菊版 /
- **滴天髓精解**
  新菊版 /
- **洪煙眞訣** (原本)
  新菊版 /
- **洪煙眞訣精解**
  新菊版 /
- **紫微斗數**
  菊版 /

- **萬山圖**
  菊版 /
- **八字要覽**
  菊版 /
- **八字大典**
  新菊版 /
- **陰宅要訣全書**
  新菊版 / 缺
- **麻衣相法**
  菊版 /
- **相法精說**
  4×6版 /
- **相法全書**
  新菊版 /
- **周易希望의門을열어라**
  4×6版 /
- **現代手相術**
  4×6版 /
- **手相術入門**
  4×6版 /
- **꿈判斷과 解夢**
  4×6版 /
- **現代解夢法**
  新菊版 /
- **꿈의 豫示와 判斷**
  新菊版 /
- **꿈의 日誌分析**
  菊版 /
- **解夢要訣**
  新菊版 /
- **꿈의豫知百科事典**
  新菊版 /
- **꿈과 潛在意識**
  新菊版 /
- **手相大典**
  新菊版 /
- **四柱精說**
  新菊版 /
- **人生五命訣**
  新菊版 /
- **秘傳의 易學**
  新菊版 /
- **神秘의 運命學**
  新菊版 /
- **人相경영학**
  新菊版 /
- **紫微斗數精解**
  新菊版 /

- **奇門遁甲**
  新菊版 /
- **四柱大典**
  新菊版 /
- **四柱寶鑑**
  新菊版 /
- **四柱와 姓名學**
  新菊版 /
- **原本 靑烏經**
  菊版 /
- **姓名學**
  4×6版 /
- **姓名學全書**
  新菊版 /
- **姓名判斷法**
  新菊版 /
- **당신의 이름과 運命**
  4×6版 /
- **姓名學과 宮合**
  4×6版 /
- **姓名大典**
  新菊版 /
- **手相·觀相·解夢**
  4×6版 /
- **觀相秘訣**
  4×6版 /
- **觀相寶鑑**
  新菊版 /
- **觀相運命學**
  4×6版 /
- **觀相大典**
  新菊版 /
- **手相術**
  4×6版 /
- **手相秘訣**
  4×6版 /
- **手相寶鑑**
  4×6版 /
- **四柱大觀**
  新菊版 /
- **그림唐四柱**
  4×6倍版 /
- **唐四柱要覽**
  4×6倍版 /
- **唐畵周易**
  4×6倍版 /
- **靑松地理便覽**
  新菊版 /

- **占星術秘法**
  4×6版 /
- **占卜術入門**
  4×6版 /
- **天中殺入門**
  4×6版 /
- **算命占星術**
  4×6版 /
- **易理學寶鑑**
  新菊版 /
- **易術生活指針**
  4×6版 /
- **易術全書**
  4×6半版 /
- **易學入門**
  4×6版 /
- **易占六爻全書**
  新菊版 /
- **易占七六八**
  4×6版 /
- **알기쉬운 易數秘說**
  新菊版 /
- **擇日大要**
  新菊版 /
- **擇日全書**
  新菊版 /
- **明堂全書** (특)
  新菊版 /
- **明堂全書** (보)
  新菊版 /
- **地理八十八向眞訣**
  新菊版 /
- **韓國地理總覽**
  新菊版 /
- **六壬精義**
  新菊版 /
- **三命通會**
  新菊版 /
- **天機大要**
  菊版 /
- **原本 土亭秘訣**
  菊版 /
- **現代人의 土亭解論**
  菊版 /
- **春岡身數秘訣**
  菊版 /
- **奇門遁甲藏身法**
  菊版 /